Rudolf Meringer

Aus dem Leben der Sprache

Versprechen, Kindersprache, Nachahmungstrieb

Verlag
der
Wissenschaften

Rudolf Meringer

Aus dem Leben der Sprache

Versprechen, Kindersprache, Nachahmungstrieb

ISBN/EAN: 9783957006851

Auflage: 1

Erscheinungsjahr: 2016

Erscheinungsort: Norderstedt, Deutschland
Hergestellt in Europa, USA, Kanada, Australien, Japan
Verlag der Wissenschaften in Hansebooks GmbH, Norderstedt

Cover: Foto ©Helene Souza / pixelio.de

Aus dem Leben der Sprache

Versprechen. Kindersprache. Nachahmungstrieb.

Festschrift der k. k. Karl-Franzens-Universität in Graz aus Anlass der
Jahresfeier am 15. November 1906

Von

Dr. Rudolf Meringer
o. ö. Professor

Berlin 1908.
B. Behr's Verlag.

W. Meyer-Lübke

gewidmet

Vorrede.

Der Freude am Beobachten verdankt diese Schrift ihre Entstehung. Mich will bedünken, dass noch immer nicht genug beobachtet und gesammelt wird. Der kranke Mensch wird vom Arzte genugsam studiert, aber wer studiert den gesunden? Ich weiss sehr wohl, dass es eine Experimentalpsychologie gibt, und gerade an unserer Universität haben diese Studien eine Heimatsstätte gefunden. Aber ich glaube nicht, dass das Experiment jede Beobachtung des gewöhnlichen Lebens überflüssig macht. Beobachtung und Experiment mögen sich in die Arbeit teilen. Keines von beiden kann das andere völlig ersetzen.

W. Wundt schrieb im Indogerm. Anzeiger Bd. XII (1901) S. 19: „Darum sind die Beobachtungen von Meringer und Mayer über das ‚Versprechen‘ so lehrreich, weil hier die Bedingungen der individuellen Erscheinungen mit den generellen der Sprache, wie wir annehmen dürfen, sehr nahe übereinstimmen. Diese Übereinstimmung würde aber natürlich nicht mehr vorhanden sein, wenn M. und M., statt die unwillkürlich begangenen Versprechungen zu sammeln, etwa Experimente angestellt hätten, in denen sie ihren Beobachtern Wörter vorsprachen, mit der Aufforderung, sie falsch auszusprechen.“

Ich kann auf einen Fall hinweisen, in dem das Experiment zu ganz ähnlichen Resultaten gekommen ist, wie die Beobachtung. A. Thumbs und K. Marbes Experimentelle Untersuchungen über die psychologischen Grundlagen der sprachlichen Analogiebildung (Leipzig 1901) zeigen ungefähr dasselbe, was sich auch aus dem Versprechen ergibt[1]); freilich ist die Auskunft des Sprechfehlers, wenn die Beobachtungen lange genug fortgesetzt werden, eine genauere und bessere.

Was ich seit 1895, dem Jahre des Erscheinens von „Versprechen und Verlesen" beobachtet habe, findet sich hier im Auszuge wiedergegeben. Das meiste stammt aus den Jahren 1895—99, die ich noch in Wien zubrachte.

Dass ich noch einmal mit einer Sammlung von Sprechfehlern hervortrete, das hat seinen Grund darin, dass V. und V. nicht imstande war, die Gedanken, die man sich über das Versprechen gemacht hatte, allgemein richtig zu stellen. Nach wie vor höre und lese ich, dass das Versprechen der Fehler der Gebildeten sei und was dergleichen unwahrer Redensarten mehr sind. Kann man aber auch etwas, was jeder, absolut jeder, tut, individuell nennen? Sind Erscheinungen individuell, die im Kindesalter, mit dem Beginne des Sprechens, anfangen und ins hohe Greisenalter ohne wesentliche Verschiedenheit dauern? Und wenn sich schon das Kind, wie ich unten zeige, so verspricht wie der Erwachsene, wer kann dann noch denken, dass ganze Stände vom Versprechen ausgenommen sind!

Meine Sammlung von Sprechfehlern der Kinder ist nicht umfangreich, was aber seinen Grund nicht darin hat, dass es selten ist, sondern darin, dass mir nicht mehr Raum zur Verfügung stand. Aus demselben Grunde sind die Anhänge zum 1. Hauptstück kurz. Sie sollen nur im allgemeinen die Zusammenhänge mit dem Versprechen darlegen, ohne aber das Wesen von Verlesen, Verschreiben, Verhören, Verhandeln erschöpfend zu schildern. Deshalb habe ich auch auf die Anordnung dieser Fehler in Gruppen weniger Sorgfalt verwendet.

Die fehlerhaften Momentanbildungen sind überall mit dem Namen des Urhebers versehen. Junge Personen und alte sind speziell charakterisiert. Die meisten Fehler stammen von Erwachsenen der mittleren Lebensjahre. Wo mir ein

---

[1] Vgl. weiter Thumb Indogerm. Forschungen XXII S. 1 ff.

Fehler auffiel, habe ich noch über Tageszeit[1]) und besondere Umstände berichtet. Auch die Lebensstellung habe ich öfter angegeben, so dass sich der Leser, wenn er will, ein Bild der Sprecher machen kann. Ich will aber hier schon bemerken, dass ich nicht imstande bin, irgend eine Fehlerkategorie besonders einem bestimmten Lebensalter zuzuschreiben. Ausgesprochen senile Personen zu beobachten hatte ich keine Gelegenheit, kann also nicht sagen, ob — wie ich früher vermutete — für sie die Nachklänge charakteristisch sind. Übrigens hätte ich dabei die Grenze dieser Studien überschreiten müssen, denn ich habe es mit dem normalen, körperlich gesunden Menschen zu tun.

Bei den Sprechfehlern wird man häufig die Interjektion *ah!* antreffen. Sie wird bei uns sehr häufig, namentlich dann, wenn man sich auf einem Irrtum ertappt, verwendet. Sie besteht aus einem kurzen *ă*, dem Kehlkopfverschluss vorausgeht.

Meine Ausführungen über die „Kindersprache" sind kurz gehalten, denn ich konnte den Umfang dieser Schrift nicht beliebig ausdehnen. Was ich zurückhielt, soll in einer anderen Weise verwertet werden. Auch über den Nachahmungstrieb habe ich noch manches zu sagen.

Ich kann nur mit dem Wunsche schliessen, dass diese Schrift dieselbe freundliche Aufmerksamkeit finden möge, wie sie seinerzeit „Versprechen und Verlesen"[2]) bei den Berufenen gefunden hat.

Besten Dank den Herren, welche mir Material beigesteuert haben[3]).

Graz. R. Meringer.

---

[1]) Findet man Morgen- oder Tagesstunden angegeben, so bedeutet das, dass eben keine Ermüdung oder dergl. vorhanden war.

[2]) Versprechen und Verlesen. Eine psychologisch-linguistische Studie von R. Meringer und K. Mayer 1895. Hier zitiert V. u. V.

[3]) Mein Freund Dr. W. Cartellieri. Professor an der Universität Innsbruck, ist während der Korrektur gestorben.

Angaben über die Personen

von denen Sprechfehler verzeichnet sind [1]).

Dr. K. Adler, gew. Redakteur; vgl. V. und V. S. 11. Ist über achtzig Jahr alt verstorben.

Fr. Albrecht, General-Konsul. Altersgenosse und Mitschüler von mir.

Dr. Ferd. Freiherr v. Andrian-Werburg, Ehrenpräsident der Wiener Anthropologischen Gesellschaft. Geboren 1835.

Dr. Karl Graf Attems, Zoologe. War ein Dreissiger.

Leopold Auspitz. Als Gymnasiast gestorben.

Dr. R. Berl. War damals ein Zwanziger.

Dr. Eug. Bormann, Hofrat, Prof. a. d. Universität Wien. Geboren 1842.

Dr. Rich. Bratusch, Oberlandesgerichtsrat. Graz jetzt Wien. War damals ein Dreissiger.

Dr. Olaf Broch, Prof. a. d. Univ. Kristiania. Geb. 1867.

Dr. K. Brockhausen, Reg.-R., Prof. a. d. Univers. Wien, Kanzleidirektor. Geboren 1859.

Frau E. Brockhausen.

E. Bunzl. Damals ein Dreissiger. Hat gelehrte Bildung.

Dr. K. Lurdach, Prof. Univ. Berlin. Geb. 1859.

Dr. J. Cornu, Prof. Univ. Graz. Geboren 1849.

J. J. David, Schriftsteller. Geboren 1859. Gestorben.

Dr. Ferd. Detter, Prof. Univ. Prag. Geboren 1864. Gestorben.

Dr. A. Dopsch, Prof. Univ. Wien. Geboren 1868.

---

[1]) Personen der niederen Stände sind im Texte angeführt und nach Lebensstellung und Alter charakterisiert. — Wo mir das genaue Alter der obigen Personen zu ermitteln unmöglich war, habe ich es abgeschätzt oder sonst orientierende Bemerkungen gemacht.

Dr. Hermann Freiherr v. Egloffstein, Kabinettssekretar und Kammerherr des Grossherzogs von Sachsen - Weimar. Geboren 1861.

Dr. G. R. v. Escherich, Hofrat, Prof. a. d. Univers. Wien. Geboren 1849.

Dr. Franz Exner, Prof. Univ. Wien. Geb. 1849.

Dr. Sigmund Exner, Hofrat, Prof. a. d. Univ. Wien. Geboren 1846.

Dr. Bruno Frankl R. v. Hochwart, Nordbahnbeamter. Geb. 1860.

Dr. Lothar Frankl R. v. Hochwart, Prof. a. d. Univ. Wien. Geb. 1862.

Dr. Theodor Friedmann, Kais. Rat, prakt. Arzt. Geb. 1861.

Frau Flora Friedmann.

Dr. H. Friedjung, Schriftsteller. Geboren 1851.

Dr. L. Graff v. Pancsova, Hofrat, Prof. a. d. Univ. Graz. Geboren 1851.

Dr. Th. v. Grienberger, Bibliothekar und Prof. a. d. Univers. Czernowitz. Geboren 1855.

Dr. K. Grobben, Prof. a. d. Univers. Wien. Geboren 1854.

Dr. H. Gross, Prof. a. d. Univers. Graz. Geboren 1847.

Dr. K Grünberg, Prof. a. d. Univers. Wien. Geboren 1861.

Dr. E. Guglia, Reg.-R., Chefredakteur der amtl. Wiener Zeitung. Geboren 1857.

Fräulein Anna Haasz.

Fräulein R. H. jetzt meine Frau. S. s. v. Rida.

Dr G. Haberlandt, Prof. Univ. Graz. Geboren 1854.

Hahnreich. Beamter. War ein Fünfziger.

Dr. W. v. Hartel, Hofrat. Professor, dann Minister. Geboren 1839. Gestorben.

Dr. R. Heberdey, Prof. Univ. Wien. Damals ein Dreissiger.

Fr. Heger, Reg.-R., Direktor am kk. Naturhistorischen Museum in Wien. Geboren 1853.

Dr. W. Hein. Privatdozent Univ. Wien. Geb. 1861. Gestorben.

Dr. K. Hiecke. In den Zwanzigern gestorben.

Dr. C. Hiller, Reg.-R., Prof. Univ. Graz. Geboren 1846. Gestorben.

Dr. R. Hoernes, Prof. Univers. Graz. Geboren 1850.

Freiherr von Hohenbruck, Hofrat: war damals etwa ein Fünfziger.

Dr. O. Holder-Egger, G. Reg.-R., Prof. Univ. Berlin. Geboren 1851.

Dr. A. Homann, Advokat. Damals ein Dreissiger.

Dr. F. Hoppe, Gymnas.-Prof. Damals ein Vierziger.

Dr. Hülsenbeck, Landesschulinspektor. War damals etwa ein Fünfziger.

Dr. V. Jagić, Hofrat, Prof. Univers. Wien. Geboren 1838.

Dr. v. Jekel. War ein Dreissiger.

Dr. M. H. Jellinek, Prof. Univ. Wien. Geboren 1868.

Jettel, Lehrer. War ein Dreissiger.

Kain. Damals stud. phil.

Dr. J. R. v. Karabacek, Hofrat, Prof. Univ. Wien usw. Geboren 1845.

Fr. Kick, Reg.-R., Prof. Technik Wien. Geboren 1840.

Dr. R. Klemensiewicz, Prof. Univ. Graz. Geboren 1848.

v. Kljucharich, Reg.-R. War ein Fünfziger. Vgl. V. und V. S. 12.

Dr. J. Krall, Prof. Univ. Wien. Geboren 1857. Gestorben.

Dr. K. Kramař, Reichsratsabgeordneter. Damals ein Dreissiger.

Dr. J. Kratter, Prof. Univ. Graz. Geboren 1848.

R. Krebs, Kaufmann. Damals ein Sechziger.

J. Kryspin, Reg.-R., i. R. Geboren 1837.

Kron, Kaufmann. War ein Sechziger. Gestorben.

K. Lacher, Museal-Direktor Graz. Geboren 1850. Gestorben.

J. Lewinsky, Hofburgschauspieler. Starb als Siebziger.

Dr. E. v. Lieben. War ein Zwanziger.

von Lieder, Konsul. War ein Dreissiger.

Dr. E. Lippmann, Prof. Univ. Wien. Geboren 1857.

R. Lischka, akad. Maler. War ein Zwanziger.

Dr. H. Lorenz, Prof. Univ. Graz. Geboren 1859.

Dr. J. Loserth, Hofrat, Prof. Univ. Graz. Geboren 1846.

Dr. K. Luick, Prof. Univ. Graz. Geboren 1865.

Dr. Fr. Marek, Oberfinanzrat. War ein Vierziger.

Dr. Fr. Marx, G. Reg.-R., Prof. Univ. Bonn. Geboren 1859.

Frau Rosa Mayreder, Schriftstellerin.

K. Meringer, Minist.-Beamter. Geboren 1857. Gestorben.

Frau Marie Meringer.

Dr. W. Meyer-Lübke, Prof. Univ. Wien. Geboren 1861.

Michel, Kommerzialrat. Ein Sechziger.

Dr. J. Minor, Hofrat, Prof. Univ. Wien. Geboren 1855.

Dr. E. Mühlbacher, Prof. Univ. Wien. Geboren 1843. Gestorben.

Dr. R. Much, Prof. Univ. Wien. Geboren 1862.

Dr. M. Murko, Prof. Univ. Graz. Geboren 1861.

XII

Dr. Mor. Necker, Schriftsteller. Geboren 1857.
Dr. H. Notnagel, Hofrat, Prof. Univ. Wien. Geboren 1841. Gestorben.
Ohnesorge, Kaufmann. War ein Funfziger.
Dr. Fr. Pastrnek, Prof. an der tschechischen Univers. Prag.
Dr. A. Penck, G. Reg.-R., Prof. Univ. Berlin. Geboren 1858.
Dr. J. Pernter, Hofrat, Prof. Univ. Wien. Geboren 1848.
Dr. Th. Pintner, Prof. Univ. Wien. Geboren 1857.
Fräulein Dr. Annette Pölzl, klin. Assistent, Wien.
J. C. Poestion, Reg.-R., Schriftsteller. Geboren 1853.
Dr. A. F. Pribram, Prof. Univ. Wien. Geboren 1859.
Dr. Franz Raab, Gymnasial-Professor Wien. Geboren 1836.
Dr. v. Radimsky, Bezirksvorsteher in Bosnien. War ein Dreissiger.
Dr. O. Redlich, Prof. Univ. Wien. Geboren 1858.
Reg.-R., R. R. Sief Kljucharich.
Dr. W. Reichel. Ist als Dreissiger gestorben.
Reimers, Hofburgschauspieler.
Dr. E. Reisch, Prof. Univ. Wien. Geboren 1863.
Dr. M. v. Rešetar, Prof. Univ. Wien. Geboren 1860.
Ri, Rida meine Frau (Fräulein R. H.
Dr. A. Riegel, Hofrat, Prof. Univ. Wien. War in den Dreissigern. Gestorben.
Dr. W. Roellig. War ein Zwanziger.
Dr. G. Roethe, Prof. Univ. Berlin. Geboren 1859.
Dr. A. v. Rosthorn, a. o. Gesandter und bevollmächtigter Minister Persien. Heute im Anfang der Vierziger.
Dr. F. de Saussure, Prof. Univ. Genf. Ein Vierziger.
Schau, Fechtmeister. War ein Vierziger.
Dr. K. Schenkl, Hofrat, Prof. Univ. Wien. Geboren 1827.
Dr. K. Schima, Hofrat. Geb. 1862.
Frau Johanna Schima.
Dr. J. Schipper, Hofrat, Prof. Univ. Wien. Geboren 1842.
M. v. Schivizhoffen, Fabrikant. Geb. 1856.
R. v. Schivizhoffen, Fabrikant. Geb. 1859.
Dr. K. Cam. Schneider, Prof. Univ. Wien. Geboren 1867.
Dr. Jos. Schneider, Schriftsteller. Geb. 1878.
Rud. Schneider, Kaufmann. Geb. 1873.
Dr. H. Schuchardt, Hofrat, Prof. Geboren 1842.
A. F. Seligmann, Akad. Maler und Schriftsteller. Geboren 1862.
Dr. H. Sittenberger, Schriftsteller. Geboren 1863.

Dr. S. Singer, Prof. Univ. Bern. Geboren 1860.

Dr. H. Zdenko Skraup, Hofrat, Prof. Univ. Wien. Geboren 1850.

Frau Helene Stökl, Schriftstellerin.

Dr. K. Štrekelj, Prof. Univ. Graz. Geboren 1859.

Dr. K. v. Stremayr, Minister. Gestorben.

W. Stukki, Kaufmann. Damals ein Fünfziger.

O. Svoboda, Oberverpflegsverwalter Sarajevo. War ein Fünfziger.

Dr. E. Szanto, Prof. Univ. Wien. Geboren 1857. Gestorben.

A. Freiherr v. Teuffenbach, Feldzeugmeister a. D. Geboren 1835.

Dr. H. J. Tomaseth, Musealbeamter, Schriftsteller. Geboren 1871.

Vita, Akad. Maler. Damals ein Fünfziger.

Dr. W. Vondrák, Prof. Univ. Wien. Geboren 1859.

Frau Mizi Vondrák. Gestorben.

Dr. Jul. Wagner R. v. Jauregg, Hofrat, Prof. Univ. Wien. Geboren 1857.

Dr. O. Walzel, Prof. Technische Hochschule Dresden. Geboren 1864.

Frau Hedwig Walzel.

Dr. A. Wassmuth, Prof. Univ. Graz. Geboren 1844.

Dr. R. Wegscheider, Prof. Univ. Wien. Geboren 1859.

Dr. A. v. Weilen, Prof. Univ. Wien. Geboren 1863.

Dr. K. v. Weilen. Etwas jünger.

Frau Marie v. Weilen, Hofratswitwe.

Dr. R. M. Werner, Hofrat, Prof. Univ. Lemberg. Geboren 1854.

Dr. Fr. Wickhoff, Hofrat, Prof. Univ. Wien. Geboren 1853.

Dr. E. Witlaczil, Prof. Geboren 1858.

J. Wrzesinski, Oberbergkommissär in Dolnja Tuzla. Ein Vierziger.

Dr. O. v. Zallinger, Prof. Univ. Wien. Geboren 1856.

Dr. R. Zimmermann, Hofrat, Prof. Univ. Wien. Geboren 1824. Als Siebziger gestorben.

Dr. K. Zwierzina, Prof. Univ. Innsbruck. Geboren 1864.

Inhalt.

II. Hauptstück. Zur Kindersprache.

A. Kinderbiographien.

B. Allgemeines zur Kindersprache . . 206

III. Hauptstück. Zum Nachahmungstrieb 231

I. Hauptstück.

A. Das Versprechen der Erwachsenen.

Vorbemerkungen.

„Über Kunst und Altertum" brachte 1820 im 2. Hefte des II. Bandes auf S. 177—185 einen kurzen Aufsatz Goethes „Hör-, Schreib- und Druckfehler"[1]), der bis jetzt wenig Aufmerksamkeit gefunden zu haben scheint. Und doch ist diese Abhandlung für Goethes Forscherlust und wissenschaftliche Begabung sehr bezeichnend. Verschiedene Erfahrungen hatten Goethes Aufmerksamkeit erregt, und die Lust, sie mitzuteilen, fand sich, als Goethe auch allgemeine Gesichtspunkte und Regeln zu ihrer Erklärung beibringen zu können glaubte. So war der erste Schritt zu einer wissenschaftlichen Tat geschehen.

Goethe hat vieles, namentlich von seinen wissenschaftlichen Arbeiten, nicht selbst aufgezeichnet, sondern diktiert, ohne gleich die Zeit zu finden, das Niedergeschriebene durchzusehen und zu bessern. Als er nach einiger Zeit solche Blätter und Hefte zur Hand nahm, fand er die merkwürdigsten Fehler, welche oft die Sätze bis zur völligen Sinnlosigkeit entstellten.

Goethe forschte nun den Quellen dieser Irrtümer nach. Er fand sie: die undeutliche Aussprache des Sprechenden, das Ohr des Schreibenden und — was das eigentlich Wichtige und Wertvolle ist — die eigenen Gedanken des Schreibenden, seine *innere Sprache*, die durch das Gehörte erregt wird.

---

[1]) Vgl. Goethes Werke Hempel XXIX. Teil S. 255 ff.

Neben kleinlichen Bemerkungen gibt hier Goethe wieder Züge tiefsten und feinsten Erkennens.

Es ist auffallend, dass Goethe nur den Anfang eines langen Weges gefunden, dass er neben den Hör-, Schreib- und Druckfehlern nicht auch die wichtigsten und lehrreichsten Fehler, die Sprechfehler, das „Versprechen"[1]), bemerkt hat. Aber es ist wohl ebensogut möglich, dass Goethe, der schon so weit war, auch dieses bemerkt hat, dass aber zum Niederschreiben in einem so tatenreichen, von vielen Interessen erfüllten Leben sich die Gelegenheit nicht mehr einstellte.

Nur wenige Bemerkungen im Anschluss an Goethes Worte.

Wenn Goethe sagt: „Niemand hört, als was er weiss: niemand vernimmt, als was er empfinden, imaginieren und denken kann," so ist das eine richtig erkannte Tatsache und lässt sich in bezug auf unser Thema in die Formel zusammenfassen, dass wir alles, was wir sehen, hören, sprechen, durch das Medium des früher Gesehenen, Gehörten, Gesprochenen sehen, hören, sprechen. Wenn dann Goethe fortfährt: „Wer keine Schulstudien hat, kommt in den Fall, alle lateinische und griechische Ausdrücke in bekannte deutsche umzusetzen," so streift hier Goethe das der Philologie wohlbekannte Thema der Volksetymologie (V. u. V. S. 76). Zu den Worten Goethes: „Ferner kommt auch wohl beim Diktieren der Fall vor, dass der Hörer seine inwohnende Neigung, Leidenschaft und Bedürfnis an die Stelle des Gehörten setzt" vergleiche man unten die Zusammenstellungen unter dem Titel: „Mitklänge eines miterregten Wortbildes." Goethes Beispiele von Hörfehlern fallen unter die Gesichtspunkte, die in V. und V. S 157 dargelegt wurden. Bei seiner Liste von „Druck- und Schreibfehlern aus Unachtsamkeit" habe ich den Eindruck, dass sie klare Lese- und Abschreibfehler sind, also auf optischem Gebiete zu erklären sind.

------

[1]) So sage ich statt „Das Sichversprechen". Naturforscher und Ärzte gestatten sich oft genug solche Neubildungen. Meine Abkürzung hat auch keinen Widerspruch gefunden.

Kaum ein Fehler ist darunter, der beim Schreiben aus dem eigenen Kopfe heraus entstanden sein könnte, d. h. durch Versprechen der inneren Sprache (V. und V. S. 99). Ich verweise nur auf Furchtbarkeit statt Fruchtbarkeit, was als Lesefehler häufig genug ist, als Sprechfehler aber nach meiner Erfahrung nicht vorkommt.

Als „Versprechen und Verlesen" im Jahre 1895 erschien, konnte ich darauf verweisen, dass sich die Ergebnisse auf sechsjährige Beobachtungen meinerseits und zweijährige Mithilfe C. Mayers stützen. Ich habe aber auch nach dem Erscheinen der Arbeit nicht aufgehört, weiter zu beobachten.

Und auch die folgenden langen Jahre haben mir meine damals niedergelegten Regeln nur bestätigt. Der Zufall ist beim Versprechen vollkommen ausgeschlossen, das Versprechen ist geregelt.

Diese Tatsache ist keine folgenlose. Wenn das Versprechen gewissen Regeln folgt, dann ist es der Ausfluss konstanter, immer vorhandener Ursachen, und wir können in einen Sprechmechanismus hineinblicken, der uns ohne das Versprechen vollkommen geheimnisvoll geblieben wäre. Geht das Versprechen weiter aus konstanten psychischen Kräften hervor, dann können Erscheinungen desselben sich auch dauernd in eine Sprache einnisten, d. h. zu neuen Sprachgepflogenheiten führen.

Ein missgünstiger Beurteiler von V. und V. machte die Bemerkung, dass ein Teil des Materials von Männern herrühre, deren Muttersprache nicht deutsch sei. Das ändert an der Sache gar nichts, denn die betreffenden Herren sprechen alle sehr gut deutsch. Der Prozentsatz dieser Beispiele kommt aber gar nicht in Betracht.

Ich habe die Regelung des Versprechens an der deutschen Verkehrssprache erwiesen. Aus diesem Nachweise folgt ohne weiteres, dass das Versprechen in jeder Sprache geregelt sein müsse, allerdings nach Regeln, die nicht durchaus den an der deutschen Verkehrssprache gewonnenen entsprechen müssen. Sprachen mit ähnlichem Charakter werden ähnliche Regeln zeigen.

4

Meine Hoffnung, dass auch in anderen Sprachen Sammlungen von Sprechfehlern gemacht werden, hat sich nur in
geringem Masse erfüllt. Man kann nur in seiner Muttersprache solche Beobachtungen mit der nötigen Gewissen-
haftigkeit und mit Aussicht auf Erfolg machen, und deshalb
ist niemand in der Lage, diese Arbeit für andere Sprachen
zu leisten.

Die Schwierigkeiten solcher Beobachtungen sind auch
in der Muttersprache sehr gross, und es scheint, dass nur
wenig Menschen dazu die Veranlagung haben. Aber die
Klage über die mangelnde Fähigkeit zu sehen und zu hören —
im höheren Sinne — ist ja eine allgemeine, und man macht
dafür die Schule verantwortlich. Es mag etwas Wahres an
diesem grossen Vorwurf sein. Jedenfalls muss diese natür-
liche Fähigkeit des Menschen wieder zurückerobert werden.
Bis jetzt gilt der Satz: *quod non est in actis, non est in mundo*
leider auch vielfach vom Gelehrten. Was nicht in den
Büchern steht, das wird wenig berücksichtigt. Aber wie
wenig von der Welt der Tatsachen steht bis jetzt in den
Büchern!

Kaum war V. und V. ausgegeben, als das Werk des
französischen Gelehrten M. Grammont: *La dissimilation con-
sonantique dans les langues Indo-européennes et dans les langues Romanes* Dijon 1895 erschien. Auch er kam durch
die merkwürdige Erscheinung der Dissimilation zur Beobachtung des Versprechens: *Ce phénomène est beaucoup plus
fréquent qu'on ne pense. Voici les exemples que j'ai entendus
en trois jours: „Je vais taire du fé" pour „je vais faire du
thé" — „Il n'y a rien qui vous soûle comme de l'absinthe
après une bière" pour „il n'y a rien qui vous soûle comme
une absinthe après de la bière" — „Je ne sais pas la telle
c'est qui est combée" pour „Je ne sais pas laquelle c'est qui est
tombée usw. La question demande des recherches plus appro-
fondies* schliesst M. Grammont S. 185.

Dieser sein Wunsch war schon erfüllt, ehe Grammonts
Buch erschienen war, allerdings nur für das Deutsche.

Die mangelnde Freude am Beobachten mag noch einen

anderen Grund haben, und ich denke, B. Delbrück hat ihn
längst richtig erkannt: „Dem gegenüber hat dasjenige, was
wir täglich an uns selbst und anderen beobachten können,
zwar den Nachteil der Trivialität gegen sich, hat aber für
sich den Vorteil von jedem kontrolliert werden zu können"
sagt er S. B. der Jenaischen Ges. f. Med. u. Nat. 1887 S. 92.
Das wird's wohl sein: Die Beschäftigung mit solchen Dingen
erscheint trivial gegenüber dem, was der „heilige Bronnen"
des Pergaments spendet.

Aber die Schwierigkeit der Beobachtung wird doch wohl
der Hauptgrund sein, warum meine Anregung so wenig Nach-
folgerschaft gefunden hat. Wer wirklich Erfolg haben will,
der muss die Fähigkeit besitzen, sich in jeder Lage so weit
zu objektivieren, dass er trotz der Anteilnahme doch nie
ganz in der Situation aufgeht. Und das ist allerdings sehr
schwer, denn ein lebhaftes Gespräch, eine leidenschaftliche
Situation — gerade die günstigsten Bedingungen, um die
Sprache in ihrer Blüte zu beobachten — ziehen uns leicht
zu sehr hinein, so dass das gesprochene Wort überhaupt nicht
mehr genau vernommen wird, sondern nur mehr der Satz,
der Sinn der Rede, der Gegenstand, um den es sich handelt.
Da kommt es nun sehr häufig vor, dass einer sich verspricht,
und dass weder er noch einer der Zuhörer etwas merkt.

Dass ich und C. Mayer die Regeln haben erfassen
können, das danken wir unserer damaligen Junggesellen-
Tafelrunde. Diese war so tolerant gegen uns, dass sie uns
jeden Gefallen erwies. Nie durfte mehr als einer reden, und
hatte sich jemand versprochen, dann durften wir sofort das
ganze Gespräch zum Stillstand bringen, und das so lange,
bis der Fall genau konstatiert und rubriziert war. Wenige
Menschen lassen sich solchen Zwang gefallen.

Die Redensarten, die der Mann, der einen neuen Weg
geht, über sich ergehen lassen muss, sind auch mir nicht
erspart geblieben. Ich möchte daraus nur den Einwand hervorheben, dass das Versprechen mehr ein Fehler der Gebildeten, weit voraus denkenden Menschen zu sein scheint.
Ich habe in V. und V. S. 164 es für möglich erachtet, dass

graduelle Unterschiede zwischen dem Versprechen der Gebildeten und der Bauern beständen. Nach meinen Beobachtungen der folgenden Jahre kann aber auch davon keine Rede sein: Das Versprechen ist eine gewöhnliche Erscheinug vom Kindesalter bis zum Greisenalter, niemand ist dagegen gefeit, am wenigsten ein ganzer Stand. In dieser neuen Sammlung sind alle menschlichen Alter und ebenso Stände vertreten, Kinder, Erwachsene, Greise — Gelehrte, Künstler, Diplomaten, Politiker, Handwerker, Mägde, Kellner, Schuldiener, Bauern usw.

Einige Bauernfehler, die C. Mayer noch 1895 im Sommer gesammelt, zitiere ich gleich hier.

„. . *bei einem Blauern . . Bauern bleibt . .*“ (erleichterter Vorklang; alter Jäger).

„. . *ist hunter . . hinter der Kugel* .“ (Anticip.; Gebirgsjäger, ungebildet).

„*Ich war im zweiten Stock oben und bin fast über fünf Stock gerutscht. .*“ für „. . *fünf Stufen . .*“ (Erleichterter Nachklang; Amme, Bäuerin aus Iglau).

In V. und V. S. 167 habe ich das Versprechen zitiert „Sohne . . Söhne“ (Prof. G. Anton), also eine klare Beeinflussung des Plurals durch den Singular[1]). Der umgekehrte Fall liegt vor in „*Klöster . . Kloster*“, wo der Plural den Singular beeinflusst hat. Im wesentlichen kommt es auf dasselbe hinaus. Man sieht also, dass hier sich der Professor der Psychiatrie und ein Landstreicher, der mir in der Nähe von Sterzing unerbetenes Geleite gab, prinzipiell identisch versprechen. Den Fehler „. . *in den Klostern . . Klöstern . .*“ hörte ich noch 1895 in Friedberg von einer wenig gebildeten Beamtenfrau. (Unten sind weitere Belege für dasselbe Versprechen). Ebenda fragte ich einen alten Lederermeister, ob er Familie habe. „*Ja, aber eine kleine, ah! grössere,*“ antwortete er.

Den Ausgleichungen durch Analogie habe ich schon

---

[1]) Bei „*Sohne . . Söhne*“ ist das zweite Wort die Korrektur. Ebenso bei dem folgenden Beispiel.

V. und V. S. 166 eine kleine Zusammenstellung gewidmet.
Es leuchtet ja ein, dass jede Analogiebildung lange Zeit nur
Versprechen war, bevor sie Regel wurde. Ich habe als eine
solche subjektive Momentan-Analogiebildung zitiert: *„Hier
esst man"* statt *„. . isst . ."* nach *„ich esse"* usw. Da konnte
nun v. Grienberger nicht umhin, mich zu belehren, dass das
von mir gesprochene *„esst"* die mir bekannte judendeutsche
Form sei. Von Grienbergers Erklärung hätte einen Sinn,
wenn ich selbst Jude wäre und noch dazu in einer mau-
schelnden Umgebung aufgewachsen wäre. Da ich aber spät
erst, als vollkommen Erwachsener, das Judendeutsch, und
zwar nicht das echte, sondern das, wie es in Wien von den
gebildeten Juden scherzhaft nachgeahmt wird, kennen lernte,
so ist eine solche Erklärung ausgeschlossen. Ich erwähne
den Fall bloss als Muster einer Art rascher Hypothesen, die
uns nicht fördern können.

Unten findet man denselben Fehler *„esst"* für *„isst"* mit
der Marke meiner Frau, die ihn mehrere Jahre nach mir
beging.

Schon G. v. d. Gabelentz, Die Sprachwissenschaft 1891,
S. 45 hat Wert und Bedeutung der Momentanbildungen
richtig erkannt. Eine längere Stelle lässt darüber gar keinen
Zweifel aufkommen. Ich erlaube mir sie zu reproduzieren:

„. . jene grammatischen Veränderungen, die keiner Sprache
erspart bleiben, was waren sie ursprünglich anderes als grammatische Fehler? . . Heute sagt und schreibt man unbedenk-
lich: *„er frug"*, statt *„er fragte"*. Der aber zuerst so gesagt
hat, der hat falsch gesprochen, gerade so falsch, wie ein
Kind, das etwa sagt: *Ich habe die Tasse ausgetrinkt.* Man
·versteht, wie das Kind dazu kommt, die leicht bildbare Form
der schwachen Verba über Gebühr auszudehnen; und wiederum
versteht man es, warum etwa ein ungebildeter Norddeutscher
sagt *„gewunken"* statt *„gewinkt"*. In beiden Fällen hat die
Analogie gewirkt. Schwerer begreift man, warum ein Teil
der Fehler nachträglich durch den allgemeinen Gebrauch
geheiligt wird, der andere nicht."

Auch die Bedeutung des Versprechens für die Lautlehre

hat v. d. Gabelentz richtig erkannt und erklärt (S. 37), dass die Fehler, die wir beim raschen Sprechen schwieriger Sätze machen (z. B. bei „*Fischers Fritz frisst frische Fische*") vorbildlich für manche Erscheinungen des geschichtlichen Lautwandels sind.

Ich verweise mit Genugtuung auf diese vier Jahre vor V. und V. gedruckten Worte v. d. Gabelentz. Sie decken sich mit den von mir vertretenen Meinungen.

In allem Wesentlichen haben sich meine Regeln über das Versprechen bewährt. Nur ein einziges Mal haben sie mich im Stiche gelassen. Ich war Juli 1895 in Deutsch-Altenburg (Carnuntum) in einem Wirtshausgarten, wo ein fahrender Zauberer und „Prestidigitateur" seine Wunder mit einem grossen Wortschwalle begleitete. Seine Fehler spotteten aller Regeln. Es waren aber auch bedeutende Komplikationen im Spiele. Er hatte hochdeutsche Redensarten auswendig gelernt, ohne der Grammatik auch nur entfernt Herr zu sein. Dazu kam seine Befangenheit und die Ablenkung, weil er während des Redens doch den besten Teil seines Könnens vorbringen musste. Eine Unzahl „schwebender Wortbilder" flog also gewiss dem aufgeregten und eine ihm unnatürliche Sprache sprechenden Manne durch den Kopf, so dass ein Kauderwelsch von verhaspelten und verstotterten Sätzen zum Vorschein kam, das sich auch durch das rasende Sprechtempo der Fixierung entzog.

Nicht dieselben aber ähnliche Erfahrungen machte ich im September 1895 an einem Fremdenführer auf dem Hradschin in Prag. Er leierte seine Erklärung so geistesabwesend her, dass es unmöglich war, seine Fehler aufzuzeichnen und seine Nebengedanken zu kontrollieren.

Sehr viel an Versprechen leistete auch W. Ostwald auf einer Festkneipe in Salzburg 1905. Leider sass ich zu weit weg, um verlässliche Aufzeichnungen machen zu können. Ostwald war aber an jenem Abend gewiss körperlich nicht ganz wohl; er verliess auch den Kommers nach seiner Rede.

Als Resultat meiner Beobachtungen habe ich in V. und V. S. 164 folgende Sätze aufgestellt:

„Die Laute der inneren Sprache sind ungleichwertig. Bei einem Laute, der eben gesprochen wird, klingen alle bereits zu sprechen beabsichtigten, gleichwertigen vor, die zuletzt gesprochenen gleichwertigen (allerdings etwas schwächer) nach, so dass diese Laute fehlerhaft jederzeit für den beabsichtigten eintreten können."

Ich habe dieses Resultat dann in einem Schema verdeutlicht, das ich hier wiederhole. Ich bemerke, dass von den unter einem Laute stehenden anderen die linken die Vor- klänge, die rechten die Nachklänge bedeuten.

Etwas ist	f	au	l	im	St	aa	te	D	ä	ne	m	ar	ks
	st,—	aa,—	te,—		D, f	ä, au	ne, l	m, St	ar, aa	ks, te	—.D	—, ä	—. ne
	D,—	ä, —	ne,—		m, —	ar,—	ks,—	—, f	—,au	—, l	—,st	—, aa	—, te
	m,—	ar,—	ks,—								—, f	—,au	—. l

Zum ersten Male war die Tatsache konstatiert, dass alle Laute eines Satzes in Beziehungen zueinander stehen, und waren die Regeln dafür gegeben. Ein Sprechmechanismus war damit enthüllt, von dem niemand etwas geahnt hatte. Wir wussten aus der Geschichte der Sprachen, dass neben- einander stehende Laute sich beeinflussen, ja dass sogar nicht nebeneinander stehende Laute desselben Wortes auf einander wirken können („Fernassimilation" und „Ferndissimilation"). Aber dass Laute verschiedener Wörter so heftig aufeinander einwirken können, dass sie ihre Plätze tauschen, oder dass einer ganz verdrängt wird, das lernten wir erst aus· dem Ver- sprechen.

Man spricht öfter von allmählichem und momentanem Lautwandel.

Den letzteren findet man z. B. in δρύφακτος für *δρυφρακτος usw. Aber auch dieser Übergang ist kein plötzlicher ge- wesen. Erst allmählich hat das erste ρ das zweite verdrängt, zuerst erschien die versprochene Form δρύφακτος vereinzelt, dann immer häufiger.

Und hier, in bezug auf die Ferndissimilation, hat schon V. und V. ein Resultat gebracht, das ich zu zaghaft, S. 190, angedeutet habe. Ich wundere mich, wenn ich heute noch lese, die Dissimilation sei nicht erklärt. Eher als irgend eine sprachliche Erscheinung ist gerade sie erklärt, im Leben beobachtet und bestimmt worden. Gerade das Rätsel von δρύφακτος für *δρυφφακτος ist gelöst. Ich wiederhole die in Betracht kommenden Beobachtungen.

1. Salomon Stricker bemerkte beim stillen Sprechen, dass er nicht „*Roland der Riese*" denke, sondern „*Roland der iese*", ohne *R* im Anlaute also.

2. Ich habe beobachtet, dass in Wörtern der Form „*Friedrich*" häufig bei einem der *r* gestottert wird; es macht Schwierigkeiten und erscheint als ein *rr*.

3. Ich habe weiter beobachtet, dass statt der Sprechschwierigkeiten oder des Stotterns einfach Ausfall eines der beiden *r* erscheint; es treten die Formen „*Fiedrich*" oder „*Friedich*" auf.

Wie kann man also noch sagen, dass das Rätsel von δρύφακτος nicht gelöst sei! Ich denke, wir könnten es als eine Art Ideal empfinden, wenn wir überall so weit gekommen wären [1]).

Wenn mich etwas über die Richtigkeit meiner Beobachtungen beruhigen kann, so ist es die Tatsache, dass ich im Laufe der Jahre viele Versprechen zu wiederholten Malen gehört habe. Namentlich die Analogiebildungen, die ich V. und V. S. 166 ff. charakterisiert habe, wiederholen sich, und ich glaube, dass die weitere Entwicklung des Deutschen den Ablaut, Umlaut und dergleichen Erscheinungen immer mehr befehden wird. Die Überführung der starken Zeitwörter in die schwache Konjugation dürfte sich in ähnlicher Weise. wie im Englischen ausbreiten.

Ich will hier eine klare Äusserung über das, was uns das Versprechen für die Erklärung der historischen lautlichen Veränderungen nützen kann, abgeben.

---

[1]) Die Arbeiten von Hoffmann-Krayer, Festschrift zur 49. Versammlung deutscher Schulmänner und Philologen S. 491 ff., und Edward Schröder, Blachfeld, Nachrichten der k. Gesellschaft der Wissenschaften, Göttingen, Phil Hist. Kl. 1908 S. 15 ff., habe ich erst nach Abschluss des Manuskripts zu Gesicht bekommen.

Für die Fernwirkung der Laute aufeinander bietet uns das Versprechen gute Analogien. Für die grosse Masse der Lautübergänge z. B. für die Frage, warum ist indogermanisch *b* zu germanisch *p* geworden, kann uns das Versprechen nichts lehren. Diese zeitlich begrenzten Lautwandlungen haben ihre wandelnden Ursachen. Die Bedingungen für das Versprechen sind konstant, nicht wechselnd. Über die Ursachen des zeitlich begrenzten Lautwandels wollen wir beim Nachahmungstrieb in der Sprache sprechen.

Ich behalte im folgenden meine alten Rubriken der Sprechfehler im wesentlichen bei. Es sind zwar verschiedene Vorschläge zu anderen Einteilungen gemacht worden, aber ich sehe nicht, dass diese besser wären. Meine Einteilung wird gewiss einem tieferen Eindringen nicht im Wege stehen, und deshalb sehe ich keinen Grund, davon abzuweichen.

1. Vertauschungen.

Ich wiederhole das Schema für die lautlichen Vertauschungen vgl. V. und V. S. 28 [1]).

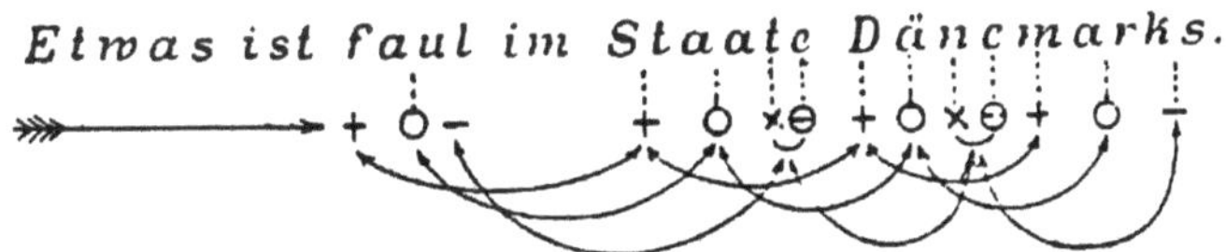

Die normalen Vertauschungen sind dadurch charakterisiert, dass Teile des Satzes, ein oder mehrere Laute oder ganze Wörter miteinander den Platz tauschen. Es geschieht aber öfter, dass der Sprechende den Fehler insoweit rechtzeitig

---

[1]) + bedeutet den Anlaut hochbetonter Silben d. h. solcher, die den Hauptakzent oder einen starken Nebenakzent tragen.

× bedeutet den Anlaut aller anderen Silben.

ȯ bedeutet den Vokal oder Diphthong der hochbetonten Silben.

— bedeutet den Silbenauslaut der betonten Silben.

⊖ bedeutet den Auslaut unbetonter Silben.

Dort, wo Wörter oder Silben vertauscht werden, ist ebenso Gleichwertigkeit Bedingung; d. h. es werden bloss betonte mit betonten, unbetonte mit unbetonten vertauscht.

bemerkt, dass das sich von vorne nach rückwärts bewegende Wort oder der Laut nicht mehr an den neuen Platz gelangt. Eine solche teilweise korrigierte Vertauschung sieht genau wie eine Antizipation aus.

Nur gleichwertige Laute (oder Wörter) können miteinander vertauscht werden. Anlaut und Auslaut sind aber keineswegs gleichwertig, und deshalb ist der nicht seltene Sprechfehler *„Schiff“* für *„Fisch“* und umgekehrt durchaus nicht eine Vertauschung, sondern eine echte „Substitution“ (vgl. V. und V. I, S. 24, 76), veranlasst durch den Mitklang des dem Klange und der Bedeutung nach so nahe stehenden Wortes.

Merkwürdig erschien mir, dass ich mehrfach *„befestigen“* für *„beschäftigen“* hörte. Vgl. unter Substitutionen. Wir haben es aber gewiss nicht mit einer Vertauschung von *„schäf“* zu *„fäsch“* und Entgleisung in die ausgefahrene Bahn von *„befestigen“* zu tun. Die Sache liegt vielmehr so: *beschäftigen“* zieht *„sich befassen mit“* über die Schwelle des Bewusstseins und das Kontaminationsprodukt beider ist *„befestigen“*, und das erscheint, so wenig es auch in den Sinn des Satzes passt[1]).

Dagegen habe ich wieder beobachtet, dass b und g, miteinander vertauscht werden können, auch wenn sie nicht gleichwertig sind. Ich habe V. und V. S. 25 *„Gebabung“* für *„Begabung“* mir aus der Gleichwertigkeit des Wortanlauts mit dem Anlaut der Wurzelsilbe erklärt. Das ist aber unmöglich richtig, denn einen Fehler *„hegören“* für *„gehören“*, der dann auch erscheinen müsste, gibt es absolut nicht. Die einzelnen beobachteten Fälle sind (vgl. dazu V. und V. S. 21):

„geba . . begann“ (Kain)

---

[1]) Einen Fall habe ich beobachtet, der wie eine (korrigierte) Vertauschung von An- und Auslaut aussieht. Detter sagte einmal: „Was soll da schäcksisch (schächsisch) sein?“ für: „. . säcksisch (sächsisch) . .“ Aber die verschiedentlichen **s** und **sch** haben hier ein Stottern verursacht, das Wort wurde nicht im gewöhnlichen Redefluss gesprochen und damit war die Wertigkeit der Laute verändert.

„*Die Geschichte der Schrift bei den Germanen gebinnt*"
für „. . . *beginnt*" (Dr. Bein)

„*geb . . . begreiflich*" (Me)

„*Begäck*" für „*Gebäck*" (Maler Vita)

„*Begrauch . . .*" für „. . . *Gebrauch . . .*"

„. . *Beg . . Beg . . Gebiet . .*" (Frau Rosa Mayreder).

„. . *der Bru . . der Gruber . .*" (Me). Ich weiss nicht
bestimmt, ob ich „Bruger" sagen wollte.

„. . *Vabagund . .*" für „. . *Vagabund . .*" (Prof. Wagner
v. Jauregg). Der Fall beweist nichts, weil in einem solchen
Fremdwort auch andere Konsonanten in diesen Stellungen
die Plätze tauschen könnten.

Der merkwürdigste Fall ist „*vergoben*" für „*verbogen*",
den ein $3\frac{1}{2}$ jähriger Knabe leistete. S. unten „Das Versprechen der Kinder".

Meine Gretl sagte 9 jährig: „*gebossen*" für „*begossen*".
Meine Frau verlas einmal „*Gebehr*" für „*Begehr*".

Wieso gerade *b* und *g* die Regeln durchbrechen können,
ist mir heute ebenso unklar wie vor Jahren. Ich dachte
eine Zeitlang daran, dass der Grund dieser Vertauschungen
in dem Nebeneinandervorkommen der häufigen Vorsilben *be-*
und *ge-* liegt, aber „*vergoben*" spricht gegen diese Erklärung

Ich habe in V. und V. S. 82 auf die merkwürdige, aber
vereinzelte Konsonantenvertauschung „*Skenien*" für „*Xenien*"
hingewiesen. Und so findet sich auch ein meinen Regeln
widersprechendes „*Nest*" für „*Netz*", das ich doch in den
vielen Jahren meiner Beobachtung immerhin einige wenige
Male gehört habe. Vielleicht ist es auch hier die grosse Ähnlichkeit der Wörter, die den Anstoss zur Vertauschung gab,
wie bei „*Schiff*" und „*Fisch*".

Sehr sonderbar ist, dass Vertauschungen manchmal gar
nicht als Fehler empfunden werden. Wunderlich, Umgangssprache S. 218 zitiert: „*schieb mer mol helfe*" für „hilf mir
mal schieben", „*swerd anfange kalt*" für „es fängt an kalt
zu werden" (V. und V. S. 26).

Den folgenden höchst merkwürdigen Fall verdanke ich
der Güte meines Kollegen K. Štrekelj.

14

Stari pisci hrvatski XVIII. Pjesni razlike Dinka Ranine,
pg. XVII der Einleitung schreibt der Herausgeber M. Valjavec:

„Das übrige unbeachtet lassend, will ich nur eine Eigen-
tümlichkeit in Raninas Sprache hervorheben, da ich mich
nicht erinnere, sie irgendwo sonst gelesen zu haben, und
welche auch Petračić (im Programm des Zengger Gymnasiums
1862) berührt hat, nämlich die, dass Ranina bisweilen das
Verbum finitum mit dem Infinitiv vertauscht z. B. it diže
statt ide dići (er hebt gehen statt er geht heben) 125,1; it
prošu statt idem prositi (ich bitte gehen statt ich gehe bitten)
137,1; it štuju statt idu štovati sie achten zu gehen (= sich
anzuschicken) statt sie schicken sich an zu achten) 143,3;
se it ne mori statt ne ide se moriti (er sich nicht quält zu
gehen statt er geht sich nicht quälen) 145,5; it meće statt
ide metati (sie wirft gehen statt sie geht werfen) 296,4;
činit žive statt čine živiti (sie lebten machen statt sie machten
leben) 145,67; čin't vene statt čini venuti (die Stimme
schwindet machen statt macht schwinden) 312,2; čin't pati
statt čini patiti (sie erduldet machen statt sie macht erdulden)
221,7: čin't stvori statt čini stvoriti (sie verwandelt machen
statt sie macht verwandeln) 312,7; govor stat pravi statt stane
praviti (sie hält die Rede zu beginnen statt sie beginnt die
Rede zu halten) 322,5; čuti rjeh statt čuh riti (ich sagte hören
statt ich hörte sagen) 99,1 und 400,105; silit se dobude statt
sili se dobiti (er gewinne sich zu trachten statt er trachte sich
zu gewinnen); doć umori statt dođe umoriti (sie tötet zu
kommen statt sie kommt zu töten) 354,34; viditi odiru statt
vide odirati (sie plünderten zu sehen statt sie sahen plündern)
368,138; čin't' sgine statt čini sginuti (sie verschwindet machen
statt sie macht verschwinden) 400,57; ako bi viditi gdigod se
sgodilo statt ako bi se vidjelo gdigod se sgoditi (statt „wenn
es dir scheinen sollte, dass es sich zuweilen trifft", ist gesagt,
„wenn es sich dir zuweilen treffen sollte zu scheinen") (Lied
an Miho Menčetić). Das ist eine ungewöhnliche merkwürdige
Konstruktion. Wie ist sie entstanden? Ich möchte sagen,
auf folgende Weise: Der Mensch verspricht sich bisweilen
unwillkürlich, wie sich jener versprochen hat, der den 1. Vers

der ersten Ecloge Vergils so rezitierte: Tityre, tu patulae recubans sub fagmine tegi statt tegmine fagi, oder jener, der sagte po cijedi mu se pobradilo statt po bradi mu se pocijedilo. So konnte sich auch Rañina versprechen, und er hat unwillkürlich aufgeschrieben: l'ubav bogove u zviri čin't stvori, statt čini stvoriti (die Liebe verwandelt Götter sich in Tiere zu machen statt macht Götter sich in Tiere verwandeln (312). Ein solche Konstruktion hat ihm, als er sie bemerkte, vielleicht gefallen, und er hat sie später öfters absichtlich angewendet."

Ein ähnlicher Fall bei Schiller Wallensteins Tod 3. Aufz. 12. Auft. Hempel 4 S. 181:

Gräfin: . . . . . *früher, später muss*

Sie's doch vernehmen lernen und ertragen, eine klare Vertauschung für „. . . *vernehmen und ertragen lernen.*"

a. Vertauschungen von Wörtern.
Vgl. V. und V. S. 13 ff.

„. . *nicht ein Hufpferdschlag* ." (Reg. R. zweimal gesagt, ohne Korrektur).

„. . *im Anfang der Jahrsechz'ger* . ." für „. . *sechziger Jahre* . ."

„. . *Vorstandklinik* . ." für „. . *Klinikvorstand* . ." (Me).

„. . *dreizehnhunderta* . . *achtzehnhundertdrei* . ." (Mu).

„*Das ist in hohem Fall der Mass.*" Dann Korrektur. (Me).

„. . *mit dem Faust in der Schwert* . ." sagt v. Lie., korrigierte aber dann lachend.

„. . *mit was ich von dem Manne sprechen soll*" (Minor). Nicht korr.

„. . *so zu getraun behandelt* . ." für „. . *so zu behandeln getraut* . ." (Me). Das falsche Wort enthält aber die Kennzeichen der grammatischen Funktion, die der Stelle entspricht. Die Regel darüber in V. und V. S. 14.

Ebenso zu erklären sind die folgenden Fälle.

„. . *ein dumm genuger Mensch* . ." für „. . *ein genug dummer Mensch* . ." (Me).

„*Sie dumm und frech zugleicher Junge!*" poltert ein Lehrer für „*Sie dumm und zugleich frecher Junge!*"

„*Sie zechen Prelle . . sie prellen Zeche*“ (K. Grünberg).

„*. . bis er's bei Dir abholt . . . bis Du's bei ihm abholst.*“ (Me).

„*. . ich vermisse eine Kette in dem Gliede der Schlussfolgerungen.*“ (Wassmut; mittags). Nicht korr. Beachte die richtigen Artikel.

„*. . am Ringe Finger . .*“ für „*. Ringe an den Fingern . .*“ (F. Marx).

„*Wenn ich die Herren dürften bitte . .*“ für „*. . bitten dürfte . .*“ (Heberdey ref.).

„*Man hat nicht umsonst einen Vater zum Sektionschef . .*“ (v. Grienberger ref.).

„*. . und sich auch jetzt zu weigern tue* (kopfschüttelnd) *zu tun weigere*“ (Mu).

„*Antiquar Reiter in der Pfeifschulgasse . .*“ für „*A. Pfeifer in der Reitschulgasse . .*“ (Prof. H. Gross ref.).

Prof. H. Gross hat in seiner früheren richterlichen Tätigkeit beobachtet, dass das Wort *Viehpassjuxtahefte* in folgenden Veränderungen erscheint „*Fixtenpasserheftenvicher*“, „*Juckenvieherpasshefte*“, „*Viehjuxtapasshefte*“. Bei den ersten zwei Varianten scheinen aber die unbetonten Silben — die Wörter wurden ja dialektisch ausgesprochen — nicht richtig wiedergegeben zu sein.

„*. . Briefgeld und bare Marken . .*“ für „*. . Briefmarken und Bargeld . .*“ oder für „*. . Bargeld und Briefmarken . .*“ (H. Gross ref.).

„*Hören Sie, das ist zu brav, dass Sie Ihren argen Vater verdächtigen!*“ für „*. . . arg, . . . braven . !*“ (H. Gross ref.).

„*Saaldiener, knoten Sie mir diesen Löser auf!*“ für „*. . lösen . . Knoten . !*“ (H. Gross ref.).

„*. . auf die einfachste Welt von der Weise . .*“ (Schauspieler Reimers). Vertauschung durch gleichen Anlaut erleichtert.

„*Da hast Du jemand vor der Tür die Nase zugemacht*“ (Me).

Ein andermal sagt meine Frau: *„Die haut jedem die Nase vor der Tür zu!"*

„. . beziehen den Rang ihrer Gehaltsklasse . ." (Me).

„. . der Lohni Len . ." für *„. . der Leni Lohn . ."* (Ri).

„. . mir haben's die Stimmbänder auf dem Polyppen operiert" für *„. . . den Polyp auf den Stimmbändern"* (Mu).

„Asche ihrer Friede! . . Friede ihrer Asche!" sagte ein Schuldirektor.

„Ich nehme mir ein Hotel im Zimmer" (Herr Kron).

„. . funktionärlicher Staatsanwalt . ." für *„. . staatsanwaltlicher Funktionär . ."* (Landgerichtsrat P.)

„Das ist ein Panzenschupp . . Schuppenpanzer . ." (Me).

„. . man sagt, er soll . ." für *„. . er sagt, man soll . ."* (Ri). Nicht bemerkt, aber zugegeben, als ich die Sprecherin aufmerksam machte.

„Steck den Mund nicht in den Finger!" befahl eine Frau ihrem Söhnchen. Ein andermal sagte dieselbe: *„Halt den Mund vor . ."* Hier unterbrach sie sich und sagte lachend, sie habe jetzt sagen wollen: *„Halt den Mund vor die Hand!"*

„. . wie die Dir kleine . ." für *„. . wie Dir die kleine . ."* (Me).

„. . Mann an (Mangel) . ." wollte Detter sagen für *„. . Mangel an Mann . ."*

„. . Packhölzl . Streifhölzlpackl . ." (Me). Ich habe *„Packhölzlstreifl"* sagen wollen.

„Das tut sie nie, dass sie trinkt, nachdem sie schreit" für *„. . schreit, . . trinkt"* (d. h. *getrunken hat*), sagte meine Frau von unserem Kinde Gr., ohne den Fehler zu bemerken.

„. . weil ich schon weiss, was mich auf morgen wartet" für *„. . morgen auf mich"* (Cornu). Nicht korr.

„. . ist die Frau meiner Schwester . ." Erst aufmerksam gemacht korrigierte ich ganz mechanisch *„. . Schwester meiner Frau . ."*

„Es war ein Jahrwespen, ein Jahrwespen . ." sagt Cornu. Ich korrigiere leise: *„ein Wespenjahr"*. Cornu wiederholt es richtig, anscheinend ohne zu merken, dass er früher anders gesagt.

18

„Es kommen von allen Leuten Seite . . von allen Seiten Leute" (Me) ¹/₂10 Uhr morgens.

„Ich glaubte, Sie kriegen das Hirndl mit Niern so bald . ." sagt Dr. H. Reichelt zu mir ¹/₂10 Uhr vorm. „Nierndln mit Hirn" ist bei uns eine beliebte Speise.

„. . die lodernde Wube . ." für *„. . wabernde Lohe . ."* (Cornu).

<h3 style="text-align:center">b. Vertauschungen von Silben.</h3>

Vgl. V. und V. S. 18.

Dr. Tomaseth sagte zweimal richtig: *„Bringen Sie mir ein Achtel Weisswein!"* Als der Kellner noch immer nicht reagiert, sagt er: *„. . ein weissel Achtwein!"*

„. . wenn es anzuwerden schön fängt . ." für *„. . schön zu werden anfängt . ."* (Me). Man beachte, dass die vertauschten Silben hochtonig sind.

„. . klanolt und stanwunzi . ." sagte ich dial. für *„. . steinalt und kleinwinzig . ."* (in Jlidže bei heissem Wetter).

„. . Versitzung und Erjährung . ." Nicht korr. (Hofr. Schima ref.).

„. . in geheimer Abschliessung bestimmen . ." für *„. . in geheimer Abstimmung beschliessen . ."* (M. H. Jellinek).

„. . das fahrradende Publikum . ." für *„. . radfahrende . ."* (Mu). Die Vertauschung ist hier wie oft dadurch erleichtert, dass das neue falsche Wort an etwas Bestehendes anklingt; vgl. Fahrrad.

„. . insofall gibt's einen Zufern . ." für *„. . insofern . . . Zufall . ."* (Me. Müde im Eisenbahnwaggon). Vertauschung erleichtert durch die beiderseitigen *f.*

„Ich war daraus auf Küfer zu suchen" (Mu ref.).

„Waga Berthula . ." für *„. . Bertha Wagula . ."* (H. Gross ref.).

Das Wort „unzurechnungsfähig" erscheint nach H. Gross als „rechnungsunzufähig", „unrechnungszufähig", „zurechnungsunfähig".

G. Haberlandt schloss als Dekan eine Fakultätssitzung mit den Worten: *„Ich sitze die Schliessung.“* (¹/₁₂ 1902: lange Sitzung, ermüdet).

„Sie Zeuge Kraxner, haben Sie die Hase noch?“ für „.. Zeuge *Hasner*, . . die *Kraxe* noch?“ (H. Gross ref.).

c. Vertauschungen von Lauten.

Vgl. V. und V. S. 18.

„.. *But und Glut* ..“ für „.. *Gut und Blut*“ (Frau E. Brockhausen).

„.. *schmäl und langer* ..“ für „.. *schmal und länger*“ (Ri). Nicht bemerkt.

„... die *Klaul* ... *Maul- und Klauenseuche* ...“ Ich wollte *Klaul- und Mauenseuche* sagen, habe aber korrigiert, so dass nur eine Antizipation entstanden ist. In V. und V. S. 19 ist schon bemerkt worden, dass die Lautvertauschungen deshalb seltener sind, weil sie oft bemerkt und dann korrigiert werden. Trotzdem ist mein jetziges Material ein genügend grosses.

„... *justizifierte* ...“ für „... *justifizierte* ...“ (Mayer ref.).

„... *Jacht pagden* ...“ für „... *Jagd pachten* ...“ (R. Berl ref. Richtig beobachtet?).

„.. *Prular* ..“ für „.. *Plural* ..“ (Dr. K. Weiss ref.).

„.. *tectum tedustinatum* ..“ für „.. *testudinatum* ..“ (Me).

„.. *und damin bit ich einig* .“ für „.. *damit bin* ..“ berichtet O. Broch, den ich als feinen Beobachter kenne.

„.. *einen gedimpften Schänken* .“ für „.. *gedämpften Schinken* .“ (Me).

„.. *ein vergummelter Bermanist* .“ für „.. *verbummelter Germanist* .“ (Rud. Much).

„*Die Callaverie* .“ für „*Die Cavallerie* (Mu).

„.. *Das grote rosse Haus* .“ für „.. *grosse rote* ..“ (Mu nachts).

„.. *verleichten leit* .“ für „.. *verleiten leicht* ..“ (Dr. Hans Sittenberger ref.).

2*

„. *Fraumeirer . . Freimaurer* ." (Rida).

„. . *zükunftig . . zukünftig .* ." (Mu).

„. . *Flasserwa . . Wasserflasche .* ." (Rida).

„. . *wie Du glauch gleibst* .." für „.. . *gleich glaubst* .." (Rida).

„. . *ein nuchtsnitziges Weib* .." für „.. . *nichtsnutziges* .." (Dr. Adler ref.).

„. . *Tufstiefe . . Tiefstufe* .." habe ich öfter im Colleg gesagt.

„. . *Poltar* .." für „. . *Portal* .." hörte Mu in Prag. Ich glaube, dass der Fehler bei einem Deutschen nicht leicht vorkommen wird. Vgl. oben „*Prular*" und V. und V. S. 93 und 94 Anm.

„. *Tuschtischer* .." für *Tischtücher* .." (Dr. Adler). Ein komplizierter Fall, Vertauschung, Nachklang des *sch und* Einwirkung des Singulars *Tuch.* Seniler Sprechfehler.

„. . *bleib grehn Stete . . stehn Grete!*" (Rida).

„*Er siefzte teuf* ." für „. . *Er seufzte tief* ." (Mu. ref.).

„. *züchtern und schag . . schüchtern und zaghaft* .." (Me; $\frac{1}{2}$8 morgens).

„. . *möchte Deine Schwester Du zir . . zu Dir sagen* .." (Me).

„*Wennst langsam gcht, is də kalst*" für „*Wennst langsam gehst, is də* (ist Dir) *kalt*" (Me). Ein schöner Fall für Vertauschung der Auslaute. Mittags.

„. . *mit dem Wopf durch die Kand* .." (Frau E. Brockhausen ref.).

„*Dem hachsen die IV . . dem wachsen die Haar'*" (Rida).

„*Da hälit kein Krahn mehr darnach*" (R. M. Werner).

„*Ich blauchs bross* .." für „. . *Ich brauchs bloss* .." (Rida).

„. . *Zückerrube* .." für „.. . *Zuckerrübe* .." (Dr. Th. Friedmann).

„. . *Hamboss oder Ammer sein* .." statt „*Hammer oder Amboss sein* .." sagt Kain, bemerkt es und lacht stark.

„*Wenn er nach Haus kommt, schliegt er Kräg*" sagte ein Notar nach Mitternacht. (Mu ref.).

„. . *früher war der **Kleis kreiner**“* für „. . *Kreis kleiner*“. (Frau Fl. Friedmann).

„*Der Detter stählt die Zerne*“ für „. . *zählt die Sterne*“ sagt Mu nachts 11 ½ Uhr.

„. . *Sond und Monne . .*“ (Advokat; L. Frankl ref.).

„. . *dass ich diese Gesellschaft, von der Sie spreche, sehr genau kennen . .*“ (Dr. Adler) für „. . *sprechen, . . kenne . .*“

„. . *eine **Druckkreste** . .*“ sage ich. Ich merke, dass etwas nicht in Ordnung ist, komme aber sehr schwer auf das beabsichtigte „. . *Dreckkruste . .*“

„*Das läuft daraus hinauf . .*“ für „. . *darauf hinaus . .*“ (M. H. Jellinek).

H. Gross erzählt folgende Geschichte. Der Dichter Holtei bemerkte einst, .er habe „*Schnusten und Hupfen*“. Gross, damals ein Knabe, brüllte vor Lachen. Holtei hatte sein Versprechen nicht bemerkt und meinte, „*der Junge ist vom Bösen besessen*“.

„*Aufseher! lichten Sie die Zünder an!*“ (H. Gross ref.).

„*Der Schtinken schinkt!*“ für „*Der Schinken stinkt!*“ (Me).

„. . *bei Etten und Lesthen . .*“ für „. . *Letten und Esthen . .*“ (Dr. Decsey).

„. . *muss man auf'n Dropf knucken . .*“ für „. . *Knopf drucken . .*“ (Rida).

2. Vorklänge, Antizipationen.
Vgl. V. und V. S. 28 ff.

Ich gebrauche „Vorklänge“ und „Antizipationen“, „Nachklänge“ und „Postpositionen“ im gleichen Sinne, obwohl man die Ausdrücke auf verschiedene Arten verteilen könnte.

Ich bemerke dazu ausdrücklich, dass meine Einteilung in Vorklänge, Antizipationen und Nachklänge, Postpositionen rein äusserlich ist, d. h. vom Standpunkte des Resultats genommen ist. Inwiefern ein vor und nach bei den psychischen Vorgängen selbst anzunehmen ist, ist eine Frage für sich, denn es ist keineswegs ohne weiteres klar und sicher, dass die Teile des Satzes in der Reihenfolge gedacht werden, in der sie im gesprochenen, grammatisch richtig angeordneten Satze zum Vorschein kommen.

Man könnte zwischen Antizipationen und Vorklängen. zwischen Postpositionen und Nachklängen etwa in folgender Weise scheiden:

Reine Antizipationen sind jene Verstellungen von Sprachelementen, bei denen Späteres früher erscheint, aber an seinem berechtigten Platze schwindet.

Reine Vorklänge sind jene Verstellungen von Sprachelementen, bei denen Späteres früher erscheint, aber auch an seinem berechtigten Platze bleibt.

Reine Postpositionen sind jene Verstellungen von Sprachelementen, bei denen etwas früher zu Sagendes später erscheint.

Reine Nachklänge sind jene Verstellungen von Sprachelementen, bei denen Gesagtes später wieder erscheint.

Ich sehe aber von diesen Unterschieden ab.

Das Schema für die Vorklänge ist folgendes (vgl. V. und V. S. 53 unter 1):

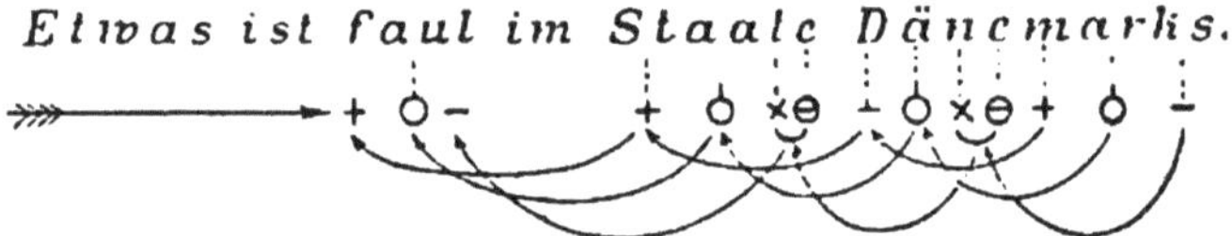

Es herrscht also auch hier das Prinzip der Gleichwertigkeit, und zw. ebenso bei den Lauten wie bei Wörtern und Silben.

a. Vorklänge, Antizipationen von Wörtern und Silben.

Vgl. V. und V. S. 28 f.

„.. *dritte Fahrt .. dritte Klasse und fahren zweite* (Me).

„. . *wenn man die Menschen unter den Handlungen ..*“ *unter dem Eindrucke gewisser Handlungen ..*“ (K. Grünberg).

Das Pet . brennende Petroleum“ (Homann).

„.. . *aber wenn ich mit ihm sag', geh mit mir ins Theater ..*“ für „. . *su ihm . .*“ Frl. R. H. Nicht bemerkt.

„. . *über* . *hätt' übersiedeln sollen.*" (Karabacck).

Eine Dame: „*Neulich habe ich bei Jägerhemden gesehen*" für „*. . . bei Jägermeyer Hemden gesehn.* (Mu. ref.) Der Fall ist ganz charakteristisch. Weil es ein Wort „*Jägerhemden*" gibt, schliesst sich das bereits intendierte „*Hemden*" zu früh an.

„. *mein Verstreben Bestreben diesen verfluchten Gegenstand . .*" (Me).

„*Wenn man eine sitzende Bewegung hat, muss man . .*" Hier wurde die Rednerin unterbrochen. Sie erklärte, sie habe sagen wollen: „*Wenn man eine sitzende Lebensweise hat, muss man Bewegung machen.*" Frl. R. H. hatte gar nicht gemerkt, dass sie sich versprochen hat.

„. . *Nelkenstube . .*" für „. . *Weinstube in der Nelkengasse* (Frl. A. H.).

„. . *Das instruierte . . konstruierte Instrument . .*" (May ref.).

„. . *Die eine Kohle ist eine breite Kohlenplatte . .*" für „. . *der eine Pol . .*" (May. ref.).

„. . *die Windische . . die Irische Grammatik von Windisch . .*" (W. Meyer-Lübke)[1]).

„. . *mit Vollerheit . . mit voller Sicherheit . .*" (R. Much).

„*Wie lange geht es?*" für „*Wie geht es? Wie lange bleiben Sie in Wien?*" (May ref.).

„*Der Unterschied zwischen Typhus und diagnostischem Scharfsinn erfordert . . . zwischen Typhus und Tuberkulose erfordert diagnostischen Scharfsinn.*" (Hofr. Nothnagel).

„. . *die götte . . die edle Göttin . .*" (Me.).

„. . *lernen . . lesen in der Ferne . .*" (Frl. R. H.)

„. . *Pflusst . . Pflichtbewusstsein . .*" (Me.).

„*Ich werde in den nächsten Jahrhunderten . . nächsten Jahren Hunderte von Gulden für die Bibliothek auswerfen müssen.*" (Mu). Der Fall ist so wie der obige mit den „*Jägerhemden*".

„. . *Das habe ich ihr zu begreiflich begreiflich zu machen gesucht . .*" (Detter).

---

[1]) Denselben Fehler machte einer meiner Hörer. Er ist dadurch erleichtert, dass ein Wort *windisch* besteht und namentlich in Graz oft für „slovenisch" gebraucht wird.

24

„. . ich überlasse *Dir* . . ich überlasse *Dich einer* .
ich überlasse *Dich* nur eine Weile Dir selber." (Dr. Pintner ref.).

„*Der Dichter beschreibt den Eintergang in die Umwelt . .*"
für „. . . *Eingang in die Unterwelt . .*" (J. Schneider ref.).

„. . *was die naive Menge zu einer solchen Gattung Kunst-
gesagt . . Kunstgesang sagt.*" Antizip., durch das *s* erleichtert (Me).

„*Wie viel Flibeln gibts denn nicht!*" für „. *Fibeln . .*"
(Szanto). Unklarer Fall, es scheint ein „Wortvagant," etwa
lat. *fibula*, das allerdings in *flibula* versprochen werden kann,
mitzuwirken.

„. . dass er sich ein schönes *Güld . . Stück Geld verdient . .*" (Me.).

„. . *was wir mit unseren Sinneswahrzeugen . . Sinnes-
werkzeugen wahrnehmen . .*"

„. . *be . . entsprechen Bezeichnungen . .*" (Penck).

„. . *wenn mich . . wenn man mich damals gefragt hätte . .*"
(Me). Antizip. erleichtert durch das *m*.

„. . *er soll hinauffragen .*" für „*er soll hinaufgehn
und fragen . .*" (Mu).

Ein schöner Fall: „*Weisst Du, dass Du . . weiss sie
dass sie . . weiss sie, dass Du für mich kaufst?*" sagte ich
rasch zu Mu, fehlte also zweimal (Vorklang und Nachklang)
bis ich ins rechte Gleise kam.

„*Da hast Du Dein Meugel . . Mohnbeugel!* (Me).

„. . *nicht ang'fangt, was ich anfangen soll* (kopfschüttelnd) *nicht gewusst, was ich anfangen soll.*" (Ri).

„*Ich marschiere marsch!*" für „*Ich kommandiere
marsch!*" (v. Lie).

„. . *Ist durch den blossen Umblick . . Anblick umgefallen.*" (Me).

„. . *die Wascheln mit dem Waschl . . ah! die Löffeln
mit dem Waschl . .*" (Ri).

„. . *und deshalb brav' ich . . verdien' ich einen braven
Mann . .*" Beachte die verbale Form „*brav' ich*"! (Ri).

„*Ich will Deine pflegmatischen Nercheln . . Nerven auf-
stacheln.*" (Frau Vo).

„Kindern schliesst . . bringt man's schliesslich ja auch bei . ." (Ri).

„. . der Schritt . . der Kurs für Fortgeschrittne . . (Me).

„. . und der kleine Vondrák sagt . . hat, wie Du selbst sagst, sich jetzt an die Milch gewöhnt.“ (Me; mittags).

„In zwei Stunden habe ich nur acht Stunden geschlafen“ für *„. . Tagen . . .“* (Kellner, Dr. Adler ref.).

*„Für wen sollen die Fremden die Türen **schleisse** . . leise schliessen?“* (Dr. E. v. Lieben). Der Fall kann auch als Lautantizipation von **sch** und **ss** aufgefasst werden.

„. . so dass die Leut' net wollen . . wissen, was ich will“ (Me). Das versprochene Wort nimmt die funktionelle Form des verdrängten an. (V. u. V. S. 28).

„Wenn sie deutsch geschrieben wird . . ist, werde ich sie mir kaufen.“ (Dr. K. Adler).

„. . miteinunter . . miteinander hinunter.“ (Me).

„. . das untlere . . untere, das dunklere . .“ (Me).

„. . der Lehrerin . . Lehrer der Kaiserin . .“ (Me).

„. . und so forten . . fortwährenden dumpfen Groll . .“ (Me).

„. . es habt . . es heisst die Abtei . .“ (Me).

„. . geschweignis Erkenntnis des andern . .“ für *„. . geschweige . .“* (Me).

Am 25. 3. 96 sagt meine Frau: *„Er hat gesagt, er hätt' noch einen Vorhang . . Vortrag angehängt.“* Am 1. 4. ist von derselben Materie wieder die Rede und sie macht denselben Fehler!

„Zu einem ehelosen ah! kinderlosen Ehepaar gehört ein Hund!“ (Rida).

„. . verständisch und kritisch“ (Me). Statt *-ig* ist *-isch* eingetreten.

„Da ist ein langer Mann mit einer Stange, ein Mann mit einer langen Stange“ (K. Brockhausen).

„Mein Schwagerer   Schwager Lederer . .“ (L. v. Frankl ref.).

„Sie hat das Recht, das Doktorat zu erleihn . . verleihn und ausserdem zum Mitglied zu ernennen.“ (R. Berl).

26

„. . *verscheint* . *erscheint er ihr verächtlich . .“* (Me).

„. *der Ziegelberger* . *der Wienerberger Ziegel-fabrik . .“* (Me).

„*Jetzt ist sie so mit dem Gitter . . mit dem Gesicht im Gitter gelegen und hat geschlafen.*“ (Rida von einem Kinde sprechend).

„. . *meine verpflichte . . verdammte Pflicht und Schuldigkeit . .*“ (Me).

„*Der Gugelhupf . . der Guglia ist ja kein Widehopf . .*“ (Rida). *Guglia* dz. Chefredakteur der amtlichen Wiener Zeitung; *Gugelhupf* ist der österreichische Name des Napf-kuchens.

„. . *Hofzuschramtamt . .*“ sagt Ohnesorge für „. . *Hof-zuschrotamt . .*“ ohne zu korrigieren.

„. . *mit Schläfen einschläfern . . ah! mit Lesen ein-schläfern.*“ (Rida: krank).

„. . *Ich habe Heinzel . . heute Heinzel gesprochen.*“ (Me).

„*Sie trorit . . sie transit gloria mundi.*“ (Luick).

„*Jene Versammlungen, die sich auf beschränkte . . auf geladene Gäste beschränken . .*“ (Dr. v. Jekel).

„. . *sagt die Frau ., die Erblinger, die Neblinger san die rechten Erbschleicher*“ (Alte Frau).

„*So verkehrt er . . so verfügt er über keine Verkehrs-mittel*“ (Oberverpflegsverwalter Svoboda).

„. . *der Friederin der Kaiserin Friedrich .*“ (Me; abends $\frac{1}{2}$7 Uhr).

b. Vorklänge, Antizipationen von Lauten.

Vgl. V. u. V. S. 34

„. . *bulliger, billiger durchkommen.*“ (Prof. v. Zallinger).

„*In f. in Gesellschaft von seinen Freunden.*“ (Jagić nach Broch).

„. . *einen Schp . . Schattenspender . .*“ (Mu).

„. . *es hat sogar Bo*“ (mit dunklem o) *Bo°djansky* (mit hellem o) *boshaft* (o dunkel) *bemerkt . .*“ (Jagić nach Broch).

„. . *Keil . . Kerl weit . .*“ (Me).

„. . *Lud Jud laut . .*“ (Me).

„*Die ältere Far .   Form dieser Namen*" (Dr. v. Grien-berger).

„. . *fer . . förderlich wär . .*" (v. Escherich).

„. . *Bis wir einmal wuch, wissen, wann der **Much** . .*"
(Frl. R. H.)

„. . *verfluche verfluchte Sacherkost kriegt . .*" (Me).

„. . *ich hab' herte . . heute meine **erste** Lektion . .*" (May).

„. . *Krankenheis . . **haus** Hof No. drei . .*" (Me).

„. . *wonn ich komme . .*" (Me).

„. . *es sind Druckdehler . . fehler **drin** . .*" (Broch).

„*Most . . Mastochsrostbraten*" (Me).

„. . *dass der **Wurmblant** . . brant sich blamiert hat . .*" (Mu).

„. . *kauft . . lauft kopfüber . .*" (Me).

„. . *dafar . . dafür hast Du aber auch ein paar sehr
gute Schüsse gemacht.*" (Me).

„. . *die Luden . . **Juden** leben . .*" (Me).

„*Bündinger*" für „*Büdinger*" (Stud. Tkać). Ohne Korr.
Ein seltener Fall, ob nicht „bündig" oder derartiges mitgewirkt hat?

„. . *wie leicht Irrtüfer   Irrtümer unterlaufen . .*"
(Schipper).

„. . *in der Stradt drin*" für „. . *Stadt . .*" (Röllig ref.).

„. . *mit dem Heufzer . . Seufzerhauche Uh!* rezitierte ich.

„. . *man kann die Sahl . . die Zahl der Selbstmorde . .*"
(Me).

„. . *einen andern Schweg . . Weg einzuschlagen . .*" (Me
still versprochen).

„. . *in einem Schupftüchel . Schnupftüchel nach Peters-
burg schicken . .*" (Me).

„. . *grut . . gutmütig tritt kein Volk . .*" (R. R.).

„*Móntre . . Móntenégro*" (Me).

„. . *der ist nicht mehr dram gekommen . .*" (Me).

„*Als wild die Tuber . . Tiber an ihr Ufer tobte . .*"
sagte Lewinsky als Cassius, Jul. Caesar I. 2 (Dr. Frankfurter ref.).

„. . *sine debio . . sine dubio devicit . .*" (Cornu).

„*Das **aufgelaufene** Quartal*" für „*abgelaufene . .*" (Mu;

28

v. Lied ref.). Beabsichtigt scheint „*aub-*“ gewesen zu sein, aber Entgleisung in „*auf*“, wozu das folgende Wort mit behilflich gewesen sein mag.

„*. . in der Mirte   Mitte der Vierziger . .*“ (Prof. Fr. Raab).

„*. . päga . . pädagogische . .*“ (Prof. Fr. Raab).

„*Madrillen . . Marillen sind schwer verdaulich*“ (Frl. R. H.).

„*Ein hübscher Spiel . . Stil liegt in ihrer Sprache.*“ (Frl. R. H. ref.).

„*. . Beriefung nach Berlin . .*“ (Frl. R. H.).

„*Schau nur, dass Du rechtzeitig die 5. Auflage von Kru . . Kluge aus der Bibliothek kriegst!*“ (Me). Liegt hier etwa Dissimilation vor?

„*Ich wollte mir die Knopfleich . . Knopflochscheer’ einstecken* (Ri).

„*Fest . . Feist . . Festlichkeiten*“ (Alte Bedienerin).

„*. . so süht . . sieht das Glück der Ehe aus!*“ (Me).

„*. . wenn ich nur dazu eine schöne, g’mönte . . g’malte Madonna hätte*“ (Me). Die Länge des verdrängten **a** blieb.

„*. . ich bin eine Na . . Wassernympfe*“ (4 jähr. Knabe).

„*. . in dem einen Fatz . . Satz sind eine Menge von Füllwörtern*“ (Ri).

„*Reiss’ . . beiss’ nichts raus!*“ (Ri zum Hunde).

„*. . die Exen, die Elfen*“ für „*die Hexen, die Elfen*“ (Detter).

„*. . auf dieschem . . diesem Schiff*“ (Ri). Die Zischlaute beeinflussen sich auch in verschiedener Stellung.

„*Ich lebe . . liebe solche Reden*“ (Me).

„*. . die ostdreutsche   ostdeutsche Rundschau   .*“ (Frl. A. H.).

„*Es drau . . schaut da drunten bös aus.*“ (Me).

„*Es war ö . . höchst ekelhaft*“ (Me). Interessanter Fall.

„*Ich habe keine scheidene . . seidene Schnur*“ (Ri).

„*. . der Iglitz . . der Stieglitz ist kein Esel*“. (Me). Interessanter Fall.

„*Ich habe geglaubt, ich habe meine Kerze drinnen blennen . . brennen gelassen*“ (Me).

„. . *lenke* . *Ichne ich dankend ab* ." (bei lebhaftem Denken beobachtet). Me.

„*Das Hemd ist breit* . . *ist so steif wie ein Brett*" (Ri). Interessanter Fall, zu erwarten „*breif*", aber Entgleisung in das gewöhnliche „*breit*" wobei „*Brett*" mitspielt.

„*Bringen Sie die Leimpe* . . *Lampe herein!*" (Me).

„. . *Provat* . . *Privatdozentum* . " sagte ich und machte also den V. und V. S. 40 zitierten Fehler auch. Ich habe ihn übrigens auch sonst noch vernommen.

„. . *in der Schrüh'* *in der Früh' eine Schtund'* (Stunde) . ." (Rida).

„. . *Nachbittag* . . *Nachmittag bin ich* . ." (Me).

„*Mach das Fenster dof auf!*" für „. . *dort auf!*" (Me).

„. . *Schlöpsenschögl* . . *Schöpsenschlögl* (Dr. C. Schneider).

„. . *mit eingelenkter Lanze* . ." für „. *eingelegter Lanze* . ." (M. H. Jellinek).

„. . *manchen Tat* . . *Tag tut er* . ." (Rida; abends, nicht müde).

„*Die heutige Neue freie Fresst* . . *Press gibst Du mir!*" (Me; 11 Uhr nachts, müde). Beachte auch den *f*-Nachklang.

„. . *ausländ* . . *ausländischen Buchhändler* . ." (Bormann).

„. . *von Dächern hör* . . *herrühren* . ." (Dr. Reichel) *ö* ist assimiliert aus *e* an *ü*.

„. . *ist ein Dragoner mitsamt seinem Pfers* . . *Pferd g'stürst*" (Me).

„. . *für jauter lauter Jubiläen* . ." (Me).

„. . *splckulieren* . ." für „. . *spekulieren* . ." (Rida). Das Wort hat einen starken Nebenakzent auf der ersten Silbe, sonst wäre dieses Versprechen unmöglich.

„. . *wenn Euch nicht greist* . . *graust vor dem Weibervolk* . ." (Rida).

„*So ra* . . *lass mich reden!*" (Rida; erregt).

„. . *besalders* . . *besonders kalte Hände*" (Me).

„. . *und schtrin* . . *drin schteht* (steht) . ." (Detter).

„. . *wie oft habe ich meiner Muttn, Mutter eine Suppm gemacht!*" (Me). Der labiale Nasal wird nach dem Dental zum dentalen.

30

„*Du, schau den Appetit's, den hat!*" für „. . *Appetit, den's* (sie) *hat*" (Me).

„*Heust . . heut willst noch was arbeiten?*" (Rida).

„. . *denn die Wlucie wurde erst mit sechs Wochen getauft*" für „. . *Lucie . .*" (Rida, 2 ʰ Nm.). Nicht korrigiert.

„*Der Beschuch . . Besuch scheint . .*" (Detter).

„*Soll ich dra . . d'Adress schreiben?*" Der Satz: „*Soll ich die Adresse schreiben?*" heisst bei uns dialektisch: „*Soll ich d'Adress'* (*dadress*) *schreiben?*" Aus **d'adress* wäre also **dra*(*dress*) entstanden, wenn der Fehler nicht korrigiert worden wäre (Alte Frau).

„. . *Brutzru . . Blutzulauf vergrössert . .*" (Dr. Foltanek in einem Vortrag).

„. . *Feunde und Freunde .*" für „. *Feinde und Freunde . .*" (Cornu ¹/₄9 abends, nicht müd).

unwassende . . unpassende Worte . ." (Me).

„. . *was ich mir eingewirkt . . eingebildet habe, dass ich als Richter wirken werde . .*" (K. Grünberg).

„. . *abgesehn von seinem wissenschaftlichen Stund . Standpunkte . .*" (Dr. Kulisch).

„. . *ewrige Nachrichten . .*" Hier winkt vielleicht ein Vagant, etwa „*gestrig*" mit.

„. . *Bedeutungs dieses Nachahmungstriebs . .*" (Me).

„. . *Er braucht so a reckige . . dreckige Rauchstuben*" (Me).

„. . *geschlassene Sprachgebiete . .*" (K. Grünberg).

„. . *vauler Bauch . .*" für „. . *voller Bauch . *" (Me).

„. . *Waltkaltwasserheilanstalt . .*" (Dr. K. Adler).

„. . *die Bürste des Fürsten* (*Bismarcks* nämlich) . ." für „. . *die Büste des Fürsten . .*" soll der Bürgermeister einer deutschen Stadt gesagt haben. Einleuchtender Fall.

„*Ich habe nie behauptet, dass dás das grossartigste Prodikt der Kunststickerei ist*" (Rida).

„. . *klaum liegt er . .*" (Junge Frau).

„. . *Du schtnudierst nicht!*" für „. . *studierst . .*" (Rida). Merkwürdiger Fall, aber vollkommen sicher von mir gehört und von der Sprecherin selbst beobachtet.

Haben Sie Bruck auf der Brust . . Druck auf der Brust?" (Lothar v. Frankl).

„. . *angestelzte Ärzte . .*" für „. . *angestellte Ärzte . .*" (Dr. C. Schneider).

„. . *dass man die Fenster oben . . offen haben kann*" (Me).

„Du hast ja auch schteutsch . . deutsche Schtilistik (Stilistik . ." (Rida).

„. *Pfändvertrag . .*" sagte Prof. E. Hiller. Gleich darauf gebrauchte er das Wort „*verpfändet*", das er offenbar schon länger im Kopfe hatte.

„Sie haben ja gestern schmir, mir geschrieben" (E. Guglia).

„. . *und wenn er keck mis is (ist) mit mir . .*" (Me).

„Die Firme . Firma hiess früher Miethke und Wawra" (Me).

„. . *in so und so viel Exemplaten vertreten sein soll . . Exemplaren . .*" (Me).

„. . *wenn Du vom Einkaufst . . Einkaufen kommst . .*" (Me). Ich kann bestimmt versichern, dass ich nicht an „*wenn Du einkaufst*" gedacht habe. Dieses wäre auch wegen des Zeitverhältnisses ganz unmöglich gewesen.

„. . *deswegen, weil's (weil sie) Latern . Latein lernen*" (Rida).

„. . *hast mir verschrieben . versprochen aufzuschreiben*" (Me; 9 h abends). Der vorausgenommene Sprechteil (*schreiben*) erhält die dem Platze angemessene funktionelle Form (*verschrieben*).

„. . *Nordpalfahrer . .*" (L. v. Frankl).

„. . *Wenn ich ins kalte Weiss . Wasser greif'*" (Rida).

„. . *zerknochte Nockerln . .*" (Frau Fl. Friedmann). Vgl. oben den Fall: „*schtnudierst nicht*".

„. . *Penta . . Penka doch ein Dilettant . .*" (S. Singer).

„. . *und da die Seite . . die Sache nicht gescheit gewesen wäre . .*" (Me).

„. . *eine Wenge Menge Wein . .*" (Me).

„. . *verstöhnen . . verstehen sich nicht; eine Versöhnung ist nicht möglich*" (Siegm. Exner).

„. . *eine Schmalm . . Schmiersalm . .*" (Frau, vier Tage

nach Operation mit Narkose). Dialektisch für „Schmiersalbe“. Kein häufiger Fall.

„*Sie brauchen nicht einen Zweistrich . . Beistrich inzwischen setzen . .*“ (Mu).

„*. . Tabrak . Tabak-Regie . .*“ (Ohnesorge). Der Fall spricht dafür, dass der Wortanlaut (*Regie*) gleichwertig ist mit dem Anlaut der betonten Silbe (*Tabak*).

„*. ich kennige . . kenne wenige Männer . .*“ (Me; mittags).

„*. . es ist etwas, was mir momentan durch den Kopf gefalten . gefahren und was ich für richtig halte.*“ (K. Schima).

„*. . ein halbes Brut . . Brathuhn!*“ befahl ein Wirtshausgast.

„*Im galzen . . ganzen Salzkammergut . .*“ (Me).

„*. . ein Schtünkl . . Schtückl (Stückl = Stückchen) stinkende Leber . .*“ (Me).

„*. . mag's schon aug . . auch arg getrieben haben*“ (Me).

„*. . dass ich meinen Ranch dort lein   rein lass, Rida!*“ (Me).

„*Ich will diese Lu . . diese Nummer noch lesen.*“ Ich weiss, dass ich „*Lummer*“ habe sagen wollen.

„*. . Die ganze Praul-Baune-Schule   .*“ für „*. . Paul-Braune-Schule . .*“ (Me).

„*. . Fleiden . . Weidengeflecht . .*“ (Me).

„*. . das hab' ich zaum kaum z'sammbracht*“ (Me).

„*. . wenn Gscheit, Zeit wäre, wo er mit mir was Gscheits (Gescheites) reden könnte*“ (Me).

„*. . er erfeit . . erfährt, es sei   .*“ (Me).

„*. . mir ist auch laud . . leid. wenn's naus (hinaus) kommt*“ (Rida; 12½ h Nm.).

„*. . Sprungbrunnen . .*“ für „*. . Springbrunnen . .*“ (Flora Friedmann).

„*Ich bil viel   .*“ für „*Ich bin viel . .*“ (Rida).

„*Nicht so das Gopferl Topferl geben!*“ sagt Rida zum Kindsmädchen.

„*Sie bemei, beneidet mich schrecklich*“ (Rida).

„*Du musst jetzt zu lesen aufhörnen — ich lern ..*“ (Me).

„. . *Bries gebacksen* . . *gebacken, mit Erbsen* . .“ (Detter).

„. . *die* **schlasse** *rasche Entschlussfähigkeit* .“ (K. Zwierżina).

„. . *Grand* . . *Grund zur Angst* . .“ (Me).

„*Er ist grü* . . *glücklich und sagt: Lass mich in Frieden!*“ (Me).

„*Der maulfaue Bauer* . . *maulfaule Bauer* . .“ Wohl nicht *l*-Dissimilation, sondern Vorklang von *Bauer* (Me). Vergleiche die folgenden zwei Fälle von *Antizipation des Hiatus.*

„. . **auer** *Feuer* . . *ausser Feuer* . .“ (Me).

„*Ich habe* **leier** *leider Steuer* .“ (A. F. Pribram, müd). Aber dieselbe Erscheinung auch bei völliger Frische. Früher habe ich schon angemerkt: „. . *Freue des Coitus* . .“ für „. . *Freude* . .“

„*Man kann auch seine* **Ei** . . *Meinungen ändern*“ (Me). Unkorrigiert hiesse das versprochene Wort „*Einungen*“. Es ist eine Tatsache von sprachwissenschaftlichem Interesse, dass durch Assimilation an den Anlaut von „*ändern*“ aus „*Meinungen*“ „*Einungen*“ werden kann.

„. . *hab' ich mit ihm in drei verschiedenen* **Wachten** . . *Waffen gefochten* (Dr. Adler). Der Sprecher wurde auf den Fehler aufmerksam.

„. . *jetzt muss die kleine R.* **Leni** *aber abräumen* . .“ (Me). Unkorrigiert wäre „*Reni*“ erschienen.

„. . *in der fröhlichsten* **Zweise** *Weise swingt*“ (Me).

„*Ich habe geglaubt, die Li* . . *die Rida bleibt noch*“ (Me).

„. . **glo** . . *glücklich los* . .“ (Me).

„*Meine* **Schwelch** . *Schwester hat ihre Milch* .“ (Rida).

„. . *sondern* **boss** . . *bloss beim angestrichenen* . .“ (Me). Merkwürdiger Fall. Wahrscheinlich hat „*beim*“ aus „*bloss*“ „*boss*“ gemacht.

„. . *das* **drifte** . . *dritte Heft* . .“ (Kain).

„. . **vliel** *Fieder* . .“ für „. . *viel Flieder* . .“ (H. Gross ref.).

„*Zum Schluss bleiben* **bross** *die zwei Dimensionen übrig*“, **bross**“ für „*bloss*“ (Me).

34

„*Na schaust!*" *Du sollst das nie so herlegen!*" Ich wollte gewiss „*schau*" sagen, denn die hier gebrauchte Wendung. die noch dazu einen anderen Sinn hat, ist mir fremd. Der Wiener sagt zwar in der Überraschung „*Du schaust her!*" aber im Vorwurf nur „*schau!*"

„*Haben die Junden . . Juden keine Hunde?*" (Rida).

„*. . geschweibe denn ein Weiberl . .*" für „*. . geschweige.*"

„*. . dass's Heisen . eiss ah! Eisen heisser ist*" für *. Dass das Eisen heisser ist . .*" (Dienstbote).

„*. . Tre . . Regentropfen . .*" (Al. Riegl).

„*. . für eine gewitte gewisse Guttung Witze . .*" (Rida).

„*Ich werde mich einlassen . . einladen lassen*" (Me).

„*. . sie sau . . sie sei die Schauspielerin B.*" (Me).

„*. . lithograwierte . . graphierte Visitenkarte . .*" (Rida).

„*. . ungesunde . . ungesunde Zustände . .*" (Me).

„*Die Klüche ist licht*" (Mizi M.).

„*. dass er an Vortrag hätten hätt' solln*" sagt ein Diener. Ich mache ihn aufmerksam, worauf er korrigiert: „*haltn hätt' solln.*"

„*. . bei der Selcherin kommen auch die Kschwinder . .* Kinder *g'schwind* (Lautwert *kschwind*) *nacheinander*" (Rida).

„*. . kann ich erst warschen warten, bis Du Dich gewaschen hast*" (Rida).

„*Ich ley auf das Nachtwicht . . Nachtlicht kein Gewicht*" (Me).

„*. . verlengt . verlangt Senf . .*" (Me).

„*. . wenn ich's häben . . hätte haben wollen*" (Me).

„*Du, dann lass die zweite Stale* (spr. *Schtale*) *Schale stehn!*" (Me).

„*Den Mut . . den Hut muss ich nehmen*" (Me).

„*. . wieb . wie so ein Weib!*" (Me).

„*. . lennen kennen lernen . .*" (Me).

„*Wenn er über die maskische bergamaskische Mundart . .*" (Cornu). Hier ist die Antizipation schuld an der Silbenunterdrückung).

„*Der Türkenschmerz . . Türkensterz wird ihnen* (von zwei Kaninchen ist die Rede) *schon schmecken*" (Rida).

„Ich schleiss   ich zeichne Dir den Schlossturm auf!"
(Me).

Die Antizipationen werden durch partielle Gleichheit der Wörter **erleichtert**.

Bereits besprochen sind Fälle wie . . . „aufgehaben . . gehoben haben".

So wird namentlich durch gleichen Anlaut die Antizipation von Wörtern und Silben wesentlich erleichtert.

Ähnlich steht es mit den Lauten. Ein Laut wird am leichtesten dann antizipiert, wenn er neben einem Laute steht, der gleich und gleichwertig ist mit dem eben zu sprechenden[1]).

Z. B. „. . unter**dr**éssen . . **d**éssen **dr**áussen . ." (Me). Im Bilde:

Sprechbahn: — unterd é ss e n — dr aú ss e n →
Vorklang: draussen
Resultat: — unter**dr**essen →

„Aus   . Aufgaben ausführen" (v. Andrian). Hier ist die Antizipation durch das *au* erleichtert.

„besch . . berührend beschäftigt" (Jagić. Broch ref.).

*„wenn der Drumpf . . Rumpf **drinnen** wär"* (Me).

*„Bro . . **bloss** neben ihm zu sitzen **braucht**"* (Me).

*„. . hast einfach Drich . . Dich **dr**auf verlassen"* (Me).

„Das Bad schlecht . . schlägt mir schlecht an" (Mu).

„. . wenn einmann . . einmal ein Mann" (Me).

„. . die europolitäische . . die europäische Politik" (Me). Hier hat das *p* die Entgleisung verursacht.

„. . droch . . doch drum kümmern" (Me).

„Eisenbeamte . . Eisenbahnbeamte" (Dr. Czelechowsky).

„Schottenfahrer . . Schottenfelder Radfahrer" (Dr. A. Homann).

„. . deswill . . deswegen will ich" (Me).

„. . ich komme vorgen . . morgen vormittag" (Me).

---

[1]) Das hat J. Wackernagel Zts. XXXIII S. 9 schon gesehn und sehr schön dargelegt, einer jener vielen Fälle, wo durch eine glückliche Eingebung ein Erklärunpsprinzip gefunden wurde. Vgl. V. u. V. S. 175.

„. . und in der **Schtaht** . . in der **Tat** sterben" (Stud. Bertoni).

„. . ich ward . . ich werde zwar . ." (Me).

„*Neue Fresse*" für „*Neue freie Presse*" berichtet mir Dr. A. v. Rosthorn. Ich habe den Fehler schon V. u. V. S. 34 angeführt.

„. . wenn eine ordentliche *Hausmannskocht* . . *kost 'kocht* (dial. für *gekocht*) wird" sagt Bedienerin M.

Dr. C. Hiecke spricht von $\lambda + F$ und nennt diese Verbindung „*Lamma Digamma*" für „*Lambda Digamma*".

„. . *bei all Dingen* . ." für „*bei all den Dingen* . ." (Szanto ref.). Bemerkt aber nicht korrigiert.

„Du kannst sie **aben** . . **haben**, das *Abendblatt* und das *Morgenblatt*" (Me).

„*Vizeweld* . . *feldwebel*" (Prof. Bormann).

„. . für meine **Brau Frau** bringen Sie . ." (Me).

„Ich nehme Sie jetzt ins **Mitshaus** . . **Wirtshaus mit**" (Me).

„. . mit **wagischer magischer** Gewalt . ." (Me).

„. . auf . . auskommen, wenn man drauf eingeht" (Ri).

„Jetzt haben die **Schliegen** . . ah! die **Fliegen** etwas zu schlecken" (Ri).

„Ich schrei . ich scheide da streng (gespr. **schtreng**)" (Me).

„. . **inwand** ein Leinwand . . **inwendig** ein Leinwandkouvert . ." (Me).

„. . damit sie **einmann** . . **einmal** ihren Mann . ." (Me).

„. . die **Blö** . . **Flöte** geblasen . ." (Me).

„. **Kurch** . . **Kirchturm** . ." (Me).

„. . mit Schweinen be . . Steinen (gesp. **Schteinen**) beschwert . ." (Frau Meltzer).

„Das **Wirtsheis** . . haus heisst . ." (Mu ref.).

„. . der **Brautfahrer** und der Pfarrer . ." für „. . **Brautführer** und der Pfarrer . ." (Loth v. F. H.).

„. **viellaucht** . **leicht auch** . ." (Me).

„. . **endlich** trenne mich . . **trenne ich mich** von ihr." (Me).

„. . *da überbieten sie sich gegenseitigkeiten . . gegenseitig an Liebenswürdigkeiten*" (Me).

„. . *eine Universitätsprau . . frau . . professorsfrau . .*" (Me).

„. . *er hätte gesagt, Du wirst jetzt mein bleib . . Weib und bleibst brav!*" (Me).

„*Kinder weiben . . haben will jedes Weib.*" (Me).

„*Augustinerstrei . . strasse heisst sie.*" (Ri).

„*Die hättst jetzt fortgehen sollen*" für „. . *fortgehn sehen sollen*" (Me).

„. . *Mode gewar . . geworden war . .*" (Dr. Hein).
hat soch . . sich doch . ." (Me).

c. Antizipation des Geschlechts.
Vgl. V. u. V. S. 42.

„. . *schliessen sich an den Form . . an* **die** *Form des Fusses an*" (Me).

„*Sehn 'S den . . das Gesicht von dem Hund an*" (Me).

„. . *auf den seiner Rangsklasse . . auf* **die** *seiner Rangsklasse entsprechende Höhe . .*" (Karabacek). „*Den*" wegen des männl. Geschlechts von „*Rang*".

„*Da haben Sie* **das** *. . den ganzen Tag nicht ins Haus können*" (Me).

„. . **Das** *Mutter mit ihrem Sohne . .*" sagte ich. Ich weiss, ich habe an „*das Kind*" gedacht. (Eigentlich Antizipation eines Mitklangs).

„. . *das Jammer . . der Jammer und das Elend . .*" (Me).

„. . *Denn* **die** *wird eine Schwiegermutter haben . .*" für „. . *denn der wird . . .*" Mu. merkte den Fehler, korrigierte aber nicht.

„. . *die Mond ist das Weib*" (Kain). Das Femininum wurde antizipiert, entweder weil gleich darauf gesagt wurde, dass die Sonne als Mann aufgefasst wird oder durch Vorwegnahme des natürlichen Geschlechts von *Weib*.

„*Er hätte zahlen sollen den Vierzehnfachen des Werts*" (Dr. Adler).

„*Jetzt lebe ich vom Hand . . von der Hand zum Mund*"

(Rob. v. Schneider). Die Phrase heisst bekanntlich etwas anders.

„. . *wie's (das) Faust aufs Aug . .*" (Me). Man sieht, dass dieser und ähnliche Fälle als reine Lautantizipationen aufgefasst werden können.

„. . *zwischen einem Schwiegermutter und einem Tiger . .*" (Grünb.) Nicht korr.

d. Antizipation der Person.
Vgl. V. u. V. S. 42.

. *er sagte,* **Du** *fände . . er fände,* **Du** *hättest ein herrliches Organ*" (Me).

„*Wenn ich nach Haus gekommen* **ist**, *da* **ist** *mein Bello mir entgegengesprungen.*" (Frl. R. H.)

„*Die, die ich gerne gehabt* **hat**, *existiert heute nicht mehr*" (Me).

„. . *erst, wie Du gekommen* **ist**, **hat** *sie wieder gebellt . .*" (Frl. R. H.)

„*Wenn jemand dabei* **bist** *und Du* **hast** . ." (Me).

„*Wenn irgend etwas* **bist** . . **ist** . . *Du kannst es nicht abweisen!*" (Me).

„. . *dass Sie mit grösseren Humpen zu Tische gegangen* **bin** (für **sind**) *als ich*" (Dr. Adler). Der Fall sieht arg aus, kommt aber oft vor. Möglich, dass er sich bei älteren Leuten öfter findet als bei Jungen. Adler hat seinen Irrtum nicht korrigiert

„*Wie Du dort gesessen* **ist** (für **bist**), *hat sie* (das Kind) *gesehen . .*" (Rida). Eine ganz junge gesunde Frau verspricht sich also ebenso wie der Greis.

„*Wenn die Mama viel Geld* **hast** (für **hat**) *und Du viel Geld* **hast** . ." sagt mein fünfjähriges Mädchen. Alle drei der Greis, die Frau, das Kind haben ihren Fehler **nicht** bemerkt.

e. Antizipation der Quantität.
Vgl. V. u. V. S. 41.

Ich habe nur weniges gesammelt, die Erscheinung ist aber häufig.

„Du brauchst mich niecht . . nicht zu fragen . ." (Me).
„. . Verlĕsen und Versprechen . ." (Mc).

f. Antizipation des Kasus.
„. . für wir, die wir noch Junggesellen sind" (Mu).

g. Antizipation des Numerus.
V. u. V. S. 42.
„. . weil sie (Plur.) *immer geglaubt hat . . haben, sie wird ihnen . ."* (Rida).

„ Wir haben gestern mit dem X das ausgeführt." Ich wollte aber sagen: *„Ich habe gestern . ."* Der Fall lässt verschiedene Deutungen zu. Dieselbe Konstruktionsart ist in mehreren Sprachen allgemein gebräuchlich.

h. Antizipation des Modus.
V. und V. S. 42.
„Es ist so schade, dass wir da nicht ein Bett hätten . . haben, da könnte ich gleich Siesta halten." (Me).

3. Mitklänge, Konzipationen.

Ein Mitklang ist das Auftreten eines Nebenwortbildes.

Ein Mitklang entsteht z. B., wenn dem Sprechenden für einen Begriff Synonyma einfallen, oder wenn das Wort ein sehr ähnliches oder ein anderes auf irgendeine Art mit ihm assoziiertes heranzieht.

Als Mitklänge treten oft „schwebende Wortbilder", „Wortvaganten" auf, die ich V. und V. S. 69 gekennzeichnet habe.

Man kann sagen, dass jeder Ort seine „schwebenden Wortbilder" hat, die Wohnung, das Professorenzimmer, das Parlament, die Kaserne, die Studentenkneipe. Im Empfangszimmer des Ministers stellen sich andere schwebende Wortbilder ein als im Hörsale und wieder andere im Wirtshause. Bekannt ist auch, dass die Verkehrssprache nach allen diesen Örtlichkeiten gewisse Besonderheiten zeigt, so dass der Mann, der über diese Verschiedenheiten nicht verfügt, gewiss nicht an allen Orten gleich willkommen ist. Im Zusammenhange mit dieser Erscheinung steht es, dass auch das ganze Gehaben,

der Ton, sogar die Bewegungen und Gesten nach den Örtlichkeiten grösseren oder kleineren Schwankungen unterliegen
Ein Mann, der nur eine Art sich zu geben hat, macht sich
irgendwo lächerlich oder verhasst. Es ist langweilig, jemand
im Wirtshause dozieren zu hören, es ist beleidigend, an einem
ernsten Orte Wirtshausgepflogenheiten zu begegnen. Allerdings
ist diese von der Örtlichkeit bedingte Verschiedenheit des
ganzen Auftretens und der Sprache bei den einzelnen Völkern
nicht gleich gross.

Aus der Fülle von „schwebenden Wortbildern", die
jeder Ort mit sich bringt, kann leicht ein Vagant die beabsichtigte Rede in manchmal unangenehmer Weise durchbrechen und entstellen.

Auf die Mitklänge eines durch ein Gesichtsbild erregten
Wortbildes war ich schon frühzeitig aufmerksam geworden.
Aber erst nach dem Erscheinen von V. und V. wurde mir
die Häufigkeit dieser Kategorie bewusst. Es kommt sehr oft
vor, dass das Wort für einen Gegenstand oder Vorgang,
den wir während des Sprechens sehen, in unsere Rede in
irgendeiner Weise Eingang findet. Die Sache ist für mich
wenigstens sehr merkwürdig. Dass durch ein Gesichtsbild ein
Wortbild hervorgerufen wird, ist normal. Aber dass dieses
Wortbild, das mich nicht interessiert, von dem und mit dem
ich gar nichts will, in meine beabsichtigte Rede eindringen
kann, auch wenn es mit dem von mir gewollten Inhalt gar
nichts zu tun hat, auch wenn es geradezu stört und Unsinn
schafft, das ist doch gewiss eine bemerkenswerte Tatsache.
Ich betone nochmals, dass die Gesichtsbilder, von denen hier
die Rede ist, zumeist ohne besondere Aufmerksamkeit, ohne
Interesse, gleichsam mechanisch, photographisch entstehen,
und dass die sie bezeichnenden Wortbilder trotzdem so lebhaft wirken können.

Man wendet mir ein, die Sache sei doch nicht so merkwürdig, ein eigentlicher Willensakt werde hier nicht zerstört,
man wolle ja beim Sprechen nichts, man spreche eben. Ich
halte das für unrichtig. Ich denke, man spricht für gewöhnlich.
um etwas mitzuteilen, oder zu erfahren, kurz mit einer Absicht,

einem Willen. Ein blosses Plappern ist ja krankhaft. Es gibt sinnlose Füllwörter, Redensarteu u. a., aber die normale Rede ist doch keineswegs so zu bezeichnen. Wie dem auch immer sei — ich komme in einem späteren Kapitel auf die Frage zurück — die Beispiele, die ich unten eigens zusammenstelle, zeigen alle, dass éine Rede, in der etwas gewollt wurde, die etwas Bestimmtes ausgedrückt haben wollte, von einem durch ein Gesichtsbild hervorgerufenen Vaganten gestört wurde.

Man wird aber auch aus den gleich zu bringenden Beispielen ersehen, wie Neben-Wortbilder einen beabsichtigten und gewollten Redeinhalt gewaltsam stören können.

„Die Jackerln sind zu weib . . zu weit". Das *b* war mir unerklärlich, und ich mache die Sprecherin, meine Frau, aufmerksam. Sie sagt, sie habe an *„Leiberln"* (*Leibchen*) gedacht. Das mit *„Jackrln"* synonyme Wort wurde also durch die blosse Ähnlichkeit des Vokals (*weit . . Leiberln*) herangelockt.

„. . Frestessen . ." sagte Eng. Mühlbacher in einer Fakultätssitzung, etwas ärgerlich. Er dachte natürlich an *„Fressen"*, wollte das Wort aber vermeiden. Die Ähnlichkeit von *„Fressen"* und *„Fest"* genügt aber, dass der Vagant einzudringen und den Willen des Sprechers zu durchbrechen vermag.

„. . hat die Schwester meines Mannes zur Frau." Ich wollte sagen *„. . meines Weibes . ."* denn ich gebrauche das Wort *Weib* im alten Sinne, ohne geringschätzige Bedeutung. *Weib* ist mit *Mann* assoziert und wurde durch dieses verdrängt.

Vgl. den Fall, den ich V. u. V. S. 77 zitiert habe. Detter sagte: *„Die Mistel ist nach der Sage vom Himmel auf die Erde . . ah, Bäume gefallen."* *„Himmel"* und *„Erde"* sind zwei so häufig verbundene Wörter, dass mit dem einen das andere mitklingt.

„Der Kopf liegt zwischen den Schädln . . Schenkeln . ." (Stukki). Wir gebrauchen *Kopf* und *Schädel* ziemlich iden

tisch. Wieder genügt das gemeinsame *sch*, dass *Schädel* das richtige *Schenkel* beseitigt.

„. . *Mozarts* grösster Sohn . ." für *Salzburgs grösster Sohn* . ." nämlich *Mozart* (Dr. Thommen).

„. . *Aussichtskarte* . ." für „. . *Ansichtskarte* . ." sagte Dr. Adler . von einer Karte, die eine „*Aussicht*" bot.

„*Ich bin einmal in Berlin gegassen . . gegangen . .*" Mein Nebengedanke war „*in der Friedrichgasse*". Wieder hat die Ähnlichkeit das Eindringen erleichtert. Dem sprachlichen Resultat nach ergeben sich also durch die Einwirkung von Mitklängen „Kontaminationen", die unten noch speziell behandelt werden sollen.

„*Er* (so klagt ein Student über einen Professor) *verlangts aber, dass er die Leut' in der Vorlesung sitzt*" (ohne etwas zu merken). Ich korrigiere „. . *sieht*", was mechanisch wiederholt wird. Der Nebengedanke war: „. . *dass man in der Vorlesung sitzt.*" Beachte die Ähnlichkeit von *sieht* und *sitzt*·

„*Der Mauch, der Bauch tut ihr weh*" (Alte Frau). Gefragt erklärt sie, dass sie an „*Magen*" gedacht habe. Man sieht, dass Ähnlichkeit der Wörter nicht unbedingt notwendig ist.

„*Soll ich Ihnen eine Semmel schälen?*" sagte Frau Fl. Friedmann. „*Semmel geben*" und „*Apfel schälen*" sind hier durcheinandergeraten.

Bei den Nachklängen werden wir eine Reihe von Fällen kennen lernen, die man auch als Mitklänge auffassen kann.

a. Mitklänge eines durch ein Gesichtsbild erregten Wortbildes.

Ich komme ins Speisezimmer und will mein Söhnchen zum Schlafen abholen. Er sitzt aber und isst noch immer. Ich sage: „*Bubi, kommst Du schon essen . . schlafen?*"

Kain begegnet einem Dr. Binder, der sich am Mehlplatz eingemietet hat. K. fragt nun: „*Sie haben sich am Binderplatze niedergelassen?*" Der Fall ist typisch für eine häufige Erscheinung: Wenn mir jemand gegenübersteht, so ist sein Name für mich „schwebendes Wortbild“, und dieses kann sehr leicht in meine Rede eindringen.

Meine Frau sagt zu mir: „*Du Fanny!* . .“ (das Dienstmädchen gleichen Namens steht neben uns). Ich lache und lasse meine Frau nicht weiter reden, indem ich sie auf ihren Irrtum aufmerksam mache. Sie leugnet aber energisch, sich versprochen zu haben. Das Dienstmädchen bestätigt aber heiter die Richtigkeit meiner Beobachtung.

Ich sage zu Richard von Schivizhoffen: „*. . dass du der Richard . . ah, die Rida . .*“ Erleichterter Mitklang wegen Ähnlichkeit des schwebenden Wortbilds.

Ein Student sagt zu mir: „*Der Professor Meringer . der Professor Schenkl liest auch am* (Datum) *noch!*“

Beim Speisen. Meine Tochter Gretl und meine Frau sitzen bei mir. Ich will: „*. . die Lini . .*“ sagen, sage aber „*. . die Gre . . die Ri . . die Lini . .*“

Ein Student will zu mir sagen: „*. . beim Lektor Morich . .*“ sagt aber „*Merich*“, weil mein Name ihm vorschwebt.

Meine Frau sagt zu mir auf der Strasse: „*Jetzt werde ich den Böhm* (dieser Herr geht soeben an uns vorbei) . *den Wagner fragen.*“

Es regnet sehr stark. Ich stehe am Fenster und sehe hinaus. Dann sage ich: „*Wenn es hier regnet . . ah, brennt, dann . .*“

Meine Frau legt „*Socken*“ in den Wäschekasten. Da bemerkt sie einen auf dem Boden stehenden Teller, von dem der Hund „*Liserl*“ gefressen hat. Sie nimmt den Teller und gibt ihn der Magd mit den Worten: „*Da ist noch ein Socken vom Liserl.*“

Detter sagt zu einem **Kellner**: „*Sie, bringen Sie mir einen Speiszell . . Speisezettel . .*“

„*Das Buch gehört gewiss Ihnen,*“ sagte ich, wollte aber sagen „*das Taschentuch . .*“ Ich hielt dabei ein Buch in der Hand, das ich längere Zeit gesucht hatte.

„*. . wenn man es* (näml. ein Ei) *trinkt . . isst . .*“ Das „*trinkt*“ erklärt sich daraus, dass ich in dem Augenblicke eine *Flasche* in der Hand hatte.

Ich will ein andermal sagen: „*Man weiss ja nicht, was man da für einen Schund zusammenkauft.*" Unterdessen fällt mein Blick auf eine grosse Flasche und ich sage: „*. . zusammentrinkt.*"

Ich rede von gelben Rüben und giesse dabei ein Glas voll: „*Wenn ich ein Glaserl davon . . ah, ein wenig davon esse . .*"

„*Ich werde wirklich einen Zessel Zettel mir schreiben,*" sagt meine Frau und fragt darauf: „*Warum habe ich jetzt „Zessel gesagt?*" Ich antworte: „*Weil Du beim Sessel stehst, von dem wir gerade gesprochen.*"

„*Ich hab nur eine Angst, wenn dér auf Deiner* (in diesem Augenblicke lese ich auf einem Plakat: . . strasse) *Strasse geht, ah, Seite geht.*"

L. v. Frankl hebt sein Bierkrügel und sagt zum Kellner: „*Kein Bier mehr, ein Krügl Wein!*" für „*. . Viertel Wein.*"

K. Grünberg liest auf der Karte: „*Zwiebelschnitzel*". In dem Moment sagt er zu mir: „*Zweringer!*"

„*Wie man Vanilleeis essen kann, ist mir* (in diesem Augenblicke lese ich auf einem Anschlage: Abend-Konzert) *Abend . . ist mir unbegreiflich.*"

Dr. Adler macht eine Handbewegung und wirft fast ein Glas um; darauf sagt er zum Kellner: „*Geben Sie mir einen kleinen Glas . . Gras . . Griesschmarren!*"

Me. sagt: „*Wenn man heiraten will . .* (im selben Augenblick rückt ein in der Nähe sitzender Herr in auffälliger Weise von der Dame neben ihm fort; Me. setzt fort:) *. . und rückt . . und tritt dann an die Frage der Heredität heran . .*"

Hierher gehört auch folgender Fall. Mayer hält eine Vorlesung, es kommt ein verspäteter Hörer mit Verbeugung herein: Mayer sagt: „*Guten Abend*" im Texte und im dozierenden Tone des Vortrages.

„*Hast Du Schneuztüchln . . ah! Streifhölzln?*" fragte ich. Ich war gebückt im Augenblick des Fragens und hatte ein im Wege liegendes Taschentuch beseitigt.

„*Ich werde der Leni das Essen . . ah! das Geld geben*"

sagte Rida und fügte richtig hinzu: „*Weil ich beim Essen bin,
sage ich „Essen" statt „Geld.*"

„*Bei Prudentius habe ich selbst vorgere getrunken .. gefunden*" sagte Cornu, sich zum Trinken anschickend.

Ich sage zu Much: „*Geh nur herein, sie* (mein kleines
Kind) *much .. muss ja ohnehin sofort aufwachsen (aufwachen*)." Das *s* des letzten Worts ist wohl ein Nachklang
der Korrektur von „*much*" zu „*muss*".

Bein will sagen: „*Wart ein bissel auf mich.*" Da aber
ein Wagen vorbeifährt, sagt er „*fahr ein bissel auf mich!*"

Die Verkäuferin sagte zu Dr. Bein: „Wolln's ein Bein,
eine Marke?"

Wir sitzen zusammen: Dr. Sueti, Redakteur; Dr. Decsey,
dessen Kollege; Dr. Zingerle, ich. Sueti sagt zu mir: „*Herr
Koll .. Dokt .. Professor! ..*", spricht also gewissermassen
im Geiste irrtümlich mit den bei uns sitzenden Decsey und
Zingerle (der damals noch nicht den Titel Professor hatte),
bis er sich auf mich besinnt.

Meine Frau kommt in mein Studierzimmer und berichtet
mir, sie hätte gesagt: „*Wir gehen auf die Kiese .. Wiese!*"
das *K* sei ihr unbegreiflich. Ich frage: „Zu wem hast Du
denn gesprochen?" *Zu den Kindern*" sagt sie. Ich: „*Und
von diesem Worte, das Dir vorschwebte, stammt auch das K!*"

Johannes zur Gretl: „*Die Mama sagt Dir, Du sollst Dir
die Grete, die Socken hinaufziehen!*"

Die hier erwähnten und auch bei den Nachklängen zu
beschreibenden „schwebenden Wortbilder" werden der Grund
sein, wenn, was aber sehr selten vorkommt, ein Versprechen
ganz unerklärlich ist. Es scheint, dass man die Vaganten
nicht immer, auch wenn man den Sprechfehler sofort bemerkt,
über die Schwelle des Bewusstseins heraufziehen kann.

Zu den Mitklängen gehören die meisten der von mir
früher

b. Substitutionen
genannten Erscheinungen.

Vgl. V. und V. S. 71 ff.
Wie die Mitklänge, so können aber auch Vor- und Nach-

klänge und schwebende Wortbilder Grund sein, dass ein Wort durch ein anderes „substituiert" wird.

Um einen Überblick über die Fälle, wo ein anderes Wort als das ursprünglich beabsichtigte erscheint, zu geben, mache ich die folgenden Zusammenstellungen.

Die eigentlichen Substitutionen sind im wesentlichen diese:

1. Ein Wort wird wegen lautlicher Ähnlichkeit assoziiert.

2. Ein Wort wird begrifflich assoziiert,

    a) wenn die Bedeutungen ähnlich sind,

    b) wenn die Bedeutungen konstrastieren.

3. Ein Wort wird assoziiert, weil es mit dem Beabsichtigten oft verbunden erscheint.

Warum das substituierende Wort assoziiert wurde, wird nicht immer von allen Psychologen gleich beurteilt werden.

Ich gebe zunächst eine Reihe von Beispielen ohne den Versuch der Einordnung zu machen.

„*Er hat den Wunsch zum Kinde des Gedankens gemacht*" für „. . *zum Vater* . ." (Reg.-R. Albrecht ref.).

„*Ist das Petroleum in Brand geraten?*" fragt Frau H. „*Leider nicht! ah, glücklicherweise nicht!*" antwortet Rida.

„. . *vielleicht in der Stadt schöner als hier!* (R. v. Schiv) für „*auf dem Lande* . ."

„. . *bin ich täglich, bin ich jährlich nach Fünfkirchen gekommen.*" (Reg.-R.).

„. . *das nächste Mal* . . ., *das letzte Mal* . ." (Me).

„. . *im Caf* . . *Gasthause* . ." (Mu).

„*Ich war nur fünf Minuten, ah! fünf Wochen dort*" (Frl. Anna H.).

„. . *da sieht er entschieden jünger, ah! älter aus.*" (Dr. Homann).

Abgeordneter Dr. Kramař spricht Bunzl mit „*Dr. Bloch*" an. B. bemerkt sofort, dass er ihn mit dem Abgeordneten dieses Namens verwechselt habe.

In der V. und V. S. 11 genannten Gesellschaft wurden

sehr oft die Namen „*Broch*" und „*Dopsch*" verwechselt. Olaf Broch und A. Dopsch gehörten unserem Kreise an.

„*Obst*", für „*Äpfel*" (Kramař).

„*Die Chine . . Japane . . Chinesen haben wieder eine Schlacht verloren*" (Mu).

„*. . wenn er einmal weniger ohne Sorgen sein wird,*" sagte Mu, meinte aber „*mehr ohne Sorgen*", wenn es überhaupt so zu sagen erlaubt ist.

„*Wir haben in Norddeutschland sehr gute Pferdebahnen . . . Pferdezucht*" (Prof. Holderegger).

„*. . heute früh, als ich ins Bett gegangen bin, ah! ins Bad!*" (Mu).

„*Zivilkapellen*" für „*Militärkapellen*" sagt Grünberg.

„*. . eiserne . . eisige Platten . .*" (Albrecht).

„*Fortbildungsverein* für „*Volksbildungsverein*" (Reg -R.).

„*Er ist nicht so alt . . jung*" (Loth. v. Frankl).

„*Kindermärchen . . Kindermädchen*" (Loth. v. Frankl).

„*. . ein Jahr . ein Tag . .*" (Dr. S. Singer).

„*Exerziert*" für „*kommandiert*" (Dr. Homann).

„*. . damals hab' ich auf ihn so hinab . . hinaufgeblickt!*" (Mu).

„*. . nicht schwer . . nicht leicht zu definieren*" (Mu).

„*. . unter fünf Kilo . . ah! über fünf Kilo . .*" (Rida).

„*Ich bin bös', dass Du erst um 9 U gehst.*" (Rida). Aufmerksam gemacht, erklärt sie, sie habe natürlich „*schon*" sagen wollen.

„*. . Redaktion der „Zukunft", ah! der „Zeit" . .*" (Mu).

„*. . Mayer . . ah! Weiss ist dagewesen . .*" (Broch).

„*. . als den weissen Monat . . als die weisse Jahreszeit .*" (Rud. Much).

„*. . ich habe in meinem Zimmer minus 9°. . ah! 9°*" (Vondrák).

„*. . aus den dreissiger Jahren dieses Jahres . .*" für „*. . Jahrhunderts . .*" (Dir. Poestion). Nicht korrigiert.

„*. . Suezkanal . . Strasse von Gibraltar . .*" (May).

„*. . Journalisten . .*" für „*. . Juristen . .*" (Adl).

„*. . sehr früh . . ah! sehr spät hingekommen . .*" (Me).

48

„. . *Leipzig* . .“ für „. . *Laibach* . .“ (Prof. Reisch)

„. . *ob das der Braut . . Bräutigam meiner Tochter ist* . .“ (v. Lieder).

„. . *vier Monate . . vier Wochen* . .“ (Me).

„. . *kürzere Zeit . . längere Zeit* . .“ (Frl. R. H.).

„*Speistisch*“ für „*Schreibtisch*“ (Me).

„*Was haben's denn erst . . schon um achte fortzugehen?*“ (Max v. Schiv).

Prof. Erich Sch midt wurde von einer Dame als „*Professor Erich Meyer*“ vorgestellt. (W. ref.).

Ich frage H. Hptm. Weiss: „*Was gibt es weis . . ah! neu's?*“

„*Laibacher Bergwerk*“ für „*Laibacher Erdbeben*“ sagte Rud. Much. Da er meine Bestrebungen kennt, quält ihn der Fehler, weil er ihn sich nicht erklären kann. Endlich kommt er darauf. In den letzten Monaten war so viel von Unglücksfällen in *Bergwerken* die Rede, dass das Wortbild leicht bei einem neuen Unglücksfalle mit erregt werden konnte. Die äussere Ähnlichkeit von „*Erdbeben*“, „*Bergwerk*“ (Komposita, zwei betonte é) erheben diese Vermutung zu annähernder Sicherheit.

„*Der beste Ochs ist doch der polit . . polnische Ochs*“ sagte Ed. Strauss, Ökonom in Pottendorf. Er unterbrach sich selbst und sagte: „*So, jetzt hätt' ich bald gesagt: der politische Ochs!*“ Er erklärte weiter, dass er an „*galizisch*“ gedacht habe. Dann also wollte er eigentlich mit Kontamination „*polizisch*“ sagen, aber bei „*polit . .*“ wäre der Zug über das geläufige „*politisch*“ abgerollt, das er merkte, aber noch verhinderte. Ein sicherer und lehrreicher Fall.

„. . *sie* (von meiner Hündin ist die Rede) *ist immer so weit . . so nah . .*“ (Me).

„. . *die Tische . . die Sessel umstülpen . .*“ (Me).

„*Pfeffel*“ für „*Scheffel*“ (M. v. Schiv).

„. . *das geht heute doch nicht mehr . . noch nicht anders*“ (M. v. Schiv).

„. . *Ware, die um 20 gr. schwerer ist.*“ Aufmerksam gemacht, korrigiert Sprecher „. . *leichter ist*“ (M. v. Schiv).

„. . *das lässt sich im Vorhinein nicht mehr bestimmen*" für „*noch nicht . .*" (Gf. Attems).

Den Fehler „*befest . . beschäftigt*" habe ich neuerdings wieder mehrfach gehört. Jos. Schneid. berichtet mir dazu: „*Wenn Sie sich viel mit den Klassikern befestigt haben . .*" Vgl. V. und V. S. 78. Ich habe in der Einleitung dargelegt, dass „*befestigt*" eine Kontamination aus „*befasst*" und „*beschäftigt*" sei. — „*fest . . beschäftigen*" (v. Lieder). — „*Wenn man sich nicht befestigt . . beschäftigt damit hat . .*" (Štreckelj).

„*Hoffmann*" für „*Svoboda*" (Me).

„*Am 4. werden es vier Tag . . vier Monate . .*" (Me). Klingt das bei „*am vierten*" etwa mit erregte „*Tag*" nach?

Ich erzähle Herrn Bertling, Kaufmann, 26 Jahr alt, von den Sprechfehlern. Er sagt: „*Mich werden Sie nicht erwischen.*" Am Abend sagte er aber mehrere Male „*Agrarier oder Indogermanen*" für „*Arier o. J.*" und leistet auch sonst bedeutendes, ohne etwas zu merken.

„*Czechisch*" für „*magyarisch*" sagt Prof. Hermes aus Mörs. Gleich darauf „*Budapest*" für „*Wien*" (Eug. Bormann Zeuge).

„. . *ausser, wenn er sich nicht unanständig benimmt . .*" sagte Dr. Homann, wollte aber sagen „. . *nicht anständig . .*"

A. v. Weilen erzählt mir, er habe in einer Vorlesung öfter „*Miss Sarah Bernhardt*" gesagt für „*Miss Sarah Sampson*" und sei erst durch das Lächeln seiner Hörer aufmerksam geworden.

„*Willst Du ein Glas Wasser, ah! Wein?*" (Me).

„. . *nicht ganz die Hälfte, das heisst ein bissel mehr . .*" (Fr. H. Walzel).

„*Diese „Raffinerie!*" rief Mu aus statt: „*Dieses „Raffinement!*"

„*Die Kellner glauben, wir sind für sie da und nicht, sie sind für die Kellner da . . ah für die Gäste.*" (Adler).

„*Nächsten Monat*" für „. . *Montag*" (Me); dürfte eine häufige Substitution sein.

„*Komm' gestern . . komm' morgen*". Mu bemerkte den Fehler selbst.

50

„Bei dem roten Wein macht es nichts, wenn er etwas kühler, ah! wärmer ist" (Me).

„Etwas weniger geruchlos sollte es hier sein" sagt stud. phil. Röll, meint aber natürlich *„Etwas mehr . ."*

„. . Nachtmahl . . ah! zu Mittag essen . ." (Mu). Ein etwas starker Fall. Mittags.

„Ich habe so wenig geschlafen heuer" für *„. . heute"* (Ri). Ich habe den Fehler schon in V. und V. S. 76 verzeichnet.

„Zwei Pölster und ein Rosshaarpolster sind mir zu niedrig, ah! zu hoch" (Ri).

„Mir ist noch nicht . . ah! nicht mehr heiss" (Ri).

„Wie oft habe ich schon Eierschalen ins Wasser geworfen, und sie sind verbrannt!" sagte Ri. *„Ins Wasser?"* frage ich. *„Ah! ins Feuer!"* verbesserte sie lachend.

„Das ist nur ein Monat . . eine Woche gewesen" (Ri).

„. . nicht für zu wenig . . für zu viel . ." (Ri).

„Machen Sie dort die Thür . . das Fenster zu!" (Me).

„Mir wars in der Winterjacke zu kalt . . zu warm." (Frl. Mül. 22 Jahre alt).

Bei anderer Gelegenheit fragte Rida Frl. Mül.: *„Jetzt werden Sie wohl auch schon einheizen?"* Sie antwortet: *„Ach freilich! Jetzt wäre es doch zu heiss."* Nach einer Weile korrigiert sie selbst: *„Zu kalt!"*

„Du siehst heute nicht schlecht . . nicht gut aus!" (Me).

„Gestern . . ah! morgen müssen wir . ." (Me).

„Benefikanten" für *„Maleficanten"* Shakespeare Mass für Mass II 1 (Elbogen; Reimer X S. 181).

„Monument" für *„Moment"* II 1 ebd. Ist auch in unserer volkstümlichen Dichtung oft anzutreffen.

So viel, um einen Überblick über die Erscheinungen zu ermöglichen. Es folgt nun weiteres unter Kategorien, die man aufstellen kann, angeordnetes neues Material. In dieselben Abteilungen sind auch die schon vorgebrachten Beispiele leicht einzuordnen.

c. Substitutionen infolge lautlicher Ähnlichkeit.

Wickhoff sagt: *„. . König von Persien . ."* Ich korrigiere:

„. . *von Serbien!*“ — Wickhoff wiederholt bestätigend: „*von Serbien*“. Ein sehr häufiger Fehler, den viele Menschen schon gemacht haben dürften.

„*Er war ein strammer Wind . . Wirt*“ (Wrzesinski). Ein sonderbarer Fall, der nicht ganz normal zu sein scheint. Aber es ist allerdings auffällig, wie wenig Ähnlichkeit genügt, um einen Wortvaganten herbeizuziehen. Diese Kombinationen finden sich oft bei geistig nicht bedeutenden Menschen, und K. Mayer hat oft im Gespräch darauf verwiesen, dass die Wortwitzmacher, bei denen ähnlich klingende Wörter sich leicht assoziieren, zumeist beschränkte Individuen sind. Bei den anderen Menschen scheinen die Bedeutungsdifferenzen als Hemmungen der Kombination zu wirken. Sie finden sich aber auch bei besser Begabten, jedoch nur in schwachen Stunden, bei Müdigkeit, Krankheit usw.

„*Fisch*“ statt „*Schiff*“ habe ich mir speziell von v. Grienberger notiert; „*Fische*“ statt „*Schiffe*“ von einem meiner Schüler in der ehemaligen Orientalischen Akademie. Vgl. oben unter Vertauschungen und V. und V. S. 76. Vgl. auch unten beim Versprechen der Kinder.

„*Wenn man sich auch damit noch beschaffen . . befassen müsste . .*“ sagte ein junger Doktor. Die Ähnlichkeit ist hier nicht gross.

Abends 7 Uhr nach einem erfrischenden Spaziergange, sagte ich: „*Das ist heute . . heuer ein entzückender Winter . . ah! Sommer!*“ versprach mich also in einem Satze zweimal. Die Substitution von „*heute*“ und „*heuer*“ habe ich schon V. und V. S. 76 angemerkt; sieh auch oben S. 50.

L. v. Frankl will „*Ameisenforscher*“ sagen, beginnt aber „*Eisenbahn . .*“

„*1500 Gulden ins Buffet . . ins Budget* (französ. ausgesprochen!) *eingestellt . .*“ (L. v. Frankl ref.).

„*Notnagel*“ für „*Lobmayer*“ (Frau Fl. Friedmann).

Ich verwechsle im Kolleg öfter „*Locativ*“ und „*Optativ*“, „*Deklination*“ und „*Konjugation*“. Auch „*Nominativ*“ und „*erste Person*“, letzteres in die folgende Kategorie gehörig (erster Fall — erste Person).

4*

„Ich hab' im Lemayer nachgesehen" statt *„Lehmann"*. (L. v. Frankl ref.).

d. Substitutionen infolge begrifflicher Assoziation.

„.. hat einen ganz schönen roten .. ah! schwarzen Hut" (Me). Nicht häufig.

„.. das gefällt mir nicht gut .. nicht schlecht" (Fräulein). Ich wollte *„fr(ühestens)"* sagen, meinte aber *„spätestens"*.

„.. kann man nicht früh genug kommen," sagte Brockhausen. Aufmerksam gemacht korrigiert er: *„Ah, spät genug."*

„Beim Papier zahlt man soviel drauf im Grossen .. im Kleinen" (Rida). Gemeint ist *„wenn man es in kleinen, in geringen Mengen kauft"*.

„Ja, Gott sei's geklu .. gedankt!" (Rida).

„.. weniger" für *„mehr"* notierte ich mir von Wegscheider.

„.. weniger leidenschaftslos .." sagte Pintner. Ich frage: *„Sie meinen weniger leidenschaftlich?"* *„Ja,"* sagt er.

„.. ich schneid' ihr's eh' immer weg, wenns hart ist, ah! wenns weich ist." (Me).

„.. im S .. im Winter .." Meine Frau bestätigte, dass sie *„Sommer"* sagen wollte.

„.. im Winter, ah! im Sommer .." (Detter).

Ich: *„Weisst Du, wie viel Grad es hat?"* Meine Frau: *„Es wird nicht wenig haben!"* Ich vermute, dass sie sich versprochen hat und mache sie darauf aufmerksam. *„Ah, nicht viel haben!"* sagt sie.

„.. gestern, ah! morgen" (Me).

„Ich bin weit entfernt, ihn zu schätzen" sagte Cornu ohne Korrektur, meinte aber das Gegenteil.

Dr. Friedjung beschreibt uns eine stürmische Parlamentssitzung und sagt: *„Schönerer ergreift ein Portefeuille .."* statt *„Fauteuil"*, einen Ministerstuhl.

„Auf dem rechten Auge sehe ich fast gar nichts, auf dem anderen viel weniger .. ah, etwas besser" (Dr. Dieterich).

„Kindern dürfte man ihn nicht so schwach geben" sagt meine Frau. Auf meine erstaunte Wiederholung antwortet sie: *„Ah! so stark!"*

„*Wann muss sie jetzt abends immer klopfen?*“ fragt meine Frau. „*Abends?*“ wiederhole ich. „*Morgens!*“ verbessert sie kopfschüttelnd.

„*Gestern wars ja nicht so kalt . . so heiss*“ (Ganser).

Meine Frau beklagt sich über Zugluft. Ich sage: „*Ich riech gar nichts.*“ Von einem Riechen war gar keine Rede. Auffallend.

„*Was war die Folge . . was war die Ursache?*“ (Rida).

„*. . kostet nach Russland 5 Gulden, ah! 5 Kreuzer*“ (Mu).

„*Er ist der Vater seines Sohnes*“ sagt Dr. Adler, wie immer pathetisch. Dann fügt er zu mir gewendet, hinzu: „*Sie, ich habe das wirklich nicht unabsichtlich . . ah, absichtlich gesagt*“ verspricht sich also neuerdings. Dr. A. wollte statt „*Vater*“ wahrscheinlich „*Freund*“ oder Ähnliches sagen.

„*Und die Alte ist die Tochter von der Jungen, ah, die Mutter!*“ (Me).

„*Du isst mir . . Du trinkst mir zu viel Wasser, Gretl!*“ (Me).

„*Du trinkst ja nicht . . Du isst ja nicht davon!*“ (Rida).

„*Bier*“ für „*Wein*“ sagt meine Frau, ohne dass von Bier früher irgendwie die Rede gewesen wäre.

„*Ich habe dieselben Möbel, die meine Kinder schon . . meine Eltern schon gehabt haben*“ (L. v. Frankl).

„*. . denn die kriegt gewiss nur einen bösen Kerl zur Frau*“ sage ich. Meine Frau korrigiert: „*Zum Manne!*“ Ich: „*Zum Manne! Habe ich zur Frau gesagt?*“ Meine Frau: „Ja!“ Also nicht einmal ich werde mich jedes Versprechens bewusst.

„*. . vorgestern, ah! vor zwei Jahren*“ sagte M. v. Rešetar. Ein Fall, den ich für ganz unwahrscheinlich erklärt hätte.

„*. . in 24 Tagen . .*“ statt „*. . Stunden . .*“ sagt A. F. Seligmann, ohne etwas zu merken.

„*Ich kenne viele ehelose Paare, die so herumradeln,*“ sagte Mu. meinte aber: „*. . kinderlose . .*“

„*Die Sonne ist untergegangen wie Wasser . . wie Feuer . .*“ (junge Dame).

„*Der Verteidiger, der glaubt, sein Pat . . sein Klient . .*“ (L. v. Frankl). Der Sprecher wollte — beim Arzte sehr begreiflich —: „*Patient*“ sagen.

„*Am Stephansplatz ist ein solches Geschäft, hinter der Votivkirche*“ sagte meine Frau statt „*. . hinter der Stephanskirche*“, ohne etwas zu merken. Warum ihr die Votivkirche in den Sinn gekommen, war nicht zu konstatieren. Die Verdrängung ist um so auffallender, als schon der Nachklang von „*Stephansplatz*“ auf das Richtige geführt hätte.

Herr Ohnesorge erhebt sich und sagt zu dem Herrn, der nun Platz hat am Tische: „*Sie nehmen meinen warmen Sessel bei dieser warmen, ah! kalten Witterung ein!*“ Nachklang allein, oder auch *warm* durch *kalt* assoziert. Vielleicht beides.

H. Gross hat zwei Herren zu besuchen, die in derselben Strasse gegenüber wohnen, und zu deren einem er jetzt die Treppe hinaufgeht. Nun ist ihm aber entfallen, ob er zur Wohnung von Prof. H e i n e oder zu der von Prof. W i n t e r gelangt. Längere Überlegung ergibt, dass er bloss bei der Wohnung W i n t e r s sein könne. Er läutet, Prof. W i n t e r öffnet ihm selbst, und G r o s s stellt sich vor: „*Ich bin Professor Winter.*“ Gesichtsbild wirkt mit!

In ähnlicher Weise stellte sich einmal Brockhausen als *Pfeifer* vor.

4. Nachklänge, Postpositionen.
Vgl. V. u. V. S. 44.

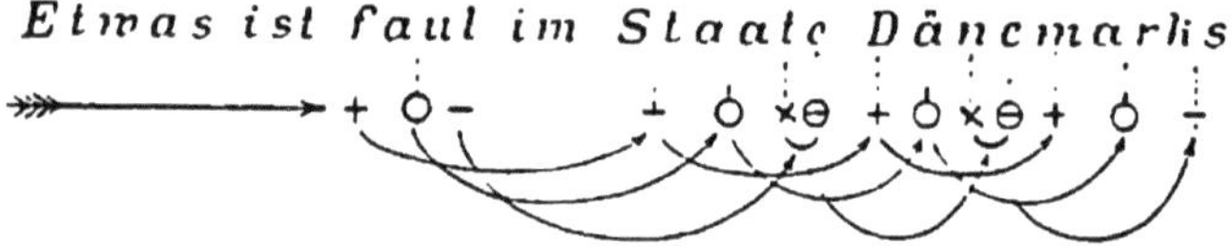

Bei den Vorklängen, Antizipationen, ist Vorbedingung, dass ich mehr als das eben zu sprechende Wort im Kopfe habe, einen Teil des Satzes, vielleicht, unter Umständen wenigstens (z. B. bei kurzen Sätzen), den ganzen Satz. Hier handelt es sich also bloss um Beeinflussung von Teilen meiner „inneren Sprache" (V. u. V. S. 1 ff.).

Anders liegen die Dinge bei den Nachklängen, Postpositionen.

Wenn ich irgend etwas wiederhole, was ich schon gesagt habe, einen Laut, eine Silbe, ein Wort, so wirkt das Erinnerungsbild des soeben gesprochenen Lautes, der Silbe, des Worts, und ebenso das Gehörsbild davon mit, oder das Gehörsbild allein, wenn ich etwas aus der soeben gehörten Rede eines anderen wiederhole, Faktoren also, die ausserhalb meiner inneren Sprache liegen. Nur für den Fall, dass ich nichts wiederhole, sondern nur irgendeinen Teil meines Satzes später setze, als wohin er nach gewöhnlichem Sprachgebrauch gehört, wirkt die innere Sprache allein. Diese letzteren Fälle kann man reine Postpositionen, Postpositionen im eigentlichen Sinne, nennen.

Dass wir so leicht ein von dem andern gehörtes Sprachelement in unseren eigenen Satz aufnehmen, ist in der Geschichte der Sprache gewiss nicht ohne Bedeutung. Wie könnte anders eine bestimmte Zeit eine bestimmte Gemeinsprache haben, wenn nicht die Rede des einzelnen so leicht von der des anderen beeinflussbar wäre!

Wer die Entstehung von Analogiebildungen im Leben beobachten will, braucht bloss auf ein Zwiegespräch zu achten.

Nehmen wir an, zwei Männer sprechen über einen *Wagen*, z. B. ein Bauer und der Wagner. In der Wechselrede wird das ganze Flexionsparadigma des Wortes nach und nach zum Vorschein kommen, und die einzelnen Formen der Flexion beeinflussen sich auf dem Wege des Nachklangs sehr heftig. Vgl. unten die Beispiele. Und dasselbe gilt vom Verbum. Wenn jemand „*darf*" gebraucht, so wird der Zweite leicht statt „*dürfen*" — „*darfen*" sagen. Der Sprechfehler „*weissen*" für „*wissen*" findet sich unter derselben Bedingung. Ja, sogar schon allein, d. h. ohne dass „*weiss*" vorausgegangen ist. Es scheint mir möglich, dass „*weissen*", „*darfen*" u. ä. sich allmählich zur Regel durchsetzen werden.

Meine Kinder sprachen, solange sie zu Hause waren, ein

ziemlich gutes, deutliches Verkehrsdeutsch. Wenige Zeit Schulbesuchs genügte, um ihre Sprache ganz umzumodeln, und heute sprechen die zwei älteren, 11 und 8 Jahre alt, das hässliche, undeutliche Schulmädel- und Schulbubendeutsch wie die anderen Kinder. Und etwas Ähnliches gilt auch von den Erwachsenen. Die Residua alles dessen, was wir gehört haben, aufgespeichert im akustischen Zentrum, die Sprach-vorstellungen, wirken auf die Sprechvorstellungen im moto-rischen Zentrum und bewirken eine Veränderung des Sprechens.

Die Nachklänge sind eine, wahrscheinlich die bedeutendste, Quelle von

a. „schwebenden Wortbildern".

Die Bedeutung der „schwebenden Wortbilder" ist eine weit grössere, als ich 1895 wusste. Alles, was uns lebhaft beschäftigt, namentlich häufige oder lebhafte Eindrücke, hinter-lässt in uns „schwebende Wortbilder", sprachliche Vaganten. Und diese können durch eine Ähnlichkeit mit zu sprechenden Wörtern leicht herbeigelockt werden, erscheinen aber auch, ohne dass man einen Grund für ihr Auftreten angeben könnte. Warum sie einwirken, ist aber in gar keinem Falle zu sagen, und auch in dem Falle, wo eine Ähnlichkeit ihr Auftreten erleichtert, nicht anzugeben (vgl. V. u. V. S. 73 Anm.).

Ich gebe als erstes Beispiel für Wortvaganten die Be-obachtungen, die ich in einer Fakultätssitzung am 14. Dezember 1895 in Wien gemacht habe. Der Dekan bringt die Einläufe vor und gebraucht dabei natürlich Wörter wie *„zustimmend erledigen"*, *„beantragen"* usw. sehr oft. Sie sind nun für ihn wie für die ganze Gesellschaft der Sitzung „vagierende Wortbilder", sie klingen jedermann im Ohre. Wie V. und V. aao. auseinandergesetzt, können sie sehr leicht durch ein ähn-liches zu sprechendes Wort herbeigelockt werden und ver-drängen das Wort oder wollen es wenigstens verdrängen. So sagt der Dekan: *„. . ich hoffe sie zustimmend . . zustellen zu können"*. Die Ähnlichkeit von *„zustellen"* mit dem vagierenden *„zustimmend . ."* genügte schon, in eine falsche Bahn zu kommen. Oder *„. . von dem allgemeinen Standpunkte* *aus beant . . betrachten zu können*". Das Wort „*betrachten*" lockte den Vaganten „*beantragen*" herbei.

In einer Familie sind die Namen der Mitglieder, der Dienstboten, auch der Name des Hundes, „schwebende Wortbilder", wenigstens solange man in seiner Wohnung, in seiner gewohnten Umgebung ist. Als ich jung verheiratet war, beherbergte mein enges Heim meine Frau („*Rida*", „*Riderl*" genannt), eine Magd („*Leni*") und eine Hündin („*Liserl*"). Diese Wörter beeinflussten sich oft oder wurden miteinander vertauscht. Ich sagte z. B. zum Hunde: „*Riderl*" oder „*Riserl*". Meine Frau nannte ihn „*Lenerl*", einmal auch „*Leserl*", weil sie vorher „*Leni*" gesagt hatte. Ich sagte zur Leni „*Lesi*", zu meiner Frau: „*Liderl*", die Magd rief ich „*Reni*". Meine Frau sagte zur Magd: „*Gehn's, Lisi, abräumen!*" Mich rief sie einmal: „*Leni!*", ein andermal die Leni „*Rudolf!*" Auch den Hund rief sie einmal „*Rudolf!*"

Seitdem ich Kinder habe, sind die Verwechslungen noch mannigfaltiger. „*Wenn Du nur alle auffressen tätest, Greterl!*" sagte meine Frau zum Hunde. Ich sagte zur Gretel: „*Rida!*" meine Frau sagte zu mir: „*Du Marianne!*" (Name der Magd). Auch die Kinder irren sich zahllos oft und sagen zu mir „*Mama*", zur Mutter „*Papa*" und ganz geläufig ist das korrigierte „*Pápmama*" und „*Mámpapa*". Ich nenne oft alle Namen durch, bis ich auf den richtigen komme usw.

Johannes sagte 4 Jahr 8 Mon. alt zu mir: „*Ja, Gret . . Pap . . Mama . . Papa . .!*", war also schon beim Richtigen angelangt und verliess es doch wieder.

Beispiele für andere schwebende Wortbilder.

„. . *vierte Vorles . . Vorstellung . .*" (A. F. Pribram). Dem Professor ist natürlich „*Vorlesung*" ein schwebendes Wortbild.

„. . *interpoliert . .*" sagte Heinzel für „. . *interpelliert . .*" Dem Philologen ist das erste Wort sehr geläufig.

Es ist von *Enten* die Rede. Da sagt Stukki: „. . *die sind nicht gut zu enten . . zu essen.*"

„. . *bloss bei den Meinungern . . Meiningern . .*" sagte ich. Warum das Wort „*Meinungen*" als Vagant hier auftrat, wurde mir nicht bewusst.

Es ist von „*verlorenen Minoritäten*" die Rede. Darauf sagt Grünberg, der selber das Wort gebraucht hatte: „*Gerichtsbezirke, wo die Leute mit Dolmetschen verloren . . vernommen werden.*"

Ich sagte mir beim Schreiben vor: „*Das Elbinger Vokabitular . .*" Ich wollte sagen „*. . Vokabular*", hatte aber in der vorausgegangenen Zeit so viel mit dem *Capitulare de villis* Karls d. Grossen zu tun, dass ich entgleiste.

Es ist von der *Slowakei* (wir sprechen: **Sch**lowakei) die Rede. Darauf sagt R. Much: „*In den anschlo . . anschliessenden Teilen . .*" Much gibt auch den Grund seines Versprechens richtig an.

Jak. Krall arbeitete über den Auszug der Juden. Als er sich verspricht „*. . im Auszug . . im Anzuge . .*" frage ich ihn, an was er gedacht habe. Da erhalte ich die obige Auskunft.

Zeit des Burenkriegs. Man hört und spricht so viel über *Dewet*, dass dieses Wortbild schwebend wird. Von einer Theatervorstellung sprechend, sagt Wassmuth: „*Die Dewet soll gestern recht gut gespielt haben.*" Ich verbessere: „*Die Dewal*" (eine Schauspielerin). „*A ja!*" bestätigt W. lachend.

Ein andermal sagt Wassmuth: „*. . er führt nach Budapest und dort erwartet ihn ein Separatabzug . Separatzug!*" „*Bürstenabzug*" und „*Separatabdruck*", die beide hier mitwirken, sind bei jedem Gelehrten schwebende Wortbilder.

M. Murko ist bekanntlich seit Jahren Professor der slavischen Philologie an unserer Universität. Der Lektor der englischen Sprache hiess *Morich*. Der Diener, der das Zimmer des Indogermanischen Apparats reinzuhalten hat, arbeitete einmal längere Zeit neben mir. Ich habe ihm Verschiedenes zu sagen, und er will von Prof. *Murko*, dessen Zimmer angrenzt, etwas sagen, verändert aber den Namen in *Murich*. Für den Diener war also wenigstens in den Räumen der Universität der Name des Lektors *Morich* ein schwebendes Wortbild. Der Name war früher nicht genannt worden, auch nichts gesagt worden, wodurch das Wortbild hätte gelockt werden können. Es war eben schwebend, der Fall kann also auch bei den Mitklängen untergebracht werden.

Es ist von *Hühnermagen* die Rede. Da sagt meine Frau „. . *wie viele Häute der Mägn hat* . .“ *Mägn* ist der dialektische Plural von *Magen*, der also hier als Nachklang den Singular verdrängt hat.

Ich korrigiere mit Herrn Dr. *Šamšalović* einen Aufsatz, in dem der Name des Hausforschers *Bancalari* häufig vorkommt. Da sage ich zu meinen freundlichen Helfer: „*Sie, Bancalari!*“

Es ist vom Honig, von den Wachswaben, dem Wachsdeckel der Zellen die Rede, so dass *Wachs* schwebendes Wortbild wird. Darauf sagt Cornu: „*Das mackst man ja nicht . . das merkt man ja nicht!*“ *Mackst* ist kontaminiert aus „*merkt*“ und „*Wachs*“ (gesprochen *Wacks*).

Ich rede mit *Martinak*, und wir zitieren öfter *G. Anton*. Dann sage ich zu Martinak: „*Kollege Anton!*“

Es folgt eine Sammlung von Beispielen gewöhnlicher Nachklänge.

b. Nachklänge, Postpositionen von Wörtern und Silben.

α. Aus des Rede des andern.

Jemand sagt: „*Schopenhauer nennt ein Mädchen einen Knalleffekt.*“ Darauf Murko zum Kellner: „*Leopold, bringen Sie mir einen Knall . . englischen Pudding.*“ Ich bemerke ausdrücklich, dass sofort festgestellt wurde, dass ein Spass dem Sprecher vollkommen fernlag, dass er sich wirklich versprach.

Ich sage: „*Ist das ein schöner Weg!*“ Dr. Bein: „*ein wunderschöner Weg!*“ Ich: „*Ich bin das Wegen . . das Gehen nicht gewohnt.*“

Brockhausen gebraucht das Wort „. . *eine Treibhauspflanze* . .“ Gleich darauf sagt seine Frau „. . *die Friedhaus* . .“ für „*die Friedmanns* . .“

Ich sage: „. . *das Stipendium von der alten Baronin* . .“ Meine Frau fragt dazu: „*Wie alt ist das . . wie gross ist das?*“

Eine Dame sagt: „*Ich bin eine Iglauerin.*" Darauf Dr. Adler sehr erfreut und pathetisch: „*Ich bin auch eine Iglauerin!*" im vollen Ernste und wird erst durch das entstehende Gelächter aufmerksam. Man hätte Lust den Fall für einen senilen zu erklären, aber ganz ähnliche Fehler kann man auch bei jungen Leuten beobachten.

Ich sage: „*Akademie ..*" Meine Frau: „*So ist es nur mehr möglich, dass wir morgen oder Samstag in die Akademie gehen.*" Ich frage erstaunt: „*In die Akademie?*" Darauf meine Frau: „*Hm! In den Tiergarten!*" Sie hatte gar nichts gehört.

Ich sage: „*Eine Reihe von Völkern hat ja daran geglaubt.*" Ein Fräulein: „*An die Völkerwanderung .. ah! an die Seelenwanderung.*"

Ich: „*.. Haben Sie's gelesen?*" Maler Vita: „*Und die Künstlergenossenschaft hat's abgelesen .. abgelehnt.*"

Meine Frau sagt: „*Es handelt sich nur um Dich, ich kaufe keinen Schinken.*" Ich: „*Du han .. Du kaufst keinen Schinken ...*"

Meine Frau: „*Nu, dann schreib' ich's halt dort ..*" Ich: „*Sie schreiben .. bleiben ganz alleine*".

Meine Frau: „*Es ist Zeit!*" Ich: „*Ohne Zeit .. ohne Zweifel!*"

Brockhausen spricht von der *Dienstboten-Ordnung.*" Darauf Detter: „*Wie sind denn diese Dienstboten .. ah, Rubriken ..*"

Ri sagt: „*.. am Neunundzwanzigsten.*" Darauf ein Fräulein: „*Am Neununddreissigsten!*" Aufmerksam gemacht sagt sie: „*Ah! Am Einunddreissigsten!*" Auch dieser Fall zeigt, wie die vagierenden Wortbilder am leichtesten durch Klangähnlichkeit des zu sprechenden Wortes herangelockt werden (*Neun — ein*).

Ich gebrauchte im Gespräche mit einem Bauern das Wort „*ghert*" (gehört). Darauf er: „*An offnen Herd hab' i scho ghert .. ah! gsegn*" (gesehen). Der Nachklang ist durch das von ihm gebrauchte Wort „*Herd*" erleichtert.

„*Du hast da einen Fleck, Du schlechts Mädl!*" Antwort: „*So? Einen Schle . . Fleck?*"

Ri gebrauchte das Wort „*Niemand*". Ich antwortete: „*Darauf kommt es mir gar Niemand . . gar nicht an.*"

Es war vom „*Polenta*" (Mehl vom türkischen Weizen, Kukurutz) die Rede. Darauf sagt v. Graff „*Spolento*" für „*Spoleto*".

Es ist vom Hemdanziehen die Rede. Darauf Bein: „*Das habe ich oft erst im Hemd getan*" für „*. . . Coupé . .*"

Es ist von Sesseln die Rede. Darauf sagt eine alte Frau: „*Die zwei Kasten sind ganz schöne Sessel*" für „*Kasten*".

Bunzl hatte das Wort „*Harnsekretionen*" gebraucht. Darauf Kramař: „*Wenn ich Harn . . ah! Weintrauben bekommen hätte*". Kr. versicherte, dass er „*Harntrauben*" sagen wollte.

β. Aus der eignen Rede.

„*Dieser Zappert hat einen Bub, der auch Zappert . . ah, Alfred heisst*" (Dr. Adler).

„*. . wennst keinen bessern Kosenamen findst, als mich Hansl nemen . . nennen . .*" (Alte Frau).

„*. . haben vom Fussballspiel g'spielt . . g'sprochen . .*" (Hofrätin v. Weilen).

„*Von 73 Kilo ist er auf 78 heruntergekommen, ah, auf 58*" (Rida).

„*Personalkommeneinsteuer*" sagte Krebs an verschiedenen Tagen. Reine Postposition, anscheinend fest geworden.

v. Grienberger hatte vom Bett gesprochen. Dann sagte er: „*eine Bette . .*" für „*. . eine Decke . .*"

„*. . zwei Monate in den Sitzungsmonaten* (für Sitzungsberichten) *zusammengefasst*" (Heger, ohne irgendetwas zu merken).

Ich erzähle meiner Frau, dass ich mit meinen älteren Kindern eine *Druckerei* besucht habe, und sage dann: „*Es steht zwar dort: Fremden ist der Eindruck . . Eintritt verboten . .*"

„*. . hundertachtundsiebzig Mezig Meter . .*" sagte Prof.

Grobben vor 10 Jahren, ein ruhiger Mann auf der Höhe des Lebens.

„So wie der Schuster Schuster macht" für *„. . Schuhe . ."* (R. R. v. Ključarić). Nachklang erleichtert durch gleichen Anlaut. Wurde nicht korrigiert.

„Ich habe die Zeichnungen gezeigt . . gesehen, aber . ." (v. Hohenbr.) Nachklang und Entgleisung.

„Der Laternzünderanrock für *„der Laternanzünderrock"* (Röllig ref.).

„. . in der Dorotheergasse wohnt er gewiss, ich weiss nur nicht die Gasse" für *„. . . Nummer"* (Me; abends 10³/₄ Uhr). Nicht gemerkt und nicht korrigiert.

„. . zehn Gulden oder 48 Gulden . ." für *„zehn Gulden oder 48 Stunden Arrest . ."* (Karabacek).

„. . dasz ihnen an der Auslage nix draus . . dranliegt" (v. Lie).

„. . dass das die Fidibusse war, worannen man die Pfeife angezündet hat . ." für *„. . . waren, woran . ."* (Me).

„. . ein vorzuziehender Vorstand . . . Zustand (Me)

„. . Leute, welche die Seekrankheit während der ganzen Krankheit . . ah! Seereise haben" (Bunzl).

„Man würde täuschen, wenn man sich glaubte . ." (Prof. Heinr. Schenkl in einem Vortrage). Postposition.

„. . dass man das Nächstliegende liegt . . nimmt" (Dr. Bein im 32. Jahre).

„In Ungarn genügt es, sich zu genügen . . sich adoptieren zu lassen" (Helene Stökl, Schriftstellerin).

c. Nachklänge, Postpositionen von Lauten.

α. Aus der Rede des andern.

Meine Schwägerin R. erzählt, dass ihr Hahn unlängst den Hof verlassen habe (in Dolnja Tuzla) und auf überschwemmtes Gebiet gekommen, wo er zugrunde gegangen sei. Da sagt meine zweite Schwägerin: *„Er wird halt auf Brautschwau ausgegangen sein."* Ich frage sie, warum sie sich versprochen habe. Sie antwortet, sie habe an *„Überschwemmung"* gedacht. Ein sehr lehrreicher Fall.

Meine Frau sagt: *„So kannst Du eben reden!"* Ich: *„Aber auf eine Schweinerei kann ich mich nicht einladen!"* Ich breche sofort ab und denke über das *d* von *„einladen"* nach, denn ich wollte *„einlassen"* sagen. Es kann nur Nachklang von *„reden"* sein.

Zufällig lesen meine Frau und ich laut. Meine Frau: *„. . Abdrücke . ."* Ich: *„. . nötrig . ."* für *„. . nötig . ."*

Der Kellner empfiehlt einem Herrn der Tafelrunde: *„Opollo"*. Darauf sage ich: *„Sipon!"* für *„Siphon!"*

Ich: *„. . verspätet ."* Darauf L. v. Frankl: *„Ist Seligmann verspändigt . . verständigt?"*

Ich frage Ri: *„Ah! Du siehst nicht?"* *„Ich seh"* antwortet Ri. Darauf ich: *„So, Du sehst . . siehst!"*

Ich frage: *„Was bläst (blasest) Du so?"* Ri antwortet: *„Ich bläs nicht!"* Man sieht aus solchen Beispielen, wie auch die Nachklänge die Vokaldifferenzen zusammengehöriger Wörter befehden. Man kann sich leicht vorstellen, wie oft solche Gegenreden vorkommen, z. B. *„Ich gebe . ."* — *„Du gibst . ."* oder *„Du gibst . ."* — *„Ich gebe . ."* Im ersten Falle führt der Nachklang zu *„Du gebst . .",* im zweiten zu: *„Ich gibe".* Um der einen oder anderen Form zum Siege zu verhelfen, bedarf es dann natürlich noch anderer Faktoren.

Ri gebraucht das Wort *„. . verpflichtet . ."* Ich will darauf *„Gewich!"* antworten für *„Gewiss!"* Das i erleichtert den Nachklang.

β. Aus der eigenen Rede.

„Du kannst noch nicht mit dem Löffel essel" sagte meine Frau zum Kinde.

„Der Wachs geht wag . ." sagte Dr. Adler und unterbrach sich: *„Warum habe ich wag gesagt?"* fragte er mich. *„Wegen Wachs",* sagte ich. Unklar blieb, warum der Sprecher das Geschlecht von *Wachs* änderte.

„. . durch fünf Semester fünfständig . ." für *„. . fünfstündig . ."* sagt Wickhoff mit Nachdruck und wiederholt es sogar, ohne etwas zu merken.

„. . an Bettschwere geritten . . gelitten" sagt Dr. Adler

abends ¹/₂9. Vielleicht nicht Nachklang, denn die beiden *r* sind keineswegs gleichwertig, sondern Einwirkung eines Wortvaganten. Ich habe den Fall nicht sofort genau untersucht. Oder senil?

„*Wie geht Ihnen's, ah, wie geht's Ihnen?*" fragt mich Prof. Feod. Hoppe. Reine Postposition.

„*Durch den Wald führt ein schöner Way . . Wey dort*" Reg.-Rat Krispin.

„*Wenn die Hähne krühnen, so wird sich das Wetter ändern*" sagt Štreckelj mittags, ohne etwas zu merken.

„*. . bei dieser photolithographischen Lieder Wiedergabe . .*" Detter 8 Uhr abends.

„*Bei anderen Sprachen ist wieder die Aussprache schper . . schwer*" (Rida).

„*Diese Restel Wolln verwende ich immer auf . . .*" für (Dial.) „*Diese Restln Woll' . . .*" (Rida).

„*. . die Zwei können spielen Verspecken mit einander*" für „*. . . Verstecken . .*" (Rida, abends, müde).

„*. . kräht kein Kahn . . .*" für „*. . Hahn . . .*" (Brockhausen).

„*Die einen Ärzte sagen: aufwärken . . aufwecken . .*" (Rida).

„*Du musst doch hie und da ein Buch einbunden . . einbinden lassen*" (Rida).

„*. . im Zeichen des Wacher . . Wassermanns . .*" (Rida).

„*. . Dunkelkummer . . Dunkelkammer . .*" (Maler Lischka mittags).

„*. . verschleppt durch die Schippe . . Schiffe . .*" (Dr. Pintner).

„*Das kann sich in dér Jahreszeit furchtbar schnell el . . ändern*" (Me 11 Uhr abends).

„*. . weil sie vom Wetter überwascht überrascht . .*" (Ganser, alter Herr, an einem Julimittag, sehr heiss). Bei der Entstehung dieses Versprechens wirken besondere Umstände mit, Alter des Sprechenden, erschlaffende Hitze, aber der Fehler ist trotzdem nichts anderes, als was sich bei gesunden jungen Personen in frischen Stunden ebenfalls findet.

„. . *Kain und Aibel . . Abel . .*" (Rida).

„. . *er hat zu hagen . . zu sagen . .*" (Rida).

„. . *die Miss Hiden* (spr. Haiden) *hat mir g'schreiben, geschrieben . .*" (Rida).

Ich: „. . *hat das Fleisch auch mit gefressen.*" Meine Frau: „*Ja! hat Freiss, ah! — Fleisch auch mit gefressen.*" Nachklang ist mir hier wahrscheinlicher als Vorklang aus der eignen Rede, obwohl auch dies möglich ist, denn die Sprecherin gebraucht ebenfalls das Wort „gefressen".

„. . *ein Schickl Schtinken . .*" für „. . *ein Stückl Schinken . .*" (Kain).

„. . *das Wetter müsste etwas fetter   fester sein*" (Loserth). Der Sprecher hat weder von seinem Versprechen noch von seiner Korrektur etwas gewusst. Mich dünkt, dass diese unbewussten Korrekturen für den Seelenforscher von Interesse sein müssten.

„. . *zwölf Stunden in der Wuch . . Woche . .*" (Dr. Witlazil 9 Uhr abends).

„. . *mit einem Lappen, da geht der oberlächli . . ober-flächliche Schmutz weg . .*" (Alte Frau).

„. . *merkwürdiger Meise . . Weise . .*" (Me).

„. . *hat man ihnen Sträflingskreider . . kleider angelegt . .*" (Me 9 Uhr abends).

„. . *im Nevaldholf getroffen . . im Nevaldhof getroffen . .*" (Rida, mittags).

„*Glauben Sie, wird das Fleisch weiss genug sein?*" für „. . . *weich . . .*" (Rida). weiss dürfte aus „weisch" durch Entgleisung, d. h. Einlaufen in die ausgefahrene Bahn, entstanden sein.

„. . *englische Faschon . .*" (Frl. M. Müller).

„. . *und trifft auf der Striege . . Stiege den Schipper.*" (Bruno v. Frankl ½ 10 Uhr abends).

„. . *Alexander Ksa . . Zappert . .*" (Dr. Adler).

„*Meine Schwester ist viel zu g'schwei . . g'scheidt dazu*" (Rida).

„. . *und mit reichem vollem Schwalle zu dem Balle .*

Bade. .“ (ein Fräulein; „*Ball*“ lag weder ihr noch der ganzen Sachlage nach nahe).

„*. . wieso ist denn das eine Rimö . . Rumänin . .*“ (Rida, gesund, im 26. Jahre, 9½ Uhr abends).

„*Seppl! Geb, gib mir . .*“ (Me).

„*Auf neue, seure saur . . saure Pflaumen* (Broch).

„*. . entarterter Nachkomme*“, sagte mit Emphase Reg.-R. Das wiederkehrende *t* zog wohl auch das *r* wieder hervor. Bei emphatischem Reden dürfte sich Nachklang des *r* überhaupt leicht einstellen.

„*effektiv geschleftig*“ für „*. . geschlechtig.*“ Dr. Homann. Unwohl.

„*. . eklektantesten Fall . .*“ (Mu) für „*eklatantesten Fall*“.

„*. . ob er mit ihm Du ist oder Su . . Sie ist*“ (Prof. R. M. Werner).

„*Das ist ein furchtbar glattes Glas*“ für „*. . . Gras*“ (May. ref.).

„*. . mit Staunen versto . . vernommen . .*“ (Vondrak).

„*. . den hat er angenagelt den Rittler . . Rittner . .*“ (Me). Der Fall ist nicht ganz klar. Vgl. dazu „*. . Grieslu . . nudeln in der Milch . .*“, wo eine Antizipation vorliegt. In beiden Fällen ist das wirksame *l* Silbensonant (gesprochen: *genaglt, Nudln*).

„*. . hat sich einen berühmten Ramen . . Namen gemacht . .*“ (Dir. H.).

„*Er ist ein kritischer Kropf . . Kopf*“ (Fr. Joh. Schima) *k* erleichtert den Nachklang.

„*. . eine üppige Wüse . . Wiese . .*“ (Lschinsp. Hülsenb.).

„*. . zitiere einmal eine Stiele . . Stelle . .*“ (Vondr.).

„*Humanoria*“ für „*Humaniora*“ (v. Lieder).

„*Der Homann wird wahrscheinlich morgen bei seiner Bar . . Braut sein!*“ (Mu). Der Sprecher erklärt sich absolut keines Nebengedankens bewusst zu sein. Dann also Nachklang von „*ahr*“ und Vorklang von *B*.

Ich sage: „*Hauswesen*“. Darauf Detter: „*Kost . . Kocht sie gut?*“ Merkwürdiger Fall.

„*. . ein Fürst Stscherbar . . Stscherbazkoi?*“ (Me).

„*Wenn ich nach Hause schreibe, so schraube ich . .*"
(Vondr.). Hier wurde Redner unterbrochen.

„*. . in Staub und Moder verwandern . verwandeln
können*". (Me).

„*. . Antrag des geehrten Herrn Vorrad . . Vorredners . .*"
(Penck).

„*Bring ein Krügl in einem geschlossenen Gras . . Glas!*"
(v. Lieder).

„*Ich habe in meinem Leben noch nie Nod . . Sodbrennen
gehabt*" (RR).

„*Jetzt sitz'st Du da wie ein kleines Meizner . . Meissner
Porzellan-Figürchen*" (Me).

„*Und in dem Moment, wo der M . . Wagen kommt . .*"
(Vo).

„*. . lateinisch heischt es . .*" für „*. . heisst es . .*" (Me).

„*. . klassische Schachen . . Sachen . .*" (Lehrer Jettel).
Gegen die Regel, weil Zischlaute.

„*Von wom?*" für „*Von wem?*" (Pribram). Bei jungem
Manne seltener Fall.

„*Diese schäbige Eleganz wünst man nicht*" für „*. . wünscht . .*"
(Me).

„*Ich nehm' wegen weiner . . meiner . .*" (Me).

„*Wenn der Lehrer flagt . . fragt . .*" (Kind; Murko ref.)

„*Milchspeis ist auch mahrhaft!*" für „*. . nahrhaft!*" (Ri).

„*Was ist ein Bauerngollasch?*" fragt O. Broch. Ich sage:
„*Das können bloss Gau . . Bauern essen!*"

„*Grosshornrinde*" für „*Grosshirnrinde*" (K. M.).

„*Er sah, wie eine Frau ihr Kind zündigte . . züchtigte.*"
(Rud. Schneider).

„*. . er hat eine Vollblutstute gerutten.*" (Ein Schauspieler;
Bunzl ref.).

„*Professor Bro . . Bormann . .*" sagte ein Schuldiener.
„*Bro . .*" ist gewiss nicht Metathese von „*Bor(mann)*", denn
nachvokalisch vor Konsonant sprechen wir gar kein *r*.

„*Klosterneuburg ist glo . . gross*" (Frau Friedmann).
Vor- und Nachklang.

„*Der Goldmops kommt mir sehr solt . . seltsam vor*"

(Detter). Die Wahrscheinlichkeit eines Nachklangs ist mir grösser. Ich denke „*solt-*" klingt nach „*Gold-*" nach. Als Ibsens Klein Eyolf in Wien aufgeführt wurde, war viel vom „*Goldmops*" die Rede.

„*Wir sind drei Trem . . Temperenzler*" (Mu).

„*. . eine vollgefro . . gefressene Boa constrictor.*" (Me).

„*. . aus leicht begleiflichen Gründen . .*" (Mu). — Ich habe den Fall schon bei verschiedenen Personen beobachtet.

„*. . Einheiligkeit . .*" für „*Einhelligkeit . .*" sagte ich, ohne etwas zu merken.

Auch die Nachklänge werden **erleichtert** durch particielle Ähnlichkeit der Wörter, obwohl diese keineswegs nötig ist. Zu den schon angeführten Beispielen noch folgende:

„*Was er für Studien* (spr. *Schtudien) gemacht hat in Schtönbrunn . . Schönbrunn . .*" (Röllig ref.).

Meine Bedienerin gebraucht das Wort „*Kaffee*". „*Das tue ich nur vor dem Kaffee . . Kolleg,*" antworte ich.

„*. . 65 Zentimeter Durchmeter . . Durchmesser . .*" (Me).

Es ist von einer „*Katastrophe*" die Rede. Darauf sagt Dr. H. Sittenberger zum Kellner: „*Bringen Sie mir eine kleine Katastrophe . . einen kleinen Kaffee, aber sehr weiss!*"

„*Unser Fall ist ja nicht einfall . . nicht einfach*" (Me).

„*. . wie ich ihn inner . . immer habe . .*" (Me).

„*. . wo der Wogscheider . . Wegscheider . .*" (L. v. Frankl).

„*Die Deutsch-Russen sagen das j ganz deutschlich . . deutlich*" (L. v. Frankl).

„*Die anderen Sprachen sind noch nicht genug untersicht*" (Mu) für „*. . untersucht*".

„*Dreimal im Trag . . Tag . .*" (Frl. A. Haasz).

„*. . die Westgoten und die Ostgoten, mit de hab' i net g'schproten . . gesprochen*" (Alte Frau).

„*. . mit Filzstoff bestannt . . bespannt . .*" (Rida).

„*Du bist ein schreckliches Ding . . zudinglich . . zudringlich wie eine Wespe*" (Me).

„*. . mit Nahrungssar . . sorgen . .*" (Hahnreich).

„*. . leidet, wie der technische Ausdruck leitet . . lautet . .*" (Siegm. Exner).

Ich: „*Du setzt Dich schon wieder auf meinen **Stuhl**!*"
Meine Frau: „*Ich mache nur ein Paar **Stu** . . Stiche!*"

„*. . und hat er ein solches Glas getrunken, so fängt er sofort an zu trinken . . zu singen*" (Detter).

„*. . die eine ausgestrichen, die andere eingestrichen.*"
Meine Frau wird erst von mir aufmerksam gemacht und korrigiert dann: „*eingeschrieben*".

d. Nachklang von früher miterregten Wortbildern.
Vgl. V. u. V. S. 51.

Rud. Much erzählt mir einen sehr interessanten Fall, eine Anekdote. Ein Schauspieler hat zu sagen: „*Der Connetable schickt sein Schwert zurück*" (Schiller, Die Jungfrau von Orleans I 2). Ein anderer hänselt ihn und bittet ihn, sich doch nicht zu versprechen und etwa zu sagen: „*Der Confortabel* schickt sein *Schwert zurück*" Das tut nun allerdings der Erste auch nicht, aber er sagt als König Karl: „*Der Connetable schickt sein Pferd zurück.*" Was war geschehn? Bei „*Connetable*" wurde „*Confortabel*" mit assoziiert, und mit diesem fuhr sein „*Pferd*", welcher Mitklang durch die Ähnlichkeit mit „*Schwert*" so stark wurde, dass es das letztere Wort verdrängte.

„*Das ist leichter gesagt als behau . . bewiesen!*" Bei „*gesagt*" klingt „*behauptet*" mit, und das kommt dann zum Vorschein (Me).

„*. . durch die Gnade seiner Majestät ist er zum Minister des Kai . . des Äussern gemacht worden.*" (R. R.). Bei „Majestät" klingt natürlich „*Kaiser*" mit.

Ich singe: „*A so a Frauderl is a Weib*" für „*A so a Weiberl is a Freud*". Bei „*Frauderl*" kam mir das richtige „*Weiberl*" in den Sinn und das verdrängte dann als Nachklang das Wort „*Freud*".

Meine Frau erzählt von unserer Hündin „*. . und quietscht hat sie, dass alle Leute g'schrien ah! g'schaut haben.*" Bei *quietschen* klang *schreien* mit.

Meine Frau: „*Heiss ist mir.*" Ich höre das und will sagen: „*Rida spritz' nicht!*" sage aber „*. . schwitz' nicht!*"

Durch *heiss* war *schwitzen* herangezogen worden, und die Ähnlichkeit mit *spritzen* erleichtert sein Einwirken.

Ich ärgere mich über mein stumpfes Messer und sage: „*Ich werde es nie mehr einem solchen Kerl geben!*" Gemeint war ein hausierender *Schleifer*, aber dieses Wort wurde nicht ausgesprochen. Darauf meine Frau: „*Die Messer schlei . . schneiden jetzt nicht besser.*"

Schima sitzt und notiert. Man fragt ihn, er antwortet: „*Wenn ich noch lang dasitz', brauch ich noch einen zweiten Sessel . . Zettel.*"

„*. . für Kleinigkeiten habe ich in meinem Kopfe keinen Gehirn . . Raum.*" (Me).

e. Nachklang des Genus.
Vgl. V. u. V. S. 51.

„*. . dort gibt es in der Glyptothek einen Saal, die . . der grossartig ist.*" (Dr. Kramař).

„*. . das ist durchaus keine Sache, die im Konnex ist mit der Quantum des Wissens . .*" Bei R. R. sind solche Fehler sehr häufig, er sagt z. B. „*die Interesse*" u. drgl. ohne zu korrigieren, während er solche Irrtümer bei anderen gewiss bemerken würde.

„*Der Phonograph ist noch nicht auf der Höhe, den . . die man braucht für wissenschaftliche Zwecke.*" (Me).

„*. . nun hat sie sich den Magen an ihr* (statt „*an ihm*"; vom Käse war die Rede) *verdorben.*" (Lothar v. Frankl).

„*Handkuss an Deine Mama, meine Alte!*" statt: „*. . mein Alter!*" $\frac{1}{2}$12 Uhr nachts (Me).

„*Die Esche ist ein Baum, die vorkommt . .*" (Dr. Adler).

f. Nachklang des Kasus.

„*Es wird alles den Menschen, denen es angeht, die es angeht, viel ärger mitgeteilt . .*" (Me; mittags).

g. Nachklang des Numerus.

„*. . und dann gibts noch einige andere Orte, wie Friedberg sind . .*" für „*. . ist . .*"

h. Nachklang des Umlauts.

„. . *einen röteren Bärt . . Bart als der andere.*“ (Me).

i. Nachklang der Komparation

„. . *etwas weniger länger . .*“ für „. . *lang . .*“ (Kellner).
„. . *schwerst zu behandelnsten . .*“ (Guglia).

k. Nachklang des Tempus.

„. . *so hübsch wie meine Kleine vom vorigen Jahr wird sie auch gewesen sein*“ für „. . *wird sie auch sein . .*“ (Me)

l. Postposition der Person.

„. . *und ich bin der, der am weitesten gekommen bin*“ (Broch).   Nicht korr.

„*Ich denke immer nach, spriche . . sprich . . spricht er . .*“ (Jagić nach Broch).

„*Gestern waren zwei Backfischeln dort, und das ·Unglück hat es gewollt, dass ich zu ihnen zu sitzen gekommen sind . . bin*“ (Me).

Ich erzählte einen Witz aus den „Fl. Bl.“, wornach ein Student sagt: „*Das Luder von einem Hund schaut mich, seitdem ich durchgefallen ist, immer so merkwürdig an!*“ für „. . *bin . .*“

„*Und ich sag' Dir ruhig alles, was der Mann gesagt hast . . hat . .*“ (Me).

„*Ich weiss nicht, wie der Vorschlag ausgefallen ist, weil ich erst seit heute da ist*“ für „. . *da bin.*“ (Heberdey).

Frau Schima erzählt: „*Ich kam später nach Haus, mein Mann war schon ganz ausser mir!*“ für „. . *ausser sich!*“

Ich sage von der Grete: „*Sie macht einen Heidenspektakel wenns net kommt . . wenn Du nicht kommst.*“

„*Er hat eine solche Schrift, dass ich nicht imstande ist . . bin, es zu lesen*“ (Cornu).

„*Weisst Du noch, wie der Bubi ausgeschaut hast?*“ fragte mich meine Frau.

m. Nachklang der Negation.

„. . *zu verhindern, dass das Leben nicht aufhöre*“ heisst

es in der Übersetzung von Turgenjew Gedicht in Prosa, Reclam.

n. Nachklang der Quantität.

„. . *Stich und Hib*" für „. . . *Hieb* . ." (Dr. Adler).

o. Nachklang des Hiatus.
Oben schon Beispiele.

Jemand sagt „. . *leihen*". Ich: „*Der Herr Hofrat wird es brauen . . brauchen.*"

Mit den Vertauschungen, den Vor-, Mit- und Nachklängen sind die Fälle des Versprechens, soweit das Einteilungsprinzip aus den Ursachen genommen wird, erschöpft.

5. Kontaminationen.

Vgl. V. und V. S. 53 ff.

Kontaminationen sind Folgen von Vorklängen, von Mit- und von Nachklängen. Hier werden noch besondere Beispiele für diese Produkte verschiedener gedachter Sprechfehler gegeben, um die Formen der auf diesen Wegen entstandenen Mischbildungen zu charakterisieren. Dies geschieht vornehmlich aus sprachwissenschaftlichem Interesse, damit man für die in den allgemeinen Sprachgebrauch eingedrungenen Kontaminationen ein Vergleichsmaterial, das den Momentanbildungen des Augenblicks entnommen ist, hat. Als Versuche graphischer Darstellung der bei den Kontaminationen vor sich gehenden seelischen Prozesse bitte ich, die Figuren in V. und V. S. 65—69 zu betrachten.

Ich habe schon V. und V. S. 54 aufmerksam gemacht, dass sich oft dem Redenden Synonyma darbieten, und dass er sie verschmilzt. Es kommt aber auch vor, dass sie bloss adhärierende Bestandteile tauschen.

Z. B. Eine Dame sagt: „. . *für eine junges Mädchen* . ." nach „*eine junge Dame*" (Dr. H. Sittenberger ref.).

„. . *damit der Bein für den Hund übrig bleibt* . ." sagte Bunzl. Ich dachte zuerst, dass das Geschlecht von „*Hund*" antizipiert sei, aber Bunzl erklärt, er habe an „*Knochen*" gedacht.

„*Man kennt dort kein' andern Wort . .*" Lorenz. Kontam. aus „das *Wort*" und „*der Ausdruck*".

Ähnlich bei dem Numerus des Verbums. Ich ärgere Bu., und er sagt mir sehr heftig: „*Leute, die nicht über Mödling hinausgekommen ist . .*" Nebengedanke „*Ein Mann, der wie Du, nicht über Mödling hinausgekommen ist*".

Ähnlich sind jene Fälle, wo die Kasusrektion des Synonyms eines Zeitwortes eintritt. „*Es hat mich riesig gefallen*", kontam. aus etwa „*mich riesig gefreut*" und „*mir riesig gefallen*".

Ähnlich beim Genus, z. B. „*. . . meiner Weib . .*" (Me), kontam. aus „*. . meinem Weib . .*" und „*. . meiner Frau . .*"

a. Kontaminationen von Sätzen und Redensarten.

„*Das ist des langen Pudels kurzer Kern*", kontam. aus „*Das ist des Pudels Kern*" und „*Das ist der langen Rede kurzer Sinn*" (Frl. Pölzl ref.).

„*. . dass wir es um eine assoziative Störung handelt . .*" (May ref.). Kont. aus „*. . dass wir es mit . . zu tun haben . .*" und „*. . dass es sich um . . handelt . .*"

„*. . Knies hat zuzückzuführen wollen . .*" (May ref.). Kont. aus „*. . hat zurückzuführen versucht . .*" und „*. . hat zurückführen wollen . .*"

„*. . weil ich mit ihm zu reden möchte . .*" Kont. aus „*. . zu reden hätte . .*" und „*. . reden möchte . .*"

„*. . ich habe durch viele Jahre lang . .*" kont. aus „*durch viele Jahre*" und „*viele Jahre lang*". (Adl.).

„*. . das sind die Angenehm . . die Annehmlichkeiten . .*" Kontam. aus „*das ist das Angenehme daran*" und „*das sind die Annehmlichkeiten davon*" (Me).

„*In Sibirien wird Champagner in Strömen getrunken*" (Mu); kontam. aus „*. . fliesst in Strömen*" und „*. . wird in Menge getrunken*".

„*. . wie ich heute in der Tramway eine Frau gesessen ist . .*" (Frl. R. H.). Die Sprecherin wollte sagen „*. . gesehen habe*", dabei scheint sich aber ein Nebengedanke „*eine Frau ist dagesessen*" geltend gemacht zu haben.

„*Ich weiss nicht, woran das liegt*" kontam. aus „*. . woran das liegt*" und „*. . wovon das abhängt*" (v. Andr.).

„*Du fängst an zu erzählen und setz'st nicht fertig*" kont. aus „*. . setz'st nicht fort*" und „*erzählst nicht fertig*" (Ri).

„*Was soll ich mich entschieden?*" kontam. aus „*Wozu soll ich mich entschliessen?*" und „*Wie soll ich mich entscheiden?*" und „*Was soll ich tun?*" (Ri).

„*Jetzt ist mir rot!*" kontam. aus „*. . ist mir heiss*" und „*. . bin ich rot*" (Rida).

„*Ich habe ganz vergessen aufzuschrieben*" kontam. aus „*Ich habe nicht aufgeschrieben*" und „*Ich habe g. vergessen aufzuschreiben*" (Rida).

„*. . mich, ich wurde von niemand gefragt*". Es spielt herein „*Mich hat n. g.*" (Pribram).

„*. . ein Ausweg ist getroffen worden*". (Skraup) aus „*gefunden worden*" und „*ein Übereinkommen ist getroffen worden*".

„*Solange wie ich mich ex . . erinnere . .*" (Fechtmeister Schau). Es spielt „*Solange ich existiere . .*" herein.

„*. . die es überhaupt existieren*", sagte Detter, kontam. aus „*. . die es gibt . .*" und „*. . die existieren*".

„*Ich bin mit einer Gruppe Hörer übereinandgekommen . .*" (Loth. v. Frankl). Kontam. aus „*übereingekommen*" und „*Wir haben mit einand ausgemacht*". Der Fehler kommt öfter vor.

„*Mir tut alles müd*", sagte meine Frau im 25. Lebensjahre. Kontam. aus „*. . alles weh*" und „*Ich bin müd.*"

„*. . wo es Dir schwer anfällt . .*" (Me). Kontam. aus „*schwer fällt*" und „*schwer ankommt*".

„*. . sie war damals junger jünger als heute*" (Me). Kont. aus „*noch jung*" und „*jünger als heute*".

„*Sie sind dann gar nicht mehr auf dem Land . . ah, in der Stadt*". Kont. aus „*. . nicht mehr in der Stadt . .*" und „*. . schon auf dem Lande . .*"

„*Sei doch nicht gescheidt!*" (Me). Kontam. aus „*. . gescheidt!*" und „*. . nicht dumm!*"

„Da hast Du ganz wahr! (Vondrák; kommt öfter vor). Kontam. aus *„. . ganz recht!"* und *„Das ist wahr!"*

„. . bekanntlicher Weise . ." (v. Grienberger). Kontam. aus *„bekanntlich"* und *„bekannter Weise".* Kommt öfter vor.

Ich bitte meine Frau eine Schnur wegzunehmen. Sie sagt: *„Ich nehm's g'rad vorhin weg!"* ohne zu korrigieren. Aufmerksam gemacht, erklärt sie, dass sie gedacht habe *„Ich wollte sie gerade vorhin wegnehmen"* und *„Ich nehme sie gleich weg."*

„Ich habe kein Organ, das nicht intakt ist", sagte Marek, meinte aber das Gegenteil. Kontam. aus *„. . nicht angegriffen wäre"* und *„. . intakt ist."*

„ Wir schreiten zur Tagesordnung über" sagte A. Penck als Dekan. Kontam. aus: *„ Wir gehen über"* und *„Wir schreiten".*

„Ich hab' ja wollen auswechen" (Me). Kontam. aus *„ausweichen"* und *„aus dem Weg'* (ich spreche *Wech*) *gehen."*

„Mir friert!" sagt meine Frau spät abends. Kontam. *„mich friert"* und *„mir ist kalt."*

„Die Bombe ist ins Rollen gekommen" (Fräulein von 22 Jahren). Kontam. aus: *„Bombe ist geplatzt"* und *„Der Stein ist usw."*

„. . wenn der Papa wo (= *irgendwo) Staub gewesen hat . . gesehen hat . ."* (Frau Mizi Vondrák). Kontam. aus *„. . irgendwo Staub gesehen hat . ."* und *„. . wenn irgendwo Staub gewesen ist und der Papa hat ihn gesehen."*

„Wenn ich eine mutterlose Frau wäre . ." (Rida). Kontam. aus: *„. . kinderlose Frau . ."* und *„. . wenn ich nicht Mutter wäre . ."*

„. . is ein Fass mit einem leeren Boden . ." (Schima). Kontam. aus *„. . leeres Fass . ."* und *„. . Fass ohne Boden . ."*

„Ich weiss nicht, woran es hängt . ." (Bormann). Kontam. aus *„. . wovon es abhängt . ."* und *„. . woran es liegt . ."*

„. . da hab' ich mich zunächst nicht zurechtgekannt . ." (M. Necker). Kontam. aus *„. nicht ausgekannt . ."* und *„. . nicht zurecht gefunden . ."*

„*Das ist nicht nach ihrem Fall*" (Rida). Kontam. aus „*ihr Fall*" und „*nach ihrem Wunsche*".

„*Das hab' ich ihm gleich angemacht*" sagt meine Frau und lacht. Sie erklärt die Kontam. richtig aus „*. . angemerkt*" und „*das hab' ich mir gleich gedacht*".

„*Von vier Desserttellern fehlen mir zwei*" sagt meine Frau. Auf meine zweifelnde Frage sagt sie: „*Na, von sechs!*" Kontam. von „*Ich habe nur vier . .*" und „*Von sechs .*"

„*Am letzten Sonntag hab' ich ihn beisammen gesehen*" (Mu). Kontam. aus „*ihn gesehen*" und „*. . war ich mit ihm beisammen*".

„*. . setzt Kraft in Anspruch .*" (F. de Saussure). „*. . setzt Kraft voraus*" und „*. . nimmt usw.*"

„*. . frage ich Sie an .*" (Dr. Adler). Kontam. aus „*. . frage ich Sie . .*" und „*frage ich mich bei Ihnen an . .*"

„*. . sticht sich nicht gut ab . .*" (Frau Flora Friedmann). Kontam. aus „*. . hebt sich . . ab*" und „*. . sticht nicht . . ab . .*"

„*. . bin ich weit in der Welt umhergewesen.*" Kontam. aus „*umhergereist*" und „*gewesen*". Peter Nansen, Gottesfriede Berlin 1892 S. 92. Ähnlich auch S. 223.

„*. . sicher war sie ziemlich zu Jahren*" ebenda S. 127. Kontam. aus „*bei Jahren*" und „*zu Jahren gekommen*".

„*. . hat sich einer damit beschafft . . befasst*" (Me). „*Sich zu schaffen machen*" und „*sich befassen*".

„*. . stellen sich nach dem Leben . .*" Kontam. aus „*stellen ich nach*" und „*trachten sich nach dem Leben*". Mogk Paul Grundriss I² S. 381.

Eine merkwürdige Kontamination bei Lessing. In der Emilia Galotti heisst es, der Prinz habe Emilien „*nicht ohne Missfallen*" betrachtet. Kontam. aus „*nicht ohne Gefallen*" und „*ohne Missfallen*". Behaghel, Die deutsche Sprache in Das Wissen der Gegenwart, LIV. Bd. Leipzig 1886 S. 40 hat meines Wissens diese Stelle zuerst richtig gedeutet.

Ganz ähnlich sagte Marek „*. . die einfach nicht undurchführbar sind*". Kontam. aus „*undurchführbar*" und „*nicht durchführbar*".

„*Ich habe die angenehme Überraschung gemacht, dass ich*

genug Material (zum Sticken*) habe"* (Ri). Kontaminiert aus: *„Ich war angenehm überrascht .."* und *„Ich habe die angenehme Entdeckung gemacht".*

„. wurde abschlägig bewilligt (R. Hoernes), kontam. aus *„. . abschlägig beschieden"* und *„nicht bewilligt."*

b. Kontaminationen von Wörtern.

„Schert . . g'hert sich das?" „Schert' ist Kontam. aus *„schickt"* und *„g'hert"* (dial. = gehört).

„bast" kontam. aus *„beinahe"* und *„fast".* Kommt öfter vor.

„Da übereilte sie der Tod" Grillparzer, König Ottokar am Sarge Margaretas. Kontam. aus *„ereilte"* und *„über-holte".*

R. Much sagte einmal *„Figari"* (für *„Figaro"*, ein Witzblatt) nach *Kikeriki*, wie ein anderes heisst.

„ . . Dass in Wien die Monumente so dütter schütter gesät waren" (Feldzeugmeister v. Teuffenbach). *„Dütter"* ist kontaminiert aus *„dünn"* und *„schütter".*

„Klau" Kontam. aus *„klug"* und *„schlau"* (Kain). Ich glaube den Fall schon mehrfach gehört zu haben, ohne es aber bestimmt behaupten zu können.

Richard Heinzel hat mich am 18. 6. 1895 aufmerksam gemacht, dass in W. Wilmanns Walther von der Vogelweide, hrsg. v. W. Wilm 2. Aufl. 205 *„zugetan"* steht; contam. aus *„angetan"* und *„zugefügt".* (Die Stelle ist Walth. 4026 *„frowe Minne, daz si iu getân*, was W. im Com. mit *„Sehet das als euch zugetan an"* übersetzt.)

„entsehen" aus *„entnehmen"* und *„ersehn"* (Pastrnek).

Es ist von einem Braten die Rede. Dr. Homan: *„Ich habe ihn noch nicht gesessen".* Kontam. aus *„gesehn"* und *gegessen".*

„entnüchtert" aus *„enttäuscht"* und *„ernüchtert".* (Rud. Schneider ref.).

„Mansch" aus *„Mann"* und *„Mensch".* Zuerst bei Kljucharich gehört, kommt aber häufig vor, auch bei Kindern. S. unten.

„*So ein Mansch!*" sagte Ri. Sie wusste nur, dass sie an „*Mensch*" gedacht hatte und fragte mich, woher das *a* stamme. Ich erklärte ihr, dass „*Mann*" mitspiele. Einige Monate darauf sagte Detter: „*Dieser Mansch*", machte also denselben Fehler.

„*Ich habe Bücher ausgelehnt*" kontam. aus „. . *ausgeliehn*" und „. . *entlehnt*" (Mu).

„. . *Gedankenspläne*, kontam. aus „*Gedankensplitter*" und „*Gedankenspäne*" (Me).

„*Seifenschazerl*" sagte ein 4 jähriges Büblein. Der Fall befremdete mich. Durch vorsichtiges Fragen kam „*Seifentazerl*" und „*Seifenschalerl*" heraus.

„. . *Durch die das Licht durchbringt . . dringt*" kontam. aus „*durchbricht*" und *durchdringt* (Me).

„*Die Gefangenen freisetzen* . . (schreibt A. v. Rosthorn) kontam. aus „. *freigeben*" und „*in Freiheit setzen*".

„. . *ich konnte ihnen das nicht erklärlich machen*" kontam. aus „. . *erklären*" und „*begreiflich machen*". (Ri).

„. . *Mundsprache* . . " kontam. aus „*Mundart*" und „*Volkssprache*" (Gu Meltzer 16 jährig).

„*Meidi*" kontam. aus „*Mädi*" und *Weibi*" (Me).

„. . . *sitzen möcht' das Meidi schon*" (Rida). Ebenso zu erklären.

„*Mundweise*". Kontam. aus „*Mundart*" und „*Redeweise*" (älterer Landwirt).

„. . *mit seiner Feder durch-spohrt*" (R. Mayer ref.). Kontam. aus „*durchstochen*" und *durchbohrt*

„*überstaunt*" aus „*überrascht*" *und* „*erstaunt*" (Meyer ref.).

„*verlei* . . *beleidigt*" (Szanto). Sprecher wollte offenbar sagen „*verleidigt*", kontam. aus „*verletzt*" und „*beleidigt*".

„. . *Tele* . . *Depeschen*" (Me). Ich wollte sagen „*Telepeschen*", kontam. aus „*Telegramm*" und „*Depeschen*".

„. . *einen Namen, den Du noch nit geg'hört hast*"; Lorenz. „*geg'hört*" ist klare Kontamination aus „*gehört*" u. Dial. *g'hört*. (Derselbe Fehler unten wieder nachgewiesen).

„*anbetrifft*" kann man bei uns öfter hören und wohl auch lesen. Kontam. aus „*betrifft*" und *anbelangt*.

„ . . *ein Bittschreiben eingerichtet*" (Dr. Reichel abends 10 Uhr), „*eingerichtet*" ist kontam. aus „*an ihn gerichtet*" und *eingereicht*.

„. . *im abgeflossenen* . . *verflossenen Jahre* . ." (v. Stremayer; v. Grienberger ref.). Es spielt „*abgelaufen*" hierein.

„*verquickste Geschichte*" sagte Detter. Kontam. aus „*verquickt*" und „*verflixt*". Detter bestätigte die Richtigkeit dieser Erklärung.

„*Man würde sie für eine Gutsbesitzersfrau anhalten*" (Junges Fräulein). Kontam. aus „*halten für*" und „*ansehen als*".

„*Er erzählt, dass sie* (die Albanesen) *Menschen hinschiessen wie Hasen*" (Mu). Kontam. aus „*hinmorden*" und „*niederschiessen*".

„*Dienstbotmädchen*" (Mu). Kont. aus „*Dienstbote*" und „*Dienstmädchen*".

„. . *ob dort Anzug* . . *ist* . ." (Mu). Gemeint war „. . *ob der* „*Zug*" *dort* „*Anschluss*" *findet*".

„. . *wenn ich den Anzug versäumt hätte* . . *den Anschluss* (auf der Eisenbahn); kontam. aus „*Anschluss* und „*Zug*". (Mu).

„. . *forscht* . ." Kont. aus „*fordert*" und „*heischt*" (Me).

„*Foltzmann*" (J. J. David). Kont. aus „*Boltzmann*" und „*Physiker*".

„*thumm*" kontam. aus „*dumm*" und „*thöricht*" (Me).

„*zeitaufraubend*" (Mu). Kont. aus „*zeitraubend*" und *aufregend*".

„*auszüglich*" kont. aus „*ausgezeichnet*" und „*vorzüglich*" (Penck).

„*slavatisch*" kont. aus „*slavonisch*" und „*kroatisch*" (Penck).

„. . *eine ganze Messe* . . *Mange* . . *Menge von Beziehungen* . ." „*Masse*" und „*Menge*" schneiden sich hier zweimal (Jos. Schneid. ref.).

Einen Fall will ich besonders hervorheben. Mu. sagte: „*alle heiligen Augenblicke*" kont. aus „*alle heiligen Zeiten*" und „*alle Augenblicke*". Die Redensarten haben entgegensetzten Sinn!

„*Gib mir ein Zechserl*“, kontam. aus „*Zehnerl*“ und „*Sechserl*“ (Ri).

„*Er hat doch eine Frei . .*“ Hier unterbrach sich die Rednerin (Ri) und erklärte, sie habe an „*Frau*“ und „*geheiratet*“ gedacht.

In einer Abendgesellschaft verlangte v. Egloffstein vom Kellner „*ein Krügel Lagner*“ für „*. . Lager*“. Spottend forderte man mich auf, den Fehler zu erklären; ich konnte das nicht. Da kam einer von den Herren auf die richtige Erklärung. „*Lagner*“ sei nach „*Pilsner*“ gebildet.

„*. . Abgestie . . gestorbenen . .*“ (Ri) kontam. aus „*Geschiedenen . .*“ und „*. . Abgestorbenen . .*“

„*Ich hab ihr ein Zwar . . ein Paar gegeben*“ (Ri). „*Zwar*“ kontam. aus „*ein Paar*“ und „*zwei*“.

„*. . werden vielleicht nicht wehr . . mehr haben*“. (Ri). Kontam. aus Nebengedanken: „*. . . weniger . .*“

„*. . Gasthauf . . Gasthaus . .*“ (Bormann). Es spielt *Gasthof* herein.

„*Jetzt wär's mir bast so gegangen wie Dir . .*“ (Me) „*bast*“ kontam. aus „*bald*“ und „*fast*“ (Sieh oben 2. Beispiel).

Meine Frau sagt zu mir: „*Lewós*“! Kontaminiert aus „*Leb wohl*“! und „*Servus*“ Sprecherin erklärte den Fall aus ihrem Bewusstsein sofort richtig.

Es ist von „*Trautmansdorf*“ die Rede. Darauf sage ich: „*Trautmayr . . Lobmayr*“.

„*aufgebläst*“ für „*aufgeblasen*“ nach „*aufgeblüht*“. (Alte Frau).

„*Am Montag schtebütiert der Kainz zum erstenmale*“. (Rida) Kontamin. aus „*debütiert*“ und *schpielt (spielt)*.“

„*Ich hatte den festen Absatz*“ (Me). Kontam. aus „*Absicht*“ und „*Vorsatz*“. Schon öfter beobachtet.

„*. . eine fabelhafte Zimmer . .*“ (Me) Kontam. aus „*Ziffer*“ und „*Summe*“.

„*Aber ich bitt' Dich Rind . . Kind, Rida!*“ (Me).

„*. . aus den Gleinern . .*“ (Me). Kontam. aus „*Gliedern*“ und *Gebeinen*“

„*Was ein guter Wein ist, das schmerkt man . .*" (Dr. C. Schneider). Kontam. aus „*schmeckt*" und „*merkt*".

„*Drinwendig*" (Me) aus „*drinnen*" und „*inwendig*".

„*. . heute ist erst Dinnerstag. Dienstag und Donnerstag geht die L. fort*". (Rida.)

„*Lieblingsgespeise*" (Junges Fräulein). „*Gericht*" spielt herein.

„*Der Bendrian, . „der Benndorf .*" (Me). Es war vorher von *v. Andrian* die Rede.

„*Phantasie hat dabei weites Spielraum*" (v. Grienberger). „*Feld*" wirkt mit.

„*Beneinung*" sagte Detter. Kontam. aus „*Bejahung*" und „*Verneinung*".

„*. . die Burentachnik . .*" (Me). Mitklang von *Taktik*".

„*Da haben Sie gar keinen Idee!*" (Anna Haass). „*keinen Begriff*" sagen wir oft im selben Sinne.

„*. . in der ersten Aufgabe*" Detter). „*Ausgabe*" und „*Auflage*" sind hier kontaminiert.

„*Heute ist ihr alles geglungen!*" (Rida). Nach „*geglückt*".

„*Jetzt kriegt's* (unsere Hündin) *eine Zut!*" (Rida). Kontam. aus „*Zorn*" und „*Wut*".

„*Sekaniert*" (Štrekelj). Kontam. aus „*chikaniert*" und „*sekiert*".

„*. . unter aller Kredik*" (Wassmuth). „*Kredit*" ist hier mit „*Kritik*" verschmolzen.

„*Herr Schurich* hatte einen Hund namens „*Bussel*". Meine Frau versprach sich öfter und nannte ihn „*Schussel*".

„*Er kann ihn nicht ausleiden*" (Oskar Walzel), „*leiden*" und „*ausstehen*".

Eine schöne Bildung ist „*geghört*" (Rida) entstanden aus dem dialektischen „*g'hert*" und dem schriftdeutschen „*gehört*"[1]). (Derselbe Fehler oben von H. Lorenz).

„*Der Semmering hat den Vortul .*" (Kommerzialrat Michel). „*Vorzug*" und „*Vorteil*".

---

[1]) Vgl. süd- und ostfränkisch *gekört* Paul Prinzipien² S. 148.

„*Wir haben keinen Regentag mitgehabt*“; „*gehabt*“ und „*mitgemacht*“ (Rida).

„*Überdings*“ aus „*überdies*“ und „*allerdings*“ (Rida).

grille Stimme . .“ (Me). Aus „*grell*“ und „*schrill*“.

„. . *einen feinen Geruchsvermögen*“ (Rida). Das männl. Geschlecht von dem mit assoziierten „*Geruchssinn*“.

„*Umgangsendlisch* . . *englisch kann ich doch noch*“ sagte meine Frau. Sie wollte noch „*endlich*“ sagen, das aber nach der Antizipation ganz wegfiel.

„. . *lett* . . *lieb* . .“ Natürlich spielt „*nett*“ mit.

„*Wir fozzeln ihn ja nur* (Me). Kontam. aus „*frozzeln*“ und „*foppen*“.

Ich will sagen: „*Es ist nichts (los)!*“ Dr. Witlazil sagt dazwischen: „. . *kein Stoff* . .“ Ich sage also: „*Es ist nichts loff!*“

Im Kolleg habe ich einmal *Jattisch* gesagt, aus *Attisch* nach *Jonisch*.

„*Diese Aufsorgen* . .“ (Loth. v. Frankl). Kontam. aus „*Sorgen*“ und „*Aufregungen*“.

„*Mir geben Sie ¼ Tyroten*“ . . *Tyroler!*“ (Karl v. Weilen). Nebengedanke „. . *Roten* . .“

„*Rida, der wiezwölfte ist heute?*“ (Me). Kontam. von „*wievielte?*“ und „*zwölfte?*“

„*Sehr bald übersiegt auch hier*“ (Minor; Mu ref.). Kontam. aus „*siegt*“ und „*überwiegt*“.

„*Die Stiefel sind morb*“. (Brockhausen). Kontam. von „*mürb*“ und „*morsch*“.

„. . *mit Omway* . .“ (Frau Fl. Friedmann). Aus „*Omnibus*“ und „*Tramway*“.

„. . *aus anderen Bewegungen* . .“ sagt Burdach. Kontam. aus „*Beweggründen*“ und „*Erwägungen*“. Mein Tagebuch bemerkt, dass Burdach behauptet, sich nicht versprochen zu haben.

„*So ein schleichts* . . *leichtes Kraut* . . (Direktor Schlumpf; von Zigarren war die Rede). „*Schlecht*“ und „*leicht*“.

„*Komm Grendl!*“ sagt meine Frau zur Gretl. Es spielt „*Kindl*“ mit.

„*Hergebildet*“ aus „*ausgebildet*“ und „*hergestellt*“ (Sigm. Exner).

„. . *mit Not und Fall seine Prüfungen besteht*“ (Hahnreich). Der Kasus gehört wohl hinauf als Verschränkung von „*Knall und Fall fällt*“ und „*mit Not . . besteht*“.

„. . *mit meiner Einstimmung*“, aus „*Einwilligung*“ und „*Zustimmung*“.

„. . *allerheil . . allerlei Leute . .*“ aus „*allerlei*“ und „*allerhand*“ (Sieg. Exner).

Zur Zeit des Boxeraufstands. Meine Frau sagt: „*Wenn ich nur wüsste, was mit den Kesandten ist?*“ Ich verspotte sie wegen des *k*; sie sagt, sie hätte an *Kinesen* (*Chinesen*) gedacht.

„. . *bureaukratische Anschicht . .*“ (Mu). Kontam. aus „*Ansicht*“ und „*Anschauung*“.

„*Nachlassenschaft*“ (Rida). Aus „*Nachlass*“ und „*Verlassenschaft*“.

„*Der ist ein rechter Tausendnöter*“ (Junges Fräulein). Aus „*Tausendsassa*“ und „*Schwerenöter*“.

„*Ausgezogen*“ für „*ungezogen*“ und „*ausgelassen*“ (Me).

In der Deutschen Literaturzeitung 1901 Sp. 397 steht „*Wortspalterei*“. Aus „*Wortklauberei*“ und „*Haarspalterei*“.

„*Fragelhaft*“ aus „*fraglich*“ und „*zweifelhaft*“ (Me).

„*Spiegel mit . . Symblemen . .*“ (Karl Meringer). Aus „*Symbolen*“ und „*Emblemen*“.

„. . *in einem Konvenkel . .*“ (A. F. Pribram) „*Konventikel*“ und „*Winkel*“.

„. . *am lebsten . .*“ (Me). Aus „*besten*“ und „*liebsten*“.

6. Sprechschwierigkeiten.

a. Zögerndes Sprechen.

Vgl. V. und V. S. 84, S. 126.

Zögerndes Sprechen infolge von Sprechschwierigkeit stellt sich dann ein, wenn ein Laut in gleicher Wertigkeit oder schwierige Laute überhaupt — in welcher Stellung auch immer — mehrfach hintereinander gesprochen werden sollen. Unter denselben Verhältnissen tritt auch Stottern beim normalen, gewöhnlich nicht stotternden Menschen ein, so dass man sagen kann, das Stottern ist bloss ein höherer Grad jener Störungen, die sich beim zögernden Sprechen, bei den Sprechschwierigkeiten, offenbaren.

Da es mir nicht immer möglich ist, die Art, wie die Sprechschwierigkeit sich sprachlich ausdrückt, in der Schrift anzudeuten, bleiben einige der folgenden Wörter und Sätze, bei denen ich zögerndes Sprechen konstatierte, ohne nähere Angabe. Sonst ist der Laut oder die Silbe, bei denen die Schwierigkeiten sich einstellten, gesperrt gedruckt. Doppelsetzung eines Konsonanten bedeutet, dass dieser gelängt wurde.

Die Hauptquelle der Erkenntnis der Sprechschwierigkeiten bietet die Selbstbeobachtung. Bei anderen kann man sie an gewissen Pausen, Längung von Konsonanten und Vokalen und anderen Abnormitäten, die man leichter merken als beschreiben kann, erkennen.

„. . *G'rad drauf g'rechnet* . .“ (Rida).

„. . *Zwischen zwei G'schwistern* . .“ (Me).

„*Das ist dazu der Datir* . .“ (Me).

„*Der Dillettantismus* . .“ (v. Holderegger). Ich hätte in dem Falle Stottern bei den Dentalen erwartet. Wenn ich aber recht beobachtet habe, wurde das *l* gelängt. Vielleicht um Zeit zu gewinnen für die Vorbereitung der folgenden Dentale :

„. . *ein ellektrischer Schlag* . .“ (Me).

„*Oberbibliothekar*“.

„*Semesstralzeugnis*“.

„. . *zum Beispiel bei mir* . .“ (Me).

„. . *sie befestigt sich ihm immer mehr* . .“ (Me). Das Wort „*ihm*“ machte mir Schwierigkeiten.

„. . *ein energischerer Mann* . .“

„*Amelioration*“.

„*Strichstich-Stickerei*“.

b. Das Stottern.

Ohne merkliche Grenze geht die Sprechschwierigkeit in

Stottern über; der Laut oder die Silbe, welche gestottert
wird, erscheint gelängt, die Schwierigkeit des Hervorbringens
wird sehr deutlich; es kommt auch zu wirklicher Wiederholung eines Lautes, eventuell mit Wiederholung des nächsten
Vokals (z. B. *Ba . . backpulver*).

Wie beim krankhaften Stottern ist es auch beim normalen
Stottern der Anlaut des Wortes, der besonders oft gestottert
wird. Die Erscheinung kann nicht wundernehmen, da aus
anderen Beobachtungen klar ist, dass der Anlaut zu den
hochwertigen Lauten zählt. Nichts hat aber unser Stottern
mit dem hysterischen, bei dem eine krankhafte Abneigung
gegen irgendeinen bestimmten Laut besteht, zu tun.

Das Anlautstottern tritt nun nach meinen Beobachtungen
vorzüglich dann ein, wenn zwei oder mehrere Wörter mit
demselben Laute beginnen. Das ist sozusagen das normale
Anlautstottern, das man bei allen Menschen beobachten kann.

Ich will z. B. sagen: „*Ich weiss nicht, warum der Wind
wieder kalt wird*", stottere aber *Wwwind*", d. h. ich verlängere
das *w* über alle Gebühr. Der Grund ist hier ein ganz klarer.
In dem Augenblicke, wo ich *Wind* sagen will, klingen die
bereits gesprochenen *w* (von „*weiss*" und „*warum*") nach,
die von „*wieder*" und „*wird*" klingen bereits vor. Das
Resultat ist ein gestottertes *www*[1]).

Bei Menschen mit geringerer Sprechdisziplin, bei denen
jeder Nebengedanke bei leicht erregbarer Sprechtätigkeit sich
auch sofort sprachlich äussert, zeigt sich Stottern auch ohne
das Vorhandensein der erwähnten Bedingung. Wenn z. B.
Mu sagt „*losla . . lege*", „*Schur . . Schuften*", so zeigt sich
hier plötzliches Verlassen der eingeschlagenen Sprechbahn
(„*loslasse*", „*Schurken*") und Einlenken auf eine andere, und

---

[1]) Über das krankhafte Anlautstottern vgl. z. B. Gutzmann, Des
Kindes Sprache und Sprachfehler S. 174. — A. Liebmann, Vorlesungen
über Sprachstörungen 1. 2. Heft S. 7. 19 Auf S. 27 berichtet L. von einer
Patientin, die besondere Schwierigkeiten hatte, wenn die beiden ersten Wörter
mit demselben Anlaut anfingen, z. B. „*Meine Mama*". Das sind eben dieselben Fälle, bei denen sich Sprechschwierigkeiten und sogar auch Stottern
oft beim ganz normalen Menschen einstellen.

ich hätte diese beiden Fälle V. und V. S. 61) besser nicht unter Kontamination, sondern unter Stottern gestellt.

Solche Erscheinungen kommen aber bei unruhigem Sprechen, wenn man während des Redens neue Mittel des Ausdrucks wählt, auch sonst vor.

Es ist aber auch noch ein anderes Anlautstottern möglich. Man weiss, dass man von entfallenen Worten oft nur den Anlaut weiss und durch Wiederholen die richtige Bahn zu finden sucht. Es scheint mir möglich, dass das Anlautstottern bei manchen Personen wirklich den Grund hat, dass ihnen momentan von dem zu sprechenden Worte wirklich nur der Anlaut zur Verfügung steht, und dass ihr Stottern einen Versuch bedeutet, ins rechte Gleis zu kommen.

c. Stottern aus Vorwirkung von Sprachelementen.

„*P . papier*" (Me).

„*m   manchmal*" (M).

„*B . bibliotheks-Buch*" (stud. Tkać).

„*Hat der V . Virchow wirklich . .?*" (P. Ausp.).

„*. . und so mü muss man sagen . .*" (Jagić nach Broch).

„*. . die P . par Professoren . .*" (Me).

„*. . man muss v . vollkommen das Gefühl haben . .*" (Me).

„*. . tr . rotzdem zusammengebracht . .*" (Me).

„*Diese K . kerle*" (Me). Ich dachte nebenbei „*Kampl*", dessen *K* offenbar in dem gestotterten Anlaut des anderen Wortes vorklingt.

„*I . I denk', er wird in irgendeiner Kanzlei . .*" (Dr. Pfeifer).

„*. . w . will, wenn . .*"

„*. . da braucht man bl . loss aufgelegt zu sein*" (Me).

„*. . dass ein besserer Journalist Schaff . . Sss. Sreznewsky sei*". (Jagić nach Broch). Nebengedanke „*Schaffařik*". Das *Sch* veranlasst Stottern bei dem *S*.

„*. . v . vorläufig für Dich . .*" (Me).

„*. . ein gro . gro . grosser Teil der Kroaten . .*" (Murko). Der Fall zeigt Silbenstolpern, d. h. mehrfaches

Anschlagen einer ganzen Silbe wegen grosser Ähnlichkeit einer folgenden.

„*Etymo . Etymoll . Etymologie*" (M. H. Jellinek). Warum hier gestottert?" Ist das *o* schuld? Wahrscheinlich irgendein Wortvagant.

„*Daran gl . glaub ich gar nicht*" (Me). Ist hier das *g* schuld?

„*Sau . saure Pflaumen*" (Brock). Ist *au* schuld?

„*. . zu agal . amalgamieren . .*" (E. Reisch). Vorklang und Stottern. Letzteres war nicht näher zu fixieren. Wegen der *a*?"

„*. . die He . He . Herren, bei denen Sukali hört . .*" (v. Hartel).

„*War der Murko heute Mitte . . Mittag da?*" (Me). Vielleicht nachklingendes Stottern.

„*In Istrien ka . ka . kann man im Freien kampieren*" (Mu).

„*Eine en . enorme Energie*" (Me).

„*. . da mu . . muss man halt . .*" (Me).

„*. . wei . . weisst, was ich erwarte?*" (Me).

„*. . einen grä . . grä . . grüsslichen Rachenkatarrh . .*" (Me).

„*. . wa . . wann ich keine Verantwortung habe, so ist mir das ganz Wurst*" (Me).

„*. . er ersch . . scheint schliesslich*" (Me).

„*. . und h . . heut ist auch die Marie nicht zu Haus . .*" (Me).

„*. . Be . berufung nach Berlin . .*" (Me).

„*. . en . en . energisch entschieden erzogen werden . .*" (R.-R. v. Kl.).

„*. . Pr . rofessor Raab . .*" (Me).

„*. . M . menschen von einem mittleren Schlag . .*" (Me).

„*Die T . todesco . .*" (Szanto).

„*Der Gr . rundriss von Brugmann . .*" (Me).

„*. . w . wie wenn politisiert wird.*" (Me).

„*. . ha . haben Sie meine Bücher schon an die Hofbibliothek . .*" (Me).

„.. . r . verfluchte . .“ (Me).

„.. . sch . streng (gespr. *schtreng*) zu beschreibenden physischen Grund . .“ (O. Walzel).

„.. . in einem gro . grossen *Restaurant* . .“ (Me).

„*W* . *Wo* . *wollen Sie dann übernachten?*“ (Me).

„*Ich habe g . gestern vergessen* . .“ (Me).

„.. . *kl täglich* . .“ (Me).

„.. . *es sch . scheint zerstreut* (gespr. *zerschtreut*)“ (Me).

„.. . *bl . laue Bluse* . .“ (Me).

„.. . *w . wie wir Männer* . .“ (Me).

„.. . *ma . man müsste* . .“ (Me).

„.. . *sie sei . seins in ihrerer Landessitte so gewohnt*“ sagte ein Bauer.

„ . *l . leicht erklärlich* . .“ (Me).

„*Ich habe nämlich g . geglaubt* . .“ (Ri).

„.. . *vv* *vollkommen falsch* . .“ (Me). Den Fall habe ich wieder genau beobachten können. Ich stotterte erst „*vv* . .“ und konnte dann erst mit neuem Einsatze sagen „*vollkommen falsch*“.

„.. . *all . lein herumlaufen* . .“ (Me).

„*Wenn jemand ko . kommt, kann sie* . .“ (Me).

„.. . *w . wenigstens haben wir's so gespielt*“ (Me).

„.. . *bei ärgstem Schnee . sch . gestöber* (gespr. *geschtöber*“). Die Stellung des *sch* ist interessant (Ri).

„.. . *die die das schafft* . .“ für „*die das* . .“ (Me).

„.. . *k . k . kurz g'halten* (spr. „*khaltn*“) (Me).

„.. . *einen Mo . Moment* . .“ (Me).

„*V Verfasser*“ (M. H. Jellinek).

„*Ba . backpulver*“ (Rida). Die Laute *p* und *b* haben die Lippenartikulation gemein.

„.. . *ssollten die unbesoldeten Professoren* . .“ (Lippmann). Brachte die Ähnlichkeit der ganzen Silben *sollt* und *sold*!

„.. . *sch . sch . schon dem Scharlachalter entrückt ist.*“ (Szanto).

„.. . *sch schreibt. so schtreich (streich) ich es ihm durch* (Me).

„*zur Erkl . lärung der sprachlichen Tatsachen* . .“ (Me).

„*Mu. Mundmuskulatur*“ (Me).

„*Das hat er für eine gottgefällige Ha   Handlung gehalten*“ (Me).

„*ein . . ka . ka . Krakauer Kalender . .*“ (Rida). Die „*ka . ka .*“ sind klare Vorklänge von „*Kalender*“.

„*. . w . waren wirklich*“ . .“ (Me).

„*. . fünfzig Ki Kilo würden da kosten . .*“ (Me).

„*Wann r . reist die Roethe ab?*“ (Me).

„*Pr . rahlerei*“ (Me).

„*Ich w . will warten*“ (Me).

Ich bin V . Vormittag von ihr fortgegangen“ (M. H. Jellinek).

„*. . hat die Sch   Schrift schpiessrutenlaufen lassen*“ (Minor).

„*. . einfl . lussreichsten Leuten   .*“ (Me).

„*. . in . n die Indogermanische (Gesellschaft)*“ Me.

„*Er hat nach den He . Heften von Heinzel . .*“ (Me).

„*H   Hobst . . obständler*“ für „*Hofobsthändler*“ (R. Berl) Das Wort zeigt noch sonst Vorklang von *bst*. Das im Anlaut gestotterte *h* ist an der zweiten Stelle geschwunden, also noch schwere Dissimilation. S. u.

„*Sie sind heute verwa . wa . waist*“ sagte Marek. Ich begriff den Grund des gestotterten *wa* nicht u. frage ihn, woran er nebenbei gedacht hat. Er sagt: „*An Weib!*“ Er meinte, „*ohne Weib*“.

„*Br . Br . Brunnenröhren*“ (Cornu).

Štrekelj will sagen: „*s'is g'schperrt (es ist gesperrt)*“, sagt aber: „*s'is . sch . sch . sch . g'sperrt*“. Blosses *sch*-Stottern oder sind die vorausgehenden *s* schuld? Im letzten Falle hätten wir ein Stottern infolge von Nachklang.

„*Statit . Statistische Tabellen.*“ (Dr. Bratusch). Nicht klarer Fall.

„*. . Dass die . die . Dir gefällt*“ (Rida).

Das Stottern wird auch durch Nachklänge erzeugt. Es folgen die Beispiele.

d. Stottern aus Nachwirkung von Sprachelementen.

„*Diese sind s . so mangelhaft.* (Jagić! Broch ref.).

„*Oberländer ill . lustriern . .*" (Me).

„*. . eine falsche V . voraussetzung.*" (Jagić nach Broch).

„*ihr u . ursprüngliches*" (Me).

„*Praesidial . list*" (Me).

„*. . aufgeschichtet standen* (gespr. „*schtanden*") *scho . scho . schon da*" (Prof. Holderegger-Berlin).

„*. . eine en   nergische . .*" (Me). Die Ursache des Stotterns liegt darin, dass „*ein-*" und „*en-*" gleichwertig sind.

„*. . Stück* (gespr. **Schtück**) *st . steht* (gespr. *schteht)*" (Me).

„*Ein Publikum ko . kommt da!*" (Me).

„*. . Dramen auftr . treten . .*" (Me).

„*. . bosnische Nationalität und Sprache* (gespr. „*Schprache*") *sch . sch . schaffen . .* (Mu). Das *sch* wurde dreimal hervorgebracht.

„*. . schtürzt sch . schon herein*" (Me).

„*Weiss w . wein* (Bu).

„*wenn er einem nicht einmal das Recht ein . . einräumt* (Me).

„*Sei kein so en . energisches . .* (Me).

„*. . glänzende L . leistung . .*" (De).

„*Protestant . antismus . .*" (Ri); sehr auffallend bei einer 24-jährigen Person.

„*. . in einem Auflauf . lauf beteiligt hat . .*" Auffallend bei Pe., Mann von 35 Jahren.

„*. . des Schriftstellers sch schliesst . .*" (v. Hartel).

„*. . Eisenfeilspän . pe polsterl . .*" f. „*. . Eisenfeilspän' polsterl . .*" (Ri).

„*Bischofbro . brot*" (Rida).

„*. . mein Ma . Magenkatarrh . .*" (Me).

„*Blumenb . bouqet*" (Me).

„*In drei Wochen muss man dreimal soviel Wäsch' wä . waschen*" (Rida). In dem gestotterten „*wä .*" klingt deutlich „*Wäsch*" nach.

„*. . in einem ein . einsamen Bauernhause .*" (Cudić, junger Mann).

„*. . der alte Nergler hat all . lein . .*" (Me).

„. . *die D   Details* . ." (Rida).

„. . *man . ma . macht* . . (Me).

„. . *und ein Schtückel . sch . Apfelschtrudel* (Rida).

Ein sehr interessanter Fall. Das *sch* klingt nach und erscheint als selbständiges Gebilde vor dem nächsten Worte [1]).

7. Dissimilationen.

In V. u. V. S. 95 habe ich zwischen leichter und schwerer Dissimilation unterschieden. Von einer l e i c h t e n Dissimilation rede ich dort, wo ein Laut durch die Wirksamkeit eines in der Nähe stehenden gleichen und gleichwertigen Lautes zu einem andern, aber ähnlichen gemacht wird, Fälle, von denen die Sprachgeschichte viel zu berichten weiss. Eine leichte Dissimilation liegt also z. B. vor, wenn aus *r . . . r* ein *l . . . r* oder *r . . . l* entsteht.

Solche Fälle der leichten Dissimilation habe ich (mit Ausnahme gewisser Erscheinungen bei *sch*-Lauten n i e m a l s mit S i c h e r h e i t konstatieren können [2]).

Schwere Dissimilation ist mir das durch die Wirksamkeit des in der Nähe stehenden gleichen und gleichwertigen Lautes bedingte S c h w i n d e n des Lautes z. B. *r . . . r* wird zu Null . . . *r* oder *r . . .* Null.

Diese schwere Dissimilation, der Schwund, ist nach meinen Beobachtungen die Folge des höchsten Grades der Gründe, die zu Sprechschwierigkeiten und Stottern führen. Der Schwund des Lautes ist die letzte Stufe dieser Hemmungen des Redeflusses.

Um gleich ein Beispiel zu geben. Währenddem ich

---

[1]) Einer meiner Hörer hat mich aufmerksam gemacht, dass das *sch* vielleicht von „*Schtrudel (Strudel)*" herrührt, indem die Sprecherin zuerst nur *Strudel* allein sagen wollte, dann aber sich verbesserte Das wär nicht undenkbar, ist aber deswegen unwahrscheinlich, weil ich den Fall gleich notierte u. meiner Frau vorlas, wie ich es in allen Fällen tat, so dass sie mich wohl darauf aufmerksam hätte machen können, wenn sie zuerst etwas anderes hätte sagen wollen.

[2]) Das eine Beispiel V. u. V. S. 90 „*im hellen leuchtenden Sonnengranze . . glanze*" ist verdächtigt, durch den Wortvaganten „*Kranz*" beeinflusst zu sein. Meine neuen Beispiele sieh unten.

schreibe und mir den Text halblaut vorsage, bemerke ich, dass ich statt: „*Schprechschwierigkeiten*" „*Schprechwierigkeiten*" sage. Der Nachklang des ersten *sch* hat also das zweite ganz erdrückt.

Zusammenfassend kann man über Sprechschwierigkeiten, Stottern und Dissimilation folgendes sagen. Es führt ein und derselbe Weg von den leichten bis zu den schwersten Erscheinungen, wenn derselbe oder sehr ähnliche Laute sich in wichtigen Stellen rasch hintereinander wiederholen.

1. Stadium. Man spricht langsam, zögernd, mit Schwierigkeit. z. B. *d . ie . . D . i . d . o* " oder man sagt mit Längung eines Dentals etwa „*die Ddido*".

2. Stadium. Es tritt Stottern ein, es wird ein Laut doppelt gesprochen, Lautstottern, oder eine Silbe doppelt gesprochen, Silbenstottern. Man sagt z. B. „*d . die Dido*" (vorklingendes Stottern) oder „*die d . Dido*", (nachklingendes Stottern), oder „*die die Dido*" oder „*die Di-dido*" (Silbenstottern).

3. Stadium. Der früher gestotterte Laut oder eine gestotterte Silbe wird ganz unterdrückt, „schwer dissimiliert". Man sagt: „*Dido*" statt „*Die Dido*".

Nach meiner bisherigen Erkenntnis stellt sich die Erklärung folgendermassen.

1. Stadium. Der Vor- oder Nachklang längt den Laut oder die Silbe.

2. Stadium. Der Vor- oder Nachklang drängt sich neben den Laut oder die Silbe (Stottern).

3. Stadium. Der Vor- oder Nachklang verdrängt die Laute oder Silben, bei denen er zum Wirken kommt.

Diese heftigen Wirkungen der Vor- und Nachklänge hängen davon ab, dass ein Laut, eine Silbe, ein Wort um so stärker vor- oder nachklingen, je ähnlicher sie dem zu Sprechenden, dem Laut, der Silbe, dem Wort, sind, wie ich oben mehrfach hervorgehoben habe.

Gleiche Laute, Silben, Wörter werden also in erster Linie fähig sein, die besprochenen Erscheinungen wachzurufen.

a. Leichte Dissimilation.

„. . *ein grosser Gleu . Greuel . .*" (Me).

„*Der Kerl war ganz verdattelt . . verdattert . .*" (Me). Der Fall gehört gewiss nicht hierher, denn die *r* sind nicht gleichwertig und dann spielt augenscheinlich der Wortvagant „*vertrottelt*" mit.

„. . *gibt's mir son . . schon einen Schtich* (Stich)" (Me).

„. . *dann hat er einen Blechschn . schlitten*" . ." sagt Mu. Auf sofortiges Befragen gibt er an, er habe „*Blech-schnitten*" sagen wollen. Auf weiteres Befragen antwortet er, er habe sonst an nichts gedacht. Da Mu als Gelehrter alles Vertrauen verdient, ist auch hier Dissimilation *l : n* immerhin möglich.

Es ist von der „*Maria Theresia*" die Rede. Auf eine Anfrage sage ich: „*Die Zumbusch' ise*" für „*Zumbuschische*".

„*Bla . . Bravo Gretl!*" Leichte Dissimilation von *r . . r* zu *l . . r* oder Einfluss des *l* von „*Gretl*" oder ein un- bewusster Wortvagant?

„. . *durch Schuhwerk kassieren*" für „. . *cachieren . .*" (Roethe).

Ich sage: „*Wir hättn's uns ja net rauf schleppen lassen brauchen müssen*" und lache selbst über das Satzungeheuer. Meine Frau will ihn wiederholen und sagt: „*raufschreppen . .*" Das *r* ist entweder Dissimilation oder wahrscheinlicher Nach- klang von ‚*rauf*".

„. . *Übergebri . . gebliebenes Fleisch . .*" (Alte Frau).

„*Habe ich den Wegscheider son schon . .*" (Me).

„. . *kosten beim Delikatessenhändler dleissig dreissig Kreuzer*". Aber *r . . . r* ist hier nicht zu *l . . . r* dissimiliert, sondern die im Drucke hervorgehobenen *l* klingen nach.

„*Das ist doch ungrau unglaublich, wie verschieden die Kinder sind!*" sagte ich zu meiner Frau. Möglich ist hier aber, dass der mir vorschwebende Name „*Rida*" an dem versprochenen *r* schuld ist.

Man sieht, dass das Material sehr dürftig ist, und dadurch schon die leichte Dissimilation (mit Ausnahme der Fälle von *sch : s*) zweifelhaft gemacht wird. Dass sie sich, wenn sie

wirklich vorkommt, wohl nur bei solchen Personen findet,
die ein Zungen-*r* sprechen, bedarf keiner besonderen Er-
wähnung.

b. Schwere Dissimilation.

α. Aus Vorwirkung von Sprachelementen.

„... hat mir gestern geträumt, oder **hat Du's** gesagt ..“
„*hat*“ für „*hast*“, wohl sicherer Fall von s-Dissimilation.

Szanto beginnt *τετά* .. will aber sagen τετράδραχμον.

„. und wir ersparen statt 56 Kreuzer nur 28 Kreuzer ..“
(Me) für „... ersparen ..“

„*Ich kann nur das, was I .. Rida schreibt . bestätigen*“
(Me). Ohne Korr. hätte ich wohl „*Ida*“ gesagt. Hier wird
sogar das anlautende *R* unterdrückt. Vgl. S. Strickers:
„*Roland der — iese*“.

„. *wie Graf Attem eins gegessen hat*“ für „... *Attems
eins ..*“ (Me). Auch der Fall ist so gut wie sicher Dissimilation.

„*Die resdner die Dresdner .*“ (Me). Nicht etwa
ermüdet.

„... *der Senec hätt's herausgekriegt!*“ (Me) für „.. . *der
Senex ..*“

„.. . *der ganze Instantenzug ..*“ für „.. . *Instanzenzug ..*“
(Mu).

„*Ich geh' auf den Gang heraus — purpurne Finternis!*“
für „*Finsternis*“ (Me).

„*Ich bin boss bloss verpflichtet ..*“ (Me).

„*Ja, das ist das Otel .. Hotel Erzherzog Johann ..*“ (Me).

„*Diesen Schluss . diesen Schluss hätt' er lassen sollen*“
(Mu).

„.. . *Schei .. Schreibebrief .*“ (Me).

Ich wollte sagen „*der Tratra-Grill*“ als Bezeichnung
eines Feuerwehr-Kommandanten dieses Namens, sagte aber:
„*der Ta . ta . Tratra Grill*“.

„.. . *Schüttelfost . Schüttelfrost kriegt man ..*“ Frau,
57 Jahr alt).

„.. . *einen Kleck .. findst ..*“ für „.. . *Klecks findst*“
Ri machte eine Pause nach „*Kleck*“ aber ohne zu korrig.

„*Wenn er wird auf dem To   Schtockerl (Stockerl)
schtehn (stehn) . .*“ (Ri). Zweifellos war „. . *Tockerl   .*“ intendiert.

Einen Fall habe ich besonders deutlich an mir beobachtet. Ich wollte sagen: „. . *wo wir wenigstens ruhig reden
können*“, kam aber nur bis „*wenigstens*“, wo ich pausieren
musste, weil das *r* mir nicht zur Verfügung stand. Hätte ich
weitergesprochen, so hätte ich nur „—*uhig reden*“ sagen
können. Dissimil. wegen Vorklangs.

„*Das Regierungsräte . . g'räte hat's g'merkt*“ (Me). Diss.
aus Vorklang. Vgl. den Fall „. . *hat ganz raue Haare
g'habt*“ (Mu). V. und V. S. 88. (Regierungsrat v. Kljucharich
hiess bei uns „*das Regierungsgeräte*“).

„*Sie hat abolut . . absolut das Salz vergessen*“ (Me).

„*Bezüglich des Aufsettens . . Aufsetzens lasse ich mit mir
handeln . .*“ (Rida). *s*-Dissimilation.

„. . *eine go . . grosse Reklamnotiz . .*“ (Me).

„*Gabiel Ugron*“ für „*Gabriel . .*“ (Me).

„*Da sind wir ings rings um ihn herumgesessen*“ (Me).

„. . *die beteffenden Professoren . .*“ für „. . *betreffenden . .*“
(Me). Ein ander Mal: „*Der bete . . betreffende Professor . .*“

„. . *einer Zeit . .*“ für „*seiner Zeit (Tseit)*“ (Me).

„. . *denn sonst hätt mir's doch gesagt*“ (*hätte sie mir es
doch gesagt*, also) für „*denn sonst hätt's mir's . . .*“ (Me).

Vor einer Annonze der Berliner Gewerbe-Ausstellung
sage ich: „*Da kommt der ammer   . Hammer aus dem Meer
hervor . .*“

„. . *aber Du behauptet es . . behauptest es . .*“ (Me).

„. . *unbegr . . begrenzter Kredit   . .*“ (Ein Beamter).

„*Bei Fiume ist doch kein Fusslauf . . kein Flusslauf . .*“
(auf der Reise, müd, abends). Der Fall trug sich unter besonderen Umständen zu, ist aber nichts anderes, als was sich
in sehr frischen Momenten ebenfalls ereignet.

„. . *und dieses Komitee heit . . heisst auf deutsch Aus-
schuss . .*“ (Me).

„*Das was uns das Entsetlichste ist . .*“ für „*Entsetzlichste*“
(Me).

„. . *so würde ich ir Dir das ruhig sagen*“ (Me).

„. . *kein schäft . . g'schäft mehr g'habt hat*“ (Me).

„. . *vom Ernt . . Ernst g'sagt . .*“ (Me.

„. . *unser gestiges . gestriges Gespräch . .*“ (Me).

„. . *ein keins kleins Glasl . .*“ (Me).

„*Jeder Russe, der jetzt nach Laibach kommt, wird jetzt zur Politei sitiert*“ (Štrekelj).   Unbemerkt.

„. . *im Löwenbäu g'rauft . .*“ für *Löwenbräu . .*“ (Me).

„*Trapitenkloster*“ habe ich *zweimal nacheinander gesagt*.

„. . *die Hödrichsmühle . .*“ für „. *Höhlrichsmühle . .*“ (Me).

. . hat statt dohtriK gedurkt . . gedruckt dohtrik“ (Me). Vor- und Nachklang.

„. . *unsere Faschen . Flaschen sind zu klein . .*“ (Me).

„*Post, Frau Rida!*“ für „*Prost!*“ (Me).

„. . *bist boss bloss blöd!*“ (Me).

Ich sagte im Kolleg: „*Denken Sie an das Paradiga . . Paradigma merga.*“

„*Politik ist doch ein rechtes komplitiertes . . kompliziertes Zeug*“ (Rida).

„. . *unsere Kunt Kunstindustrie . .*“ (Me).

„*Verschu . . verschwunden gewesen . .*“ (Me).

„*Ich bin foh . froh, dass der Streber endlich etwas er- reicht hat*“ (Me).

β. Aus Nachwirkung von Sprachelementen.

„*Zur relativen Cho . . Chronologie*“ (Me).

„. . *dass man einen Bruchstich   Bruchstrich draus machen kann*“ (Me).

„*Stillweigen!*“ (gespr. *Schtillweigen*) für „*Stillschweigen*“ sagte Adl. klar und deutlich. Ich halte den Fall für einen besonders beweisenden. denn es schien im gegebenen Momente jede Komplikation ausgeschlossen.

Ich wollte sagen: „*Abriss der indogermanischen Laut- (lehre)*“, kam aber nur bis „*Laut-*“; ich habe genau beob- achtet, dass ich eine Zeitlang das zweite *l* nicht denken und

nicht sprechen konnte. Ich gebrauche das Wort „Lautlehre"
natürlich sehr häufig, bis jetzt geschah es ohne Anstand.

„. . *abgesehen von der Natur-reue   Naturtreue . .*"
(Adl.); der Sprecher bemerkte den Fehler selbst.

„. . *die reissig . .*" für „. . *die dreissig . .*" (Me).

„. . *kritiklos im raum . . im Traum . .*" (Me).

„. *Dienstag 8—9 im Sal echzehn*" für „*sechzehn*".
Denkbar, dass Angleichung an „*achtzehn*" vorliegt (Me).

„*Er hat einen erzfehler . . Herzfehler*" (Me).

„. . *Krakauer alender . . Kalender . .*" (Me). Ein sehr
interessanter Fall nachwirkender Dissimilation.

„. . *Disserta . . tion . .*" sagte ich, ohne das zweite *t*
(d. h. also *ts*) sogleich hervorbringen zu können.

„*Die Frau fagt . . fragt, für wen . .*" (Me).

„*Chinesischer Reichsbeamter ist der Osthorn . . Rosthorn*"
sagte ich.

„*Der Mann leidet an Herzkopf . . klopfen*" (Me).

„*In der Früh' fürt . . friert mich immer*" (Me). Nach-
wirkende *r*-Dissimilation und Nachklang des *ü*.

„. . *der Klavier . . Klavierlehrer der Paula . .*" Ich
konnte das *l* von „. . *lehrer*" nicht gleich sprechen und
wiederholte das Wort. Dann gelang es.

„. *im Wissenschaftlichen Klub gau . . glaub' ich . .*"
(Me).

„. *er is einmal ein Sanskritit gewesen . .*" (Me).

„*Schweinmalz . . Schweinschmalz*" (Rida).

„. . *wegen Agram ida . Rida!*" (Me). Der Name „*Ida*"
ist mir ungeläufig.

„. . *Vortrag über Sophon   Sophron   .*" (Hofrat
Schenkl).

„. . *Rosenkanz . Rosenkranz . .*" (Me).

„*Von den Schtudenten (Studenten) merzlich . . schmerzlich
empfunden*" (Me).

„. . *von drei Stolchen Strolchen angegriffen*" (Me). Vor-
und Nachklang.

„*Wie ich in die Schul' gegangen bin, hat man keine*

Feiss . . Fleisszetteln bekommen" (Rida).   Die einwirkenden *l* sind nicht gleichwertig.

„. . *der wird als Kapitalist ausgeschieden aus dem reise . Kreise der Privatdozenten*" (Me).

„*Wenn Du ihr ein aufgelöstes Zuckerwasser gibt . . gibst . .*" (Me).

„*Wenn Du so eine Angst hat . . hast, suche ich sie selber*" (Me).

„. . *weil Du schon tehst, Du Schwein!*" für „. . *schtehst (stehst)*".   Vor- und Nachklang.

„. . *und da droben dürfte das eiserne ohr liegen . . das eiserne Tor*" (Me).   Die *d* und *t* sind bei uns im Dialekte wenig verschieden.   Von einem „*Ohr*" war absolut keine Rede. Ich war nicht müde.

„*Der arme Hascher, der Tschäms (James) raucht Virtinia . . Virtschinia (Virginia)* (Me).

„*Friedich*" für „*Friedrich*" (Muchs Nichte).

„*Das ist wirklich unglaub . . unglaublich!*"   Ich konnte eine Weile das dritte *l* nicht sprechen.

„*Den letzten öffel . Löffel isst's*" (nämlich die kleine Grete) (Rida).

„*Sehr viele Buben haben sofort die Emmel . . Semmel zurückgezogen*" (Me).

c. Silbendissimilationen.

α) Aus Vorwirkung.

„*Eine freuliche . . erfreuliche Erscheinung . .*" (Me).

„. . *einladen . . eingeladen gewesen . .*" (Mu).

„. . *hat sich heute seinen dritten halt . . Gehalt geholt . .*" (Me).

„*Man muss doch fragen, was drückt die Kunststellung aus, die Kunstausstellung aus?*" (Ein Redakteur).

„*Der Friede wird durch die rechtigkeit . . Gerechtigkeit gefordert*" (Me).

β. Aus Nachwirkung.

„*Singularis oder Pluris . . Pluralis*" (v. Grienberger). Der Nachklang von -*la*- hat hier -*al*- verdrängt.   Interessant.

„*Investionsscheine*" für „*Investitionsscheine*" (Wassmuth).

8. Silbenunterdrückung und Silbenüberspringung.

(Entgleisungen.)

Vgl. V. und V. I, S. 83, S. 183.

Vgl. auch oben unter Antizipation, Dissimilation, Kontamination.

Eine Silbenüberspringung infolge von Antizipation bieten Fälle wie „*Fiale*“ für „*Filiale*“. Hier ist von *i* aus sofort auf das nächste gesprungen, d. h. besser ausgedrückt, das hinter dem ersten *i* stehende und schon wirksame zweite *i* hat das erste, und was ihm folgte, unterdrückt. Das Bild V. und V. S. 186 kann aufrecht gehalten werden.

Ebenso erklärt sich „*Induell*“ für „*Individuell*“ durch Überspringung von *d* aus, was man auch so darstellen könnte.

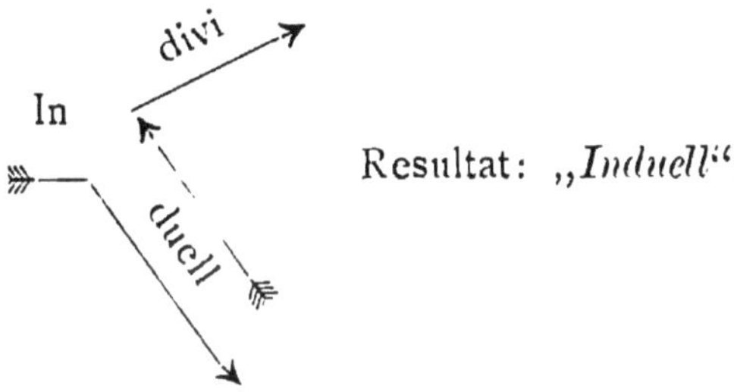

Nach diesem Bilde könnte man auch wohl von einer Entgleisung reden. Der Fall ist genau wie oben, s. Antizipationen: „. . *bei Jägerhemden gesehen* . .“ für „. . *bei Jägermeyer Hemden gesehen* . .“

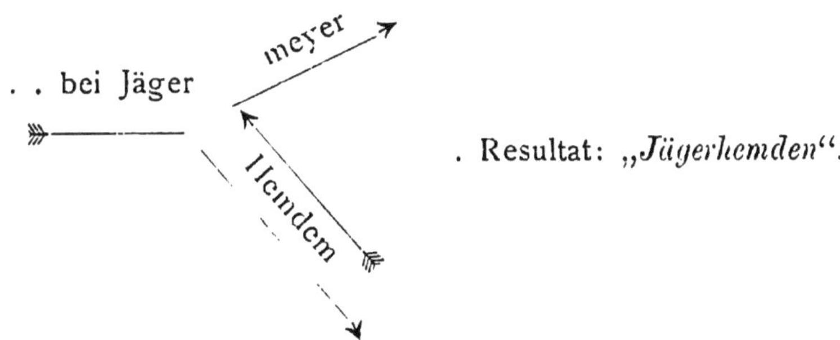

Ebenso „*Superintent*“ für „*Superintendent*“ mit Entgleisung vom Dental aus, „*Millijahren*“ für „*Millionen Jahren*“, · wo Entgleisung von *j* aus erfolgt.

100

Darnach wird man eine Anzahl von Fällen, die Entgleisungen darstellen, nunmehr zu bestimmen in der Lage sein.

„Deréktor . . der Direktor" (Me).

Das Versprechen von *„Fiale"* für *„Filiale"* hat auch
Frau Muhr, Wirtin in den Vierziger Jahren, gemacht. Vgl.
oben und V. und V. S. 186).

„Dumals . ." für *„Du damals . ."* (Me).

„Commentoren" für *„Commentatoren"* (Detter).

„Dann hat er auch Pier . . Papier zu besorgen" (Me).

„Staatswohltigkeit . . wohltätigkeitslotterie" (Schima).

„. . seigut . ." für *„. . sei so gut . ."*

„Saubusche . . Saubagasche" (R. Schneider). Das *a* ist
schuld an der Entgleisung.

„Blutdürsterich" für *„blutdürstiger Wüterich"*. Entgleisung
von *t* aus.

„. . ob ich zugrunden sollte" für *„. . zugrunde gehn . ."* (Jos.
Schneid. ref.).

„. . wo Du . . wozu Du . ." Antizip. durch *u* erleichtert.
(Me).

„. . zwischen den Zweibündeln . . zwei Heubündeln . ."
(Mu).

*„. . hab alles stehn und liegen müssen . . liegen lassen
müssen"*. Hier bieten sich *„liegen"* und *„lassen"* zugleich dar.
Die Bahn fährt über *„liegen"* ohne *„lassen"* mehr zu berühren.
Erst Korrektur stellt dieses wieder her.

Anderer Art ist der folgende Fall: *„Das werden wir nicht
herumlassen . . herumliegen lassen."* (Me).

„. . kolossachen . . kolossale Sachen . ." (Me).

„. . sehr interessache . . interessante Sachen . ." (Bezirksvorsteher v. Radimski).

Oben ist bei der „Silbendissimilation" der Schwund
von Silben, die sich im Satze wiederholen, durch Beispiele
erörtert worden. Ich führe hier noch einiges an.

„Meine Vorlesung sinken . ." für *„. . Vorlesungen
sinken . ."* Es dürfte zwar Dissimilation die Hauptursache
sein, aber es wäre denkbar, dass der Singular als schwebendes
Wortbild mitwirkt.

Schuchardt teilt mir einen anderen Fall mit. Er sagte im Gespräch *uniloco* für *unico loco*. Er bemerkt dazu selbst, dass Dissimilation möglich sei, dass aber nach seinem subjek-Gefühl *univoco, unisono* mitgewirkt hätten. Ich habe nichts dagegen einzuwenden.

Ein kleiner Rest von Fällen bleibt unerklärt.

„*Saz* . .“ für „*Situasion*“.

„*Katorie*“ für „*Kategorie*“.

„. . *Staub abhelfen* . . *abwischen helfen* . .“ (Me; 10 Uhr abends, normal). Ganz seltener Fall.

9. Individuelle Wortverkürzungen.

Diese sind besonders bei lebhaften Personen, wenn sie formelhafte Wendungen gebrauchen oder wenn die Ergänzung naheliegt, so dass das Verständnis nicht leidet, zu bemerken. Hier nur wenige Beispiele, die ich an die Silbenunterdrückung deshalb anschliesse, damit man die Verschiedenheit von den bis jetzt besprochenen Fällen erkenne.

„*Ich habe lebhaft bedau* . . .“

„*Es ist gar kein Zwei* . . .“

„*Die österreichische Delegation und die un* . . .“

Solche Abkürzungen habe ich namentlich bei v. Kljucharich beobachtet, bei dem sie besonders zahlreich waren. Aber ich bin nicht in den Verkehrskreis hineingekommen, in dem das Mode ist, denn dass dieser Mann das selbst erfunden hätte, ist ausgeschlossen. Sporadisch kommen dieselben Erscheinungen auch bei einzelnen Individuen jener Kreise vor, in denen ich verkehrte.

Ganz anderer Art sind jene Fälle, in denen ein Individuum gewissermassen laut denkt, sich dessen plötzlich bewusst wird und abbricht. Gretchen im Faust: „*Die Mutter würde mich —*“. Unsere Schulbücher nennen diese „Figur“ bekanntlich „Aposiopese“. Damit habe ich es hier nicht zu tun.

10. Besondere Verkürzungen bei Füllwörtern.

Ich habe V. u. V. S. 73 f. über die Füllwörter einige Bemerkungen gemacht, die ich hier ergänzen möchte.

102

Eines der häufigsten Füllwörter ist „*Wissen Sie?*“ manchmal mehr als Ruf denn als Frage betont. Bei v. Kljucharich hörte man aber ausser der vollen Form noch „*Wissen's?*“ und „*Witn?*“ ja auch „*Win?*“, das letzte namentlich bei lebhafter Unterhaltung, aber bei ihm immer wirklich fragend betont.

Man sieht daraus — keine Neuigkeit —, wie ein häufig und noch dazu sinnlos gebrauchtes Wort bedeutenden Änderungen unterworfen ist. Mein Eindruck war, dass bei jenem Sprecher ein Individuallautgesetz *ssu* : *tn* : *n* zu konstatieren sei.

Das war ein Irrtum, denn *win* habe ich auch, allerdings mehr als *wnn* gesprochen, bei einem Schriftsteller gefunden, der in den Dreissigern stand, also wesentlich jünger war als der R-R.

Wie sinnlos das „*Wissen Sie*“ gebraucht wird, darüber genügen folgende Notierungen. Bei v. Kljucharich sowie bei Bunzl fand ich, dass sie „*Wissen Sie*“ auch zu Männern sagen, mit denen sie sich dutzen. Bunzl sagte auch „*weisst?*“ zu Leuten, zu denen er *Sie* sagt. Auch K. Mayer sagte zu mir: „. . *so also, wissen Sie* . . .“ als wir schon längst auf *Du* waren, ebenso Pribram. Im Jahre 1902 notierte ich mir: „K. Hillebrand ist mit mir seit 8 Tagen „*Du*“. Er sagt nie „*Sie*“ zu mir, aber er sagt meistens „*wissen's?*“ und korrigiert auch nicht immer.

Es kommt auch in ganzen Dialekten vor, dass Füllwörter entgegen ihrer Form und ihrem ursprünglichen Sinn gebraucht werden, z. B. kommt es im Bairischen vor, dass ein „*weisst*“ in Anreden an eine Person eingeschaltet wird, die mit *Sie* angesprochen wird. Vgl. Wunderlich Unsere Umgangssprache S. 56 und Reis in Paul Braune Beiträge 18. Band S. 477.

Das „*Witn?*“ „*Win?*“ legt nun nahe, auch bei anderen verschliffenen Füllwörtern nach ihrer alten Quelle zu fragen. Ich denke, die „*abn*“, „*pnah*“, „*mettem*“, die ich V. u. V. S. 73 f. anführte, sind Reste von sehr häufig gebrauchten Wörtern.

Für das „*mettem*“, das ich in V. u. V. erwähnte, scheint sich eine Erklärung zu bieten. E. Szanto erzählte mir von einem älteren Herrn, der füllweise „*mit dem Dinge*“ oder schlechtweg „*mittem*“ sagte. Derselbe soll auch statt „*Bill-*

roth" „*Rothbill*" u. ä. geleistet haben. Szantos Mutter fügte hinzu, es sei einmal eine Frau klagend zu ihm gekommen, und er habe seine Worte an Sie mit dem Satze geschlossen: „*Und jetzt kommen Sie und schreien: mit dem Ding, mit dem Ding!*" Trotz ihres Jammers hätte die Frau Mühe gehabt, ihm nicht ins Gesicht zu lachen.

Ich erzähle die Geschichte bloss, um ein drastisches Beispiel von sinnlosen Füllwörtern zu geben. Wie aber bei verschiedenen Personen „*mit dem Ding*" ein Füllwort werden kann, das ist allerdings nicht zu sagen.

„*Abn*" sagte einer unserer Lehrer, Professor der darstellenden Geometrie. Primarius Dr. Bamberger äusserte den Gedanken, dass das sonderbare Wort von „*Haben Sie's?*" komme (nämlich das Vorgezeichnete), oder „*Da haben Sie's!*". Ich stimmte zuerst freudig bei, aber wurde doch wieder bedenklich. „*Haben Sie's?*" kann es schwerlich sein, weil sonst wohl der fragende Ton geblieben wäre, wie bei R.-R. „*Win?*" immer ganz klar eine Frage war. Und „*Da haben Sie's!*" scheint mir deshalb nicht plausibel, weil dann der Gestus erhalten worden wäre, „*abn*" wäre eine Demonstrativpartikel geworden[1]). Anderseits würde wieder für Dr. v. Bambergers Erklärung sprechen, dass auch der Lehrer der darstellenden Geometrie meines Bruders sich nach jeder Linie, die er angekündigt und dann auf der Tafel gezeichnet hatte, umdrehte und sagte: *Hab's schon!*"

Ich will hier nur anregen, auf diese Frage zu achten; ich denke, es wird sich bei manchem Menschen in späteren Jahren eine andere Formel nachweisen lassen, als die war, die er früher gebrauchte. So fand ich bei R. R. schon weit mehr „*Witn*" und „*Win*" als „*Wissen Sie*".

Natürlich müssen nicht alle Füllwörter so enstanden sein. Das beliebte „*äh!*" wird wohl eine ganz andere Erklärung brauchen.

In den Sommerferien 95 hatte ich in Friedberg in Steiermark Gelegenheit, an einem Manne die Füllwörter gut zu stu-

---

[1]) Allerdings wird im Englischen das zum Grusse gewordene *How do you do* nicht mehr fragend betont.

dieren. Es war der Gastwirt Muhr. Er war ein Sechziger, hatte eine Gymnasialklasse gemacht, natürlich etwas Alkoholiker. Er hatte folgende Füllwörter:

„In der Hinsicht", „ganz natürlich", „derartig", „in der Beziehung", „und dergleichen", „verstanden?", „mit der Bemerkung", „ja!", „was man sagt", „wie man sagt", „i man (meine) nur", „im grossen ganzen", „und so weiter", „ganz richtig", „und dann ist zu bemerken", „diesbezüglich".

Er gebrauchte diese Füllwörter vollkommen sinnlos. Um Missverständnissen vorzubeugen will ich einige genau beobachtete Beispiele geben.

„. . und haben in der Hinsicht eine Kisten gehabt, verstanden? . ."

„. . is täglich hinuntergegangen und dergleichen".

„. . haben sich derartig übers Kreuz gestellt . ."

„. . ein Par Eheleute, wie man sagt. . ." (es war kein Euphemismus beabsichtigt!)

„. . Das kann ich mir nie derartig enträtseln, warum . ."

„. . Dass man dem Ehepaar, in der Hinsicht, wie man sagt, ein Geschenk darbringt, ja!"

„Im grossen ganzen war heute ein heisser Tag" (Es war aber den ganzen Tag über abnorm heiss).

Merkwürdig ist, dass sich bei Muhr diese Füllwörter noch durchaus nicht weiter verschliffen hatten. Das mag seinen Grund darin haben, dass Muhr eben eine grosse Anzahl hatte, und dass er sehr langsam und überlegend sprach, um seine Spässe vorzubereiten, denn er hatte wirklich Humor. Die Füllwörter halfen ihm Zeit gewinnen. Hätte Muhr das Temperament von R.-R. gehabt, so wäre er schon längst mit seinen Füllwörtern fertig gewesen und hätte mindestens eine Anzahl von ihnen auf ein Minimum von Lauten reduziert. Ich hoffte ihn nach Jahren wiedersehn zu können und wollte dann berichten, ob seine Füllwörter sich etwa abgeschliffen haben, was allerdings schon kaum mehr zu erwarten stand. Muhr ist aber seither verstorben.

Auch die Art wie Muhr die Fremdwörter herrichtete,

war interessant So z. B. sagte er „*Manipol*" für „*Monopol*",
wahrscheinlich nach „*Manipulation*".

Ein Wiener Freund hatte folgende Füllwörter: „*Und so*"
und „*in dieser Weise*". Nach Jahren hatte er die Zahl ver-
mehrt um folgende: „*unter Umständen*" „*und dies und jenes*"
„*und derlei*", „*im Grunde genommen*", „*schau nur*" „*ohne
weiteres*", „*an und für sich.*" Dazu bemerke ich, dass „*in
dera Weis*" beim niederösterreichischen Landvolke sich ebenfalls als Füllwort findet.

Sonst hört man häufig: „*Ich muss (aufrichtig) gestehen*",
„*Ich muss wirklich sagen*", „*Ehrlich gestanden*".

Ein alter Herr, Sachse, sagte als Füllwort „*zum Beippi*"
(= zum Beispiel) und „*näbbi*" (nämlich) [1]).

Meine Frau sagt einmal ganz ruhig zu mir: „*Aber ich
bitt Sie, das sieht man ja . . .*"

Bei Kommis und Kellnern kann man es erleben, beim
Fortgehen eine „*gute Nacht!*" bei hellem Tage und einen
„*guten Tag!*" am Abend oder gar bei Nacht zu erhalten.

Zu der gewaltsamen Veränderung der Worte eines
Grusses vergleiche die Verstümmelungen von „*Küss' die Hand!*"
„*ksthand*", „*ksiant*", „*ste Hand*", „*de Hand*", „*Hand*".

11. Die Bahnverlegung.
Vgl. V. u. V. S. 160 Anm.

Sprechhindernisse entstehen, wenn ein Wort sich vor ein
anderes stellt und dieses für eine Zeit nicht über die Schwelle
des Bewusstseines gelangen lässt. Die Bedingungen sind also
im Allgemeinen dieselben, wie die bei der Entgleisung, nur
wird in unserem Falle das Nebengleise als falsch erkannt
und gemieden. Ein ganz starker Fall ist mir begegnet. Herr
Dr. S. Frankfurter erzählte mir, dass ihn die Leute oft *Dr.
Hamburger* nennen. In diesem Augenblicke war mir sein
geläufiger Name entfallen, und ich konnte erst, nachdem ich
etwa 50 Schritt mit ihm gegangen war und das bahnver-
legende „*Hamburger*" entschwunden war, mit Anstrengung
auf seinen Namen kommen. Ein andermal suche ich den

---

[1]) Wegen „*Beippi*" vgl. V. u V. S. 89 und hier pass.

Namen „*Reinhold*", komme auf „*Renard*" (beides Namen von Künstlerinnen), ohne dann mehr das Richtige finden zu können.

Dr. Adler beginnt: *Antise . . Antise . . na, wie heisst denn das Wort?"* Ich sage: „*Antisemitisch*." Detter findet sofort den Grund, nämlich dass „*antiseptisch*" sich dem Sprecher aufgedrängt hatte, was dieser aber als falsch abwies. Die Erklärung wird doch wohl richtig sein, denn in unserer Gesellschaft, in der so viele Mediziner verkehrten, war „*antiseptisch*" eines der schwebenden Wortbilder.

R. Much sagt: „*. . was es für eine Bewandtnis hat mit dem Denkmal von Karakilissar!*" Ich erkenne den Irrtum, finde aber ebensowenig wie Much das richtige Wort. Erst beim Aufzeichnen des Falls fiel es mir ein: „*Adamklissi*".

Maler Vita sagt: „*eine Maroniette*" (Kontam. auch „*Marionette*" und „*Maroni*"). Ich will ihm helfen, kann aber im Augenblicke selbst „*Marionette*" nicht finden.

Ich lese in den Hochschulnachrichten den Namen „*Seligmüller*". Sofort denke ich an einen wohlbekannten und geschätzten entfernten Kollegen. Ich sehe ihn klar vor mir, ich erinnere mich verschiedener gemeinsamer Stunden, aber erst nach langem energischen Suchen fällt mir der Name ein: „*Seemüller*".

L. Hartmann zitiert den schönen Vers der Friederike Kempner, aber nicht ganz richtig: „*Ob Otto etwa Kleingeld hat.*" Es dauert lange, bis mir das Richtige einfällt: „*ob Robert . . .?*"

„*Nessel*" heisst doch der Erfinder der Schiffsschraube?" fragt Detter. Nach vielem Bemühen finde ich das Wort: „*Ressel.*"

Ich sage „*Glücksmann*", weiss aber, dass das nicht der Name ist, den ich suche. Endlich stellt sich „*Schliessmann*" ein.

Ich lese den Namen „*Habart*" und finde ihn seltsam. Dann denke ich: „*Wie heisst denn der bekannte Philosoph?*" Ich bringe es nicht heraus. Ich probiere: „*Hebart*". Wieder geht es nicht. Endlich kommt's: „*Herbart.*"

Einige hier aufgeführte Fälle führen mich zur nächsten Kategorie von Sprechschwierigkeiten.

a. Aufsuchen vergessener Wörter (Namen).
Vgl. V. u. V. S. 166.

Wir finden oft ein Wort, einen Namen nicht, ohne dass wir einer bestimmten Hemmung uns bewusst werden können. Wir probieren nun ähnliche Klänge, die aber, wie gezeigt, dann, wenn sie einmal ausgesprochen sind, oft gerade bewirken, dass wir das Richtige um so schwerer finden. Ich stelle hier verschiedene Fälle zusammen, die zeigen sollen, welche Elemente des vergessenen Worts beim Suchen zuerst über die Schwelle des Bewusstseins kommen.

Ich suche einen Namen und denke, er fängt mit *K* an und ist dreisilbig.

Ich versuche also „*Krist*". . „*Kristeek*". Also teilweiser Irrtum, denn der gesuchte Name war zweisilbig.

Architekt Tischler sucht den Namen „*Hirschl*" u. probiert: „*Fleischl*", „*Fröschl*". — „*Hirschl*" sage ich. „*Hirschl*" bestätigt er.

Vondrák gebraucht das Wort „*Induction*" falsch für „*Suggestion*". Zwei anwesende Herren begreifen ganz wohl, was er meint, finden aber trotz Suchens das ihnen so geläufige Wort nicht.

Ich suche den Namen „*Reimers*" u. beginne: „*Rai* . . *Rai* . . *Rainer, Reinecke* . . ." Erst nach einiger Zeit komme ich auf das Richtige.

Ich suche den Namen „*Grasberger*" u. sage: „*Grass* . . . . *Grassauer* . . *Grasberger*".

„Wie heisst er? *Bauer* . . *Brauer* . . ?" sage ich. „*Braun*" antwortete E. Szanto.

Von den Namen „*Komžack*" fiel mir bloss das *K* ein.

„*Professor ,Bahr' oder ,Pahr'?*" sagte Archit. Tischler. Er meinte Professor „*Raab*".

„*Ledewol* . . *Lebewol* . , *Edelhofgasse!* (Me).

Deinhartstein . . *Ditscheiner* . . *Deininger!*" (Me).

„*Wie heisst doch die Frau? Sie hat einen griechischen Namen?*" Nach einigem Nachdenken: „*Eudoxia!*" (Me).

„*Schraufer* . . *Stauffer* . . *Rauscher!*" (Me).

Ich war mit Dr. Bein in Deutschlandsberg. Ich suche

mich des Namens des Wirts, bei dem wir eingekehrt waren, zu erinnern. Bein sagt: „*Fritzberger*". Nein, sage ich, der Name hat nur zwei Silben. Ich probiere: „*Stolzer*" — „*Stolzer!*" meldet sich endlich.

Ich suche den Namen eines Sängers. Ich sage, er ist kurz und französisch und klinge so wie *de Grach*. Nach einiger Zeit fällt mir ein, dass er holländisch ist und mit *van* beginnt. Auch jetzt hatte ich noch die grössten Schwierigkeiten, um auf „*Van Dyck*" zu kommen.

„*Ich sah Laroche im Egmont als Vans Vans .. Vansen!*" (Me).

„*Kleist, der Dichter des Guis, Guis . . .*" Ich konnte nicht weiter. Endlich fiel's mir ein: „. . . *des Guiscard!*

Man sieht aus diesen ja völlig bekannten Tatsachen, dass man nicht nur ein Wortbild hat, sondern auch Bilder von diesem Wortbild, und dass man mit Hilfe dieser Eindrücke vom Wort, dem Wort beizukommen sucht.

12. Formausgleichungen, Neubildungen.

Dass die associativen Neubildungen der Sprache häufig durch Nachklänge aus der Rede des anderen im Zwiegespräch, oder durch Nachklänge und Vorklänge aus der eigenen Rede hervorgerufen werden, das war mir schon 1895 wohl bewusst vgl. V. u. V. S. 166, 67. 68, 44.

Etwas Neues erlernen wir aus diesen Bildungen — die alle unter die Rubriken Vorklänge, Mitklänge, Nachklänge fallen — somit nicht. Wenn sie nun mit neuen Belegen für sich behandelt werden, so hat das den Zweck, den Vergleich mit der grammatischen Kategorie der „falschen Analogie" zu ermöglichen.

Hier erhebt sich noch die Frage, ob zu dieser Art der momentanen Neubildungen Vor- und Nachklänge notwendig sind oder nicht?

Es muss zugegeben werden, dass sie zumeist im Gespräch erblühen, aber sie sind auch ohne Gespräch möglich und können im stillen Versprechen, im „Verdenken" (V. u. V. S. 99), sowie im Ausruf beobachtet werden.

Ein Beispiel. Mein Söhnchen sitzt (in seinem 5. Jahr war es) neben mir, ich lese, er blättert in einem Buch mit Abbildungen. Plötzlich ruft er aus: *„Die Häser.“* Ich sehe hin, es sind Hasen dargestellt. Er hatte also nach einem schwebenden Wortbilde, etwa nach *„Kälber“*, seine neue Mehrzahlbildung gemacht.

a. Ausgleichung normal lautender und umlautender Formen.

„lässen sich“ nach *„lässt sich“* (Me).

„lässen nämlich.“ Ausgleichung nach dem schwebenden Wortbild *„lässt“* oder Antizipation von *„nämlich?“* Vielleicht beides.

„Gründe lässen sich immer finden“ (Mu ref.)

„sträft“ (Me).

Ich: *„Behältst Du das?“* Meine Frau: *„Ja, ich behält das!“*

Ein Jahr vorher. Ich: *„Du hältst nicht!“* Meine Frau: *„Ich hält schon!“*

„Diese Gewänder müssen alle in Klostern . Klöstern gemacht worden sein“ (Me).

„Soweit die Aufzeichnungen in den Klostern reichen . . .“ (ein Student). Denselben Fehler habe ich (oben S. 6) von Prof. Anton und einem Landstreicher, also von vier verschiedenen Personen gehört.

„Das ist auch ein glanz . . glänzender Einfall!“ Antizipation oder Ausgleichung nach *„Glanz“*.

„ . . die ich selbst für eine Jud . . Jüdin halte“ (Me).

„ Gotter . . Götterdämmerung“ (Detter).

„ . . sie haben längere Öhren . . Ohren“ (Hahnreich).

„ . . wurden Steina . . äxte gefunden.“ Prof. Kick. Der Redner wollte gewiss „Steinaxte“ sagen.

„ . . haben sich Krot . . Kröten aufgehalten“. (Cornu, unwohl.) Der Sprecher kennt den dialektischen Plural schwerlich. Erklärung unsicher.

„ . . in den andern Vortragen . . Vorträgen .“ (Rida).

„ . . kann man um so langer . . länger laufen .“ (Ri). Nachklang von *a* nicht wahrscheinlich.

110

b. Ausgleichung des Ablauts.

„*Viel zu wenig wird das geniesst!*“ sagt Direktor Lacher. Ich mach ihn aufmerksam, er leugnet aber rundweg und erklärt, er habe gesagt „*. . geniesst man es.*“ Das war wahrscheinlich der Nebengedanke.

Ich: „*Ich nehme etwas anderes!*“ Meine Frau: „*Was nehmst Du denn?*“ Sehr unwahrscheinlich, dass das judendeutsche „*nemmst*“ aus irgendeinem Witz hier mitspielte.

Heger sagt: „*Es ist schlecht geschrieben*“. Ich: „*Es ist scheusslich geschrieben*“. Heger: *Ich möchte schrieben . . schreiben . .*“

Ich frage Detter: „*Wann liest Du?*“ „*Ich lies am Samstag*“ antwortet er. Detter gebrauchte nie diese auch dialektisch vorkommende Form.

„*rückschreitlich*“ (Prof. Kick).

„*von da an hat's gehissen . .*“ sagte Frau Brockhausen ohne Korr.

„*. . wenn es heisste . . *“ (Heger).

„*heisste*“ für „*hiess*“ habe ich auch im Colleg gesagt; ein andermal „*gehissen*“ für „*geheissen*“.

„*Wann wird denn das entscheidet werden?*“ (Rida). Nicht korr. Übergang in die schwache Beugung.

„*. . soll erzieht haben*“ (Cornu). Ohne Korr.

„*das ist nur mehr hineingeziehen . . gezogen . .*“ (Me).

„*is erlugen!*“ sagte Dr. Adler. „*Lug*“ spielt mit.

„*. . muss gemeidet werden*“ sagte ich in einem Vortrag. Niemand merkte etwas. Als ich aber selbst aufmerksam machte, entstand ein allgemeines Gelächter.

Nach einem sprachwissenschaftlichen Abend sagt Prof. Svoboda: „*Niemand spricht ö und ä*“. Darauf Luick: „*Verzeihen Sie, ich sprich . . ich sprech es!*“

„*. . dass einer da gesitz . . gesessen ist*“ (Witlazil).

„*. . hat sich bedingt gehabt.*“ (Heger).

„*gedenkt*“ für „*gedacht*“ (Guglia, Rida u. ö.)

„*. . haben den Anreiz gebietet . .*“ (S. Exner). „*Anreiz*“ auch „*Reiz*“ und „*Anstoss, Anregung*“.

„*. . getrieft, getroffen . .*“ (Mu).

„*Er hat sich versprechen versprochen*" (Student).

„*Er hat davon gesprachen .. gesprochen.*" (Prof. Redlich).

„*Den Carfiol* (Blumenkohl) *esst man .*" für „*.. . isst man*" (Ri). Schon V. u. V. S. 166 konstatiert.

„*.. als sie aussiehn oder aussiehn möchte* für „*.. aussieht oder aussehn möchte*" (Ri).

„*.. hat sich eineweil' besinnt*" für „*.. . besonnen*". (Frl. 30 jährig).

„*Bulgarien ist kein anerkennter Staat*" sagt Mu und wiederholt noch „*anerkennt*" ohne des Fehlers gewahr zu werden.

„*Nie in der Schul g'sitzen ..*" für „*.. gesessen ..*" (Rida; nicht korrigiert, aber selbst bemerkt).

c. Ausgleichung unregelmässiger Formen.

„*Die Leute kannen .. können nicht ..*" (Ive).

„*jetzt kannen Sie es!*" (Krispin).

„*wenn's einmal* (von Kindern ist die Rede) *so weit sind, dass sie eins so verstehen wie der Hund, dann kannens könnens auch schon reden*" (Me).

„*Da weissen Sie es!*" sagt ohne Korr. Cornu. Niemand, auch er selbst nicht, hat „*weiss*" gebraucht. (Schon beobachtet V. u. V. S. 166).

„*Weisst Ihr's .. wisst Ihr's?*" (Mu).

Ein Herr sagt: „*Sie wissen keinen ..*" Ich: „*Ich wiss .. weiss keinen!*"

„*.. von mir kannst Du's schon weissen*" (Me).

„*In philosophischer Rücksicht magen Sie recht haben*". (Pernter).

Ich gebrauche „*mag*". Im nächsten Satz sage ich „*magen*" für „*mögen*".

Ich: „*Haben Sie sich schon Punsch genommen?*" — Die Magd: „*Nein, ich mag nicht!*" — Ich: „*Ah! Sie magen nicht*".

Eine Dame sagt: *Sie dürfen wirklich nicht!*" Ich: „*Ich dürf . ich darf wirklich nicht?*"

„*Das kannt ich nicht behaupten*" (Me). Kontam. aus „*kann*" und „*könnt*".

Meine Frau: *„Greterl, wo bist denn?* Das Kind: *„Beim Papa bist ich!"* Ein Spass war nicht beabsichtigt.

R. Schneider zu mir: *„ . . . Du brauchst Dich gar nicht zu genieren."* Ich: *„Wie ich Junggesell gewesen bist , ."*

Schima: *„Weil ich der jüngste Ministerial-Sekretär bist, während er . . . ist."*

Meine Frau: *„Wie wir schon ausgezogen ist, ist's* (das Wasser, die Leitung) *in die Stockwerke gekommen."*

Ich: *„Ich weiss es ja!"* Cornu: *„Sie weissen es ja!"* Die Fälle sehen auf dem Papiere krass aus. In Wirklichkeit werden sie meist nicht einmal wahrgenommen! Man kann sie sehr häufig beobachten.

„getu . . getan" (Rida). *„getut"* war beabsichtigt. Jahre vorher hatte sie einmal gesagt: *„. . sie haben das wahrscheinlich getun . . getan".*

d. Ausgleichung des Genus.

Die Fälle sind oft nicht mit Sicherheit zu erklären.

„Da tut einem der Wahl weh!" (Kratter).

„Den Vaterhaus von Jagić ist ein Pfahlbau" (Mc) (vielleicht spielt dialektisches *„Den Jagić sein Vaterhaus"* . . . mit).

„Er hätte zahlen sollen den 14 fachen des Werts." (*den vierzehnfachen Wert"*) (Dr. Adler).

e. Ausgleichung von Suffixen.

„Der Gärtner hat von einer Würtnerin erzählt . ." (L. v. Frankl).

Meine Frau sagt: *„Gib mir eine Zeitung, die gestrige oder eine andere . ."* Ich: *„Nein, jetzt kannst Du schon die heutrige lesen".*

„. . Antisemist . ." sagte Hof, Bahnbeamter. Bildung nach Turist, Jurist u. a.

f. Ausgleichung des Sandhis.

Ein Lied der Ivette Gilbert hiess: *Les quatres étudiants,* also nach *trois. deux* mit einem *s* versehen. Solchen durch Analogie verschleppten falschen Sandhi haben auch wir im Dialekt öfter: *„wiar i"* (= *wie ich*), *„haur i"* (*hau ich*) *usw.*

Von einem Volkssänger hörte ich „voner an Freund“, also nach „unter an, über an“ gebildet. Man hört auch: „mitter an“ = mit einem“.

Bei Brockhausen ist ein solcher Fehler fest geworden, nämlich „heuten abend“. Es ist nach „morgen, diesen, guten Abend“ gebildet.

Andere Fälle.

„So erlaubt er sir .. sich sie (die Rosen) Dir anzubieten!“ (Me). Hier ist also auf die Dauer eines Moments ein „sir“ entstanden, das sehr gut zu „mir, Dir“ pass.

„Rechts und lenks“ Cornu.

„. . am ein .. am ersten ..“ Dr. Adler gibt zu, dass er am „einten“ hat sagen wollen.

„Jetzt bist Du kleiner als mich“ sagte Rida. Befragt erklärt sie, den Fehler selbst nicht bemerkt und auch an keine andere Konstruktion gedacht zu haben. Sehr interessanter Fall.

B. Das Versprechen der Kinder.

Ich denke, dass nichts so sehr die Allgemeingültigkeit der Regeln des Versprechens darlegen kann als der Nachweis, dass Kinder, sobald sie die Sprache zu beherrschen anfangen, sich ebenso versprechen wie die Erwachsenen. Deshalb sind hier diese Fälle besonders zusammengestellt, wobei ich aber von einer genaueren Einteilung absehe.

1. Vertauschungen.

„Saufhanden“ für „Sandhaufen“ (Gretl). Wurde zweimal gesagt, Korrektur erst auf Mahnung.

„Kameefühle“ für „Kaffeemühle“ (Gretl 2½ Jahr).

Mit 3 Jahr 8 Monat sagte mein Sohn „vergoben“ für „verbogen“, also schon so früh die rätselhaften Beziehungen von b und g, die sich gegen alle Regeln beeinflussen.

„gebossen“ für „begossen“ (Gretl 9 jährig).

„Wenn wir schlen .. schnell gehn ..“ sagte Gretl mit 5½ Jahren. Unklar. Entgleisung von e aus?

„Zwadenfirn“ für „Zwirnfaden“ (4 jähriges Mädchen),

„*Nolporfahrer*“ für „*Nordpolfahrer*“ (Johannes 4 jährig). Derselbe „*Waline*“ für „*Lawine*“.

„*Pischtal*“ für „*Schpital (Spital)*“ Johannes 4 jährig. Denselben Fehler macht nach vier Jahren die 6 jährige Martha: „*Herr Pischtaler*“ für „. . . *Spitaler*“.

„*Die Pür tutzen* . .“ für „*Die Tür putzen* . .“ (Gretl 3 jährig).

„*Kimmerzinder*“ für „*Kinderzimmer*“ (Gretl 6 jährig).

„*Mokode*“ für „*Kommode*“ (R. M. Meyers Sohn, fast 6 jährig).

„*Dockenpupper*“ für „*Puppendoktor*“ (Gretl 2¼ jährig).

„*Schiffbein*“ für „*Fischbein*“ (Gretl 6 jährige). Ich erzählte vom Walfischfang, wobei das Wort „*Schiff*“ oft vorkam. Also eigentlich Nachklang und Substitution (Siehe unten bei den Biographien der Kinder).

„*Ist das ein Rettwenn* . . *Wettrennspiel?*“ (Gretl 7 jährig).

„*Das Lusten ist so lustig*“ für „*Das Husten ist so lustig*“ (Gretl 7 jährig).

„*Auf der Mann ist a Bank g'sessen!*“ (Johannes 8 jährig).

„*Gib mir das Bild mit de Bücher!*“ sagt Gretl 3 jährig dreimal nacheinander, ohne etwas zu merken.

„. *vierklättriger Bee* . .“ für „. . *vierblättriger Klee* . .“ (4 jähriges Mädchen). Der Fall zeigt auch *l*-Dissimilation.

„. . *Physon* . .“ für „. . *Syphon* . .“ (6 jähriges Mädchen).

„. . *Kachenofel* . .“ für „. . *Kachelofen* . .“ (Johannes 4 Jahr 9 Mon.).

„*Du das Schleif* . . *das Fleisch brauchst Du nicht zu schneiden*“ (Gretl 4 jährig). Vgl. oben den Fall „*schlen*“ für „*schnell*“. Wenn hier wirklich Anlaut und Auslaut vertauscht worden sind, dann ist in diesem Falle wenigstens ein Unterschied zwischen Kinderversprechen und Versprechen Erwachsener zu konstatieren. Die Fälle sind zu selten, als dass man viel daraus schliessen könnte.

2. Vorklänge, Antizipationen.

„. . *und der kleine* (näml. Zeiger) *schlauft noch viel schneller* . .“ (Johannes 3 jährig). Nicht korrigiert.

„Botizbuch" für *„Notizbuch"* (Johannes 3 jährig).

„Warum blau . brauchst Du so eine Glocke?" (Johannes 3 jährig).

„So stoll er stehen!" (Johannes 3 jährig) für *„. . soll .."* Nicht bemerkt.

„Pratonen" für *„Patronen"* sagte Johannes 8 jährig längere Zeit; fest gewordenes Versprechen.

„Ich schmerk's beim Schlucken." Nicht bemerkt.

„In der Schul' ist man nie sucher . sicher, ob nicht eine andere Stund kommt." (Gretl 11 jährig). Möglich, dass auch *„Schul'"* mitgewirkt hat.

„Ein jeder Munsch Mensch muss .." (Johannes 8 jährig).

„Da tu ich lauter Bratln Blattln runterschneiden .." (Marta 6 jährig).

„. . Normalschuss . schulgasse .." (Gretl 7 Jahr 4 Monate).

„. . unamgenehm .." (Joh. 4 Jahr 8 Monat). Der Fall wird aber nicht Antizipation sein, wobei er den Regeln widerspräche, sondern daraus zu erklären sein, dass Johannes früher *„unambequem"* sagte, wobei *m* aus *n* wegen des folgenden *b* entstanden ist. Also Contamination.

„. . hunderln Busserln .." für *„. . hundert Busserln .."* (Johannes 4 Jahr 9 Monate).

„Das sind Kro . . Klosterfrauen" (Gretl 3 jährig).

3. Nachklänge, Postpositionen.

Ich sage fortgehend zu Johannes (4 jährig): *„Sei brav!"* Er ruft mir nach: *„Bleib brav . . bleib bei mir!"*

„Du sagst ‚nach Haus', ‚nach Haus' sagst ja auch ich!" (Gretl 7 jährig).

Kindertheater bei uns. Meine Frau sagt von Rudi H. (3½ jährig) zu dessen Mutter: *„Er versteht die Worte nicht!"* Da fällt eine Figur auf der Bühne um. Rudi ruft: *„Die Worte sind umgefallen."*

Johannes (5 jährig) hat soeben laut *„Schöckel"* (Berg in der Nähe von Graz) geschrien. Dann sagt er: *„Diese Rinde schleckt . . schmeckt mir so gut"*.

Johannes erzählt 8 jährig, dass man ihm in der Schule

keinen Haken für seine Kleider angewiesen hat, was mich und meine Frau veranlasst, diese Hakenangelegenheit gleich zu erforschen. Plötzlich sieht Johannes, dass die beiden anderen Kinder Äpfel haben. *„Du Mama“*, schreit er: *„ich will auch einen Haken . . einen Apfel!“*

Diese Art Nachklänge spielen bei den Kindern, worauf mich auch E. Sievers in einem freundlichen Briefe aufmerksam machte, eine grosse Rolle und sind für das Sprechenlernen wohl von entscheidender Bedeutung. Ich habe diese Erfahrung an einem kleinen, lebhaften, sehr gesunden, 4 jährigen Knaben gemacht, den ich durch mehrere Wochen jeden Mittag und Abend bei Tisch beobachten konnte. Er hörte aus den Gesprächen der Erwachsenen viele ihm neue und unbekannte Wörter heraus, auch wenn er gar nicht zu achten schien. und wiederholte sie dann lachend oft bis ins Unendliche. Das Finden und Wiederholen machte ihm offenbar grosse Freude und alle Strafandrohungen waren vergeblich. Er musste die Wörter nachsagen. Ich denke, der Fall wird wohl ein typischer sein.

Auch die Lust zu reimen war bei dem kleinen Mitmenschen gross. Einmal kam er durch Kontamination von *„Seifenschalerl“* und *„Seifentazerl“* auf ein *„Seifenschazerl“*. Das Wort gefiel ihm dann so, dass er eine Reihe von neuen Wörtern auf *„-azerl“* bildete.

„Seitdem Du mir gesagt hast, wie die Mama fortwarst . .“ (Martha 6 jährig).

„Ich glaube, sie fressen auch Glas . . Gras dazu.“ (Gretl 11 jährig).

4. Mitklänge (und Kontaminationen).

Johannes hat in seinem 5. Jahre das Wort *„unambequem“* gebildet, eine Kontamination aus *„unangenehm“* und *„unbequem“*. Das Wort hielt sich jahrelang und jetzt sagt es die kleine Marta (6 jährig) schon seit Jahren, obwohl er es nicht mehr gebraucht.

Die Kontamination *„Mansch“* aus *„Mann“* und *„Mensch“* machte Johannes in seinem dritten Jahre, also dieselbe Bildung, die oben (S. 77 f.) unter Kontaminationen bei einem alten Regierungsrate nachgewiesen ist.

Wir gehen oft zum Hilmteich und in den Hilmwald. *„Wie wir durch den Hilmwei . . Hilmwald gegangen sind . .“* (Gretl 5 jährig).

„Du musst mir's einfüssen . . einfüllen . .“ (Gretl 5 jähr.). Das Kind meinte, die Mutter möge ihm Kugeln in ein Gefäss *„einfassen“* oder *„einfüllen“*.

„Ich weiss es nicht, vielleicht wird es die Mama von den Mädeln wei . wissen“. Der 3 jährige Johannes macht also mit seinem *„wei(ssen)“* den Fehler, der bei Erwachsenen und auch bei alten Leuten nachgewiesen ist.

„Wenn man Dich nicht fieht . . sieht . .“ sagt Gretl (5 jährig) und lacht. Sie weiss, dass sie an *„findet“* gedacht hat.

„Einmal, wie die Gretl mit mir in die Schule gegangen bin, da hat . . .“ (Marta 6 jährig). Nebengedanke: *„. . wie ich mit der Gretl gegangen bin . .“* Nicht korrigiert.

„Garten“ aus *„Gattungen“* und *„Arten“* (Johannes 5 jährig).

„Fadl“ für *„Nadl“* sagt Gretl 6 jährig. Es spiel *„Faden“* herein.

„Ich bin beinahe erschwitzt“ (Johannes 5 ½ Jahr). Kontam. aus *„erhitzt“* und *„ich schwitze“*.

Unsere Kinder nannten den Lebertran *„Lebertrank“*, was die Kleinste (Marta 6 jährig) erfunden haben dürfte. Ein schönes Beispiel von *„Volksetymologie“*.

a. Durch Gesichtsbild erregter Mitklang.

Meine Frau liest Zeitung. Johannes (8 jährig) kommt herbeigelaufen und ruft: *„Du, Mama, die Elster kann jetzt nicht in ihr Erdbeben* (sein Blick war auf die Zeitung gefallen, wo das Wort gross gedruckt stand) — *na, was sag' ich denn da! Weil hier* (er zeigt auf die Stelle) *Erdbeben steht! — Die Elster kann jetzt nicht in ihr Vogelhäusl!“*

5. Schwebende Wortbilder.

Wie oft meine Kinder *Máma* und *Pápa* (so betonen sie) verwechseln, lässt sich nicht abzählen. Namentlich Johannes

118

hatte eine Zeit, wo er fast regelmässig „*Mam-Papa*" oder „*Pap-Mama*" sagte, sich also vergriff, aber noch rechtzeitig die Korrektur anbrachte. Im dritten Jahre sagt er einmal „*Mam . Pap . Mizi*", nennt also falsch Mutter und Vater, bevor er den gewünschten Namen, den des Kindermädchens, findet.

„*Schucksengel*" für „*Schutzengel*" sagte einmal Johannes (4 jährig). Es war nicht zu ermitteln, welchem Wortvaganten das *ck* entstammte.

6. Substitutionen.

„*Wie der Mann die Tür zuschlägt! dass man's kaum hört!*" (Gretl 5 jährig). Gemeint war das Gegenteil.

„*Gestern*" für „*morgen*" und umgekehrt hörte ich jahrelang. Es wird wohl noch oft zu bemerken sein.

„*Heiss*" für „*kalt*" (Johannes 3 jährig). Auch sonst öfter.

„*Langsam*" für „*schnell*" (Gretl 6 jährig). Kommt oft vor.

„*Ich bin halt schon zu klein*" für „. . *zu gross* (Marta 6 jährig).

W. Sterns Söhnchen sagte 1 Jahr 2½ Monate alt: „*siehst? (siest)*" statt „*hörst? (herste)*"[1]. Seine Tochter sagt 2 jährig „*zu*" für „*auf*"[2].

Eine schöne Entgleisung. Johannes (4 jährig) will sagen: „*Du bitterböser Papa!*", ein Witz, den er nach „*bitterböser Baum*" gemacht hat, sagt aber „*Du Bitterpapa!*"

7. Formausgleichungen, Neubildungen.

„*Ich bin deschwimmt . . deschwommen . .*" (Johannes 4 jährig).

„*Ich habe mir was eindedenkt, ich will in Dein Zimmer dehn*". „*Eindedenkt*" (= **eingedacht*) ist nebstbei als Kontamination von „*gedacht*" und „*(mir ist) eingefallen*" interessant (Johannes 3 jährig). Noch im 5. Jahre sagte er „*mir denkt*

---

[1] Cl. und W. Stern, Die Kindersprache. S. 88.

[2] Ebd. S. 55. Stern bemerkt, das Kind habe „*zu* oft in seinem Gegensinn *auf* gebraucht". Wann „*zu*" den Gegensinn „*auf*" habe, dürfte wohl allen Linguisten unbekannt sein.

das ein“, was man allerdings nicht mehr als Versprechen fassen kann, weil er es gewohnheitsmässig sagte. Mit 4 Jahr 7 Monaten sagte er einmal: „*Was Gutes denk ich mir ein“*.

„*Gereitet“* (Joh. 3 jährig).

„*Die Pferde haben von meinem Käse gefross . . gefressen“*. Wie Joh. 3 jährig zu dieser Bildung kam?

„*Abdewischen, debingt, dewollen“* (Joh. 3 jährig).

„*Sie war noch klein und hat's nicht versteht!“* (Joh. 3 jährig).

„*Da ist ein Hund degehn . . degangen“*. (Joh. 3 jährig).

„*Ich habs selber aufdebrungen* (Joh. 3 jährig).

„*Schau, die Marta hat das detragt* (Joh. 3 jährig).

„*Der Hans hat's nicht deweisst!“* (Joh. 3 jährig).

„*Sie willen nicht“* (Joh. 4 jährig).

„*Wir binnen schon zu Haus“* (5 jähriges Mädchen); vgl. das V. und V. S. 168 zitierte kindliche „*wir bind“*.

„*. . die Häsen . .“* für „*. . die Hasen“* (Joh. 3 jährig).

„*Läufen“* für „*laufen“*, „*ich wär' beinahe hinunterdeplumpsen“* für „*. . geplumpst“*, „*der Mama seine* (für „*ihre“*) *Uhr“*, „*Hünde“*, „*geessen“* für „*gegessen“*, „*Mäusen“* für *Mäuse“*, „*hältet“* für „*hält“* (Johannes 3 jährig).

„*Sie siehen . .“*, „*. . wenn's der Gärtner g'sieht hat“* (Johannes 5 jährig).

„*Die werden wir erbrennen!“* für „*. . verbrennen“* (Joh. 5 jährig).

Mit 3 Jahren sagte Johannes gewöhnlich „*silbere, gollere“* für „*silberne, goldene“*, ja sogar einmal „*gebackeres Fleisch“*. Um so auffallender, als er für „*andere“* immer „*ande“* sagte. Auch „*verschiedere“* für „*verschiedene“*.

Ich zeige Johannes Bauernhausglocken. Er sagt (3 3/4 jährig): „*Wenn der Bauer kommen soll, dann gl . . glocken die Leute“*; „*glocken“* = „*läuten“*. Beachte auch das vorwirkende Stottern.

Sehr erstaunt war ich über das neue Wort „*die Rauche“*, das Johannes in seinem vierten Jahre im Sinne von Tabakspfeife erfand und dann beibehielt. Im 4. und 5. Jahre hatte er mehrere solcher Bildungen im Gebrauch, die aber meist nur momentane Geltung hatten. „*Rauche*" ist ganz verständig gebildet. Er spielte aber auch, indem er ganz neue Lautkomplexe zusammenstellte. Dann frug er öfter, was seine neuen Worte heissen. So wollte er einmal wissen, was „*Anspri*" bedeute. Aus dieser Zeit stammen auch die folgenden Bildungen.

„*Vergrenzungen*" im Sinne von „*Grenzen, Begrenzung*".

„*Es fängt schon zu grauseln an*", sagte er eines Abends; er meinte „*grauslich, hässlich zu werden*".

„*In meinen Sack ist so ein Kalt hineingekommen*": „*der Kalt*" für „*die Kälte*".

„. . *er wird anfangen zu lausbuben*" d. h. „*Lausbub! zu sagen*".

Meine beiden Mädchen waren lange nicht so erfinderisch wie der Knabe, von dessen Neubildungen dies nur ganz kleine Proben sind. Marta sagt einmal 6 jährig zu Johannes: „*Du bist nicht der Befehler*", d. h. „*Du hast (mir) nichts zu befehlen*". Weiteres unter „Kindersprache".

„*Gedenkt*" für „*gedacht*", „*geflechtet*" für „*geflochten*" (Marta 6 jährig). Zur selben Zeit „*geessen*", „*geisst*".

„*Es war ein solcher G'stunk dort . .*" für „. . *Gestank . .*" nach „*hat . . gestunken*" (Marta).

„. . *die vornere Seite . .* (Gretl 7 Jahr 4 Monate). Eine Neubildung nach „hintere".

Gretl sagte noch 7 Jahr 5 Monate alt „*unlängstens*" für „*unlängst*" nach „*meistens*".

„*Du hast warme Hände . . und die Mama hat die allerwarmsten*" (Johannes 3 Jahr 8 Monate). Ausgleichung infolge von Nachklang.

Ich sage zu Johannes: „*Natürlich weisst Du's nicht!*" Er antwortet: „*Weissen tu ich's schon!*"

„*Sie magen mich nicht*" (Gretl 3 jährig).

„*Es hat mir weh getut*" (etwa 4—5 jähriges Mädchen).

„*Der Wind windet da herein*" (Gretl 3 jährig).

„*Der Mann hat zwei Äffe*" für „. . *Affen*" (Gretl 3 jährig).

C. Rückblick auf das Versprechen.

Im allgemeinen bestätigt also mein hier vorgelegtes Material das, was ich im Jahre 1895 dargelegt habe. Auch all das, was ich gehört, aber nicht aufgezeichnet habe, war im Einklang mit meinen Regeln.

Es bleibt ein minimaler Rest unerklärter Fälle übrig (Vgl. schon oben S. 8).

So habe ich z. B. einmal gesagt: „*Ich habe . . meinen Spaziergock* (für „*Spazierstock*“) *an einem Sessel zerschlagen*“. Woher das *g?* Gewiss nicht von „*. . zerschlagen*“.

Oder: „*Nähladl . . Nähnadl*“. Das *l* des Auslauts ist es wohl nicht, das hier antizipiert wurde.

„*Molkte*“ für „*Moltke*“ (Br. v. Frankl.

„*. . wenn's auf den Holzboden fahren . . fallen*“ (Rida).

„*s' wird aber Weizengrüste . . grütze sein*“. (Me). Metathese von ts zu st ist sehr unwahrscheinlich.

Ich denke, dass bei solchen Bildungen, die gegen die sonst erkennbaren Regeln sind, vagierende Wortbilder mitwirken. Bei dem „*Nähladl*“ dürfte „*Mehlladl*“ mitspielen, weil ich oft den Kindern das dialektische Sprechkunststück „*A Mölladl. an Oarladl und a Makaroninudlladl a*“ vorsagte. Bei „*Molkte*“ kann sich ein „*folgte*“ etwa gemeldet haben u. dergl. m.

Diese Vaganten weiss oft der Sprechende noch anzugeben, aber er vergisst sie, wenn man nicht sofort fragt. Der Hörer erkennt sie oft nicht, wenn sie auch naheliegend genug sind.

Z. B. Klemensiewicz erzählt von einer Jagd. „*Der Stei . . der Schweiss ist uns heruntergeronnen . .*“ Ich bin über das *Stei* sehr erstaunt und frage in einer Pause den Sprecher, warum er sich versprochen habe. Er sagte ohne viel Zögerung: „*Weil ich an Stirne gedacht habe*“. Ich ärgerte mich, dass mir diese gewiss richtige Erklärung trotz vieljähriger Erfahrung nicht sofort eingefallen war. In dem vorliegenden Falle wäre ich wohl später auch noch auf die richtige Erklärung gekommen, aber es gibt Fälle, wo auch die sofort vorgenommene Prüfung des Bewusstseinsinhalts des Vaganten nicht mehr habhaft wird. So gelang es mir im

Falle von „*Spaziergock*" absolut nicht, den flüchtigen Wortvaganten, der hier eingewirkt hat, zu eruieren.

Ich habe schon hervorgehoben, dass jedermann, auch Kind und Greis, sich verspricht. Man kann nicht sagen, dass eine Art des Versprechens in einem bestimmten Alter überwiege. Aber über die perzentuelle Häufigkeit ist schwer zu einem Urteil zu gelangen, denn man ist ausserstande, alle Sprechfehler, die man hört, oder auch nur die, die man von ein und derselben Person im Laufe der Jahre hört, zu notieren. Ich habe früher die Nachklänge für Ermüdungserscheinungen oder sogar für senil gehalten. Meine neuen Beispiele widerlegen das klar: ich habe so arge Fälle bei gesunden, nicht ermüdeten, jungen Individuen gehört, dass ich meine Vermutung nicht aufrecht halte. Übrigens habe ich V. und V. S. 52 vorsichtigerweise nur gesagt, dass die Menge der Nachklänge erst senil ist und daran mag etwas Wahres sein.

Richtig bleibt, dass einzelne Individuen sich mehr versprechen als andere. Aber auch diejenigen, die sich häufiger versprechen, bevorzugen nicht bestimmte Gattungen. Dann achtete ich darauf, ob etwa schneller sprechende Menschen sich mehr versprechen als langsame. Auch dabei kam ich zu keinem Resultat. Ich kenne Menschen, die in einem gedankenfluchtartigen Tempo reden und sich trotzdem weniger versprechen als andere, die langsam sprechen.

Es gibt Menschen, in deren Sprachvorstellungen die akustischen Bilder vorwiegen (Hörer), solche bei denen die motorischen vorherrschen (Sprecher), endlich solche, bei denen das geschriebene Wort („Leser" müsste man sie nennen) oder die Schreibebilder, („Schreiber") beim Sprechen mitwirken. Bei allen diesen könnte man verschiedene Typen des Versprechens anzutreffen hoffen — es ist nicht der Fall.

Dass das Versprechen nicht auf eine Sprache beschränkt sein kann, sondern dass höchstens einzelne Regeln anders sind, das bedarf keines Beweises.

Und so wird man nun schon vorbereitet sein, wenn ich

sage: Alle Menschen versprechen sich, im wesentlichen in derselben Weise.

Die zunächst sich ergebende Frage wäre nur: Wann tritt das Versprechen auf? Welcher Grund ist für sein Erscheinen anzugeben? Diese Frage ist nicht zu beantworten.

Freilich, wenn man z. B. einen Tischredner in seiner Not Fehler über Fehler machen hört, wenn man einen schlecht vorbereiteten Prüfling beobachtet, dann wird man sagen: Der Grund ist die Aufregung, das Herumschwirren innerer Wortbilder, die aufgescheuchten Schwärme von schwebenden Wortbildern u. dgl.

Mag sein. Aber was ist denn der Grund, dass ich mich in der allerruhigsten Stimmung, in meiner gewohnten und mir erwünschten Umgebung verspreche? Freilich, wer alles erklären will, wird wieder einen Grund angeben: Weil ich mich in einer solchen Lage gehen lasse, weil ich nicht achtgebe.

Man kann dagegen einwenden, dass man auch in Augenblicken, in denen man sehr auf die Worte achtet, nicht vor dem Versprechen sicher ist.

Mögen hier andere das Wort nehmen. Ich habe keinen Mut, einen bestimmten Grund für das Auftreten des Versprechens anzugeben, d. h. ich habe den Grund, der zur Erklärung aller Erscheinungen ausreichen könnte, nicht gefunden und eine Redensart zu machen habe ich keine Lust.

In der Sprachwissenschaft ist es eine anerkannte Tatsache, dass das Wort nur in einem beschränkten Masse ein Eigenleben lebt, denn es tritt fast nur als Teil des Satzes auf. Und noch viel mehr ist der Laut etwas Unselbständiges, der wieder nur als Teil des Wortes erscheint und niemals allein, während das Wort doch in den Fällen, wo es einen ganzen Satz ausmacht, z. B. in der einwortigen Beantwortung einer Frage oder im Ausrufe, allein erscheint. Und trotzdem verzeichnet jede historische Grammatik die Geschichte des Einzellautes und vermag siegreich die Berechtigung dieses Standpunktes darzulegen.

Und das Versprechen demonstriert die Berechtigung dieses Vorgangs so klar als nur möglich ad oculos. Wir sehen den einzelnen Laut, aus seiner Umgebung herausgerissen, nach vorwärts oder rückwärts springen, sehen ihn einen gleichwertigen anderen Laut verdrängen und seine Stelle einnehmen. In viel höherem Masse, als man glauben sollte, ist der Laut ein selbständiges Element der Sprache; er ist durchaus nicht bloss eine grammatische Abstraktion, er lebt sein eigenes Leben, hat Beziehungen zu gleichartigen, schliesst sich aber gegen andere ab.

Diese Tatsache ist nun um so merkwürdiger, als wir nicht lautierend sprechen lernen (vgl. V. u. V. S. 7), sondern in den ersten Lebensjahren Wörter, Lautkomplexe, hören und diese nachsagen.

Aber trotzdem ist auch der einzelne Laut in uns frühzeitig vorhanden, was ich 1895 noch nicht wusste. Die Lallperiode der Kinder, die noch ganz unabhängig ist von der gehörten Sprache der Erwachsenen, zeigt, dass das Kind frühzeitig im Besitze aller Laute der Sprache seiner Umgebung und noch anderer Laute ist. Ich kenne nichts, was uns die Vererbung von geistigen Dingen so klar vor Augen treten liesse, als das Lallen der Kinder.

Die Beziehungen der Laute, die wir im Versprechen konstatieren konnten, sind Verdrängungen und Assimilationen. Wegen der letzteren Fälle verweise ich auf die Längungen von kurzen Vokalen durch vor- oder nachklingende lange (sich V. u. V. S. 41, 51).

Warum finden wir aber im Versprechen keine klaren Beziehungen zwischen aneinanderstehenden Konsonanten? z. B. warum erscheint „*gehackt*" im Versprechen nicht als „*gehatt*" mit verdrängtem *k*? Und ebenso in „*gelebt*", „*gesagt*"? Allerdings sind die Konsonanten verschieden, der erste ein blosser Implosivlaut, der zweite ein blosser Explosivlaut, und vielleicht ist das der Grund, dass sie sich nicht assimilieren.

Aber wie im Italienischen aus *octo otto* wurde, so machte meine Martha aus „*möchte*" ein „*mötte*", assimilierte also diese Laute. Und die Verkehrssprache sagt „*Stappark*" für „*Stadt-*

park", „*mibbringen*" für „*mitbringen*". Ich habe bei mir
„*guggetan*" für „*gutgetan*", „*guggegangen*" für „*gutgegangen*"
konstatiert, Formen, die sich wohl auch bei anderen finden.
„*Zum Beippiel*" ist ja eine ziemlich verbreitete Assimilation.

Wann also erfolgt die Assimilation und wann nicht?

Es ist längst klar, dass unser Sprechen kein rein gedächtnismässiges ist, d. h. dass wir nicht alle und jede Form fertig
aus dem Gedächtnis reproduzieren, wenn wir sie brauchen.
Sprechen wäre unmöglich, wenn nicht in unserer Seele etwas
wäre, was den Regeln der Grammatik (wenigstens den richtigen) entspräche; es sind die Sprachgruppen, die in Gruppen
zusammengeschlossenen Sprachvorstellungen. „*Sie sind ein
Produkt aus alledem, was früher einmal durch Hören anderer,
durch eigenes Sprechen und durch Denken in den Formen der
Sprache in das Bewusstsein getreten ist*[1]). Einzeln treten die
Vorstellungen ins Bewusstsein, werden aber hier nach den
Assoziationsgesetzen in Gruppen vereinigt. Aber die Einzelvorstellung z. B. eines Genitivs eines Worts ist wieder eine
komplexe, denn sie ist ein Erinnerungsbild von akustischen
sowie motorischen Erlebnissen. In der Seele assoziiert sich
dieser Genitiv mit anderen gleichgebildeten zu einer Genitivgruppe, die mitwirkt, wenn ich im Sprechen einen Genitiv
benötige, ebenso wie eine Regel der Grammatik.

Wenn man nun vielleicht denkt, dass wohl der Kulturmensch nach diesen Sprachgruppen spreche, der Bauer aber
ihrer entraten könne, weil das Gedächtnis hinreicht, um die
Formen seines Wortschatzes zu umfassen, oder dass er —
da doch auch bei ihm das sprachliche Material nach den
Assoziationsgesetzen sich anordnen muss — wenigstens im
höheren Grade gedächtnismässig spricht als der gebildete
Städter, so halte ich das für falsch. Wir verfügen leider über
kein Vergleichsmaterial darüber, wie viel Wörter der Bauer
versteht und gebraucht und wie viel der Städter. Aber mir
scheint sicher zu sein, dass der Bauer sehr viel Worte kennt
und zu gebrauchen in der Lage ist. Man muss bedenken,

---

[1]) Paul Prinzipien[2] S. 23.

dass die Tätigkeit des Bauern eine sehr extensive ist, dass er im Hause eine Menge Dinge und Teile dieser Dinge zu benennen hat, und dass es ausser dem Hause bei der Feldarbeit wiederum sehr vielerlei gibt. Der Bauernhof hat bis vor kurzer Zeit fast alles selbst erzeugt und erzeugt auch heut noch den Hauptteil der Bedürfnisse. Es ist möglich, dass der Bauer nicht alle Ausdrücke der Arbeiten der Weiberleut kennt, aber die allermeisten wird er wohl aus seinen Knabenzeiten wissen, in denen er viel bei den Weibern war, im Sommer auf dem Felde beim Mähen und Garbenbinden, im Winter beim Spinnen, wobei er die Aufgabe hatte auf den brennenden Kienspan zu sehen.

Ich möchte, wenn ich einen Vergleich mache, eher glauben, dass der Bauer einen grösseren Wortschatz hat als der Städter der unteren Schichten.

Die Sprachvorstellungen sind die in Gruppen angeordneten Erinnerungsbilder von allem gehörten und allem selbst gesprochenen Sprechen. Sie kommen auf demselben Wege zustande wie die „schwebenden Wortbilder“, die wir oben beobachten konnten, sie sind derselben Art.

Solche „schwebende Wortbilder“ müssen zur Erklärung mancher kindlichen Neubildungen herangezogen werden. Ich habe oben erzählt, dass mein Söhnchen 4 jährig auf der Strasse einen Mann seine Tabakspfeife anzünden sah. Sofort machte er ein Wort für den ihm neuen Apparat und nannte ihn „*eine Rauche*“. Er behielt dann das Wort eine Zeitlang bei. Nur ganz wenige Beispiele konnten als „schwebende Wortbilder“ zur Entstehung dieses Wortes geführt haben. Bekannt waren ihm gewiss „*Hacke*“ zu „*hacken*“, vielleicht „*Säge*“ zu „*sägen*“ und darnach machte er zu „*rauchen*“ den Namen des Instruments „*die Rauche*“ — im Augenblick, ohne das geringste Nachsinnen.

Der Knabe hatte vielleicht schon „*die Pfeife*“ gehört, fand aber das Wort nicht mehr, was auch begreiflich ist, denn es ist eine Ausnahme: Mit dieser Pfeife pfeift man nicht, sondern raucht man; also ist es eine „*Rauche*“.

Eine Ausnahme ist nun auch — für jung und alt —

„*wir wissen*". Wir haben gesehen, dass es infolge eines Nachklangs in „*weissen*" verwandelt werden kann. Ich habe aber auch beobachtet, dass es ohne einen derartigen Nachklang, ganz spontan, auftreten kann. Hier wirkt also die normale Gruppe: „*Ich reisse* (dial. *reiss*)", „*wir reissen*" ablautbefehdend mit.

Das Wort, welches ich brauche, offenbart sich mir nicht immer in seiner gewünschten fertigen Form, sondern oft nur in seiner primitivsten Gestalt, sagen wir in einer Art von Wurzel. Diese primitiven Wortbilder werden von grossen Schwärmen von Wortvorstellungen umkreist, welche erst die Formgebung verursachen.

Wenn ich den Plural von „*Schacht*" brauche, schwirren zwei Schwärme heran, der Schwarm der umgelauteten und der der nicht umgelauteten Plurale von Substantiven männlichen Geschlechts. Irgendein Moment wirkt nun ein, dass die neue Form sich dem richtigen Schwarm anschliesst; schliesst sie sich dem Schwarm an, zu dem sie bis jetzt nicht gehörte, dann entsteht eine Analogiebildung.

Wenn ich aber sagen will: „*Es ist heiss*", dann naht sich ein einzelner Wortvagant, das durch den Kontrast herbeigelenkte Wortbild „*kalt*", und im Versprechen erscheint dies oft genug für jenes.

Das mag genügen, um die Verwandtschaft der Sprachvorstellungen, der sprachlichen Gruppen mit meinen „schwebenden Wortbildern" zu erklären.

Je nach dem momentanen Stärkeverhältnis der das zu bildende Wort umkreisenden Schwärme schwebender Wortbilder oder einzelner schwebender Wortbilder, einzelner Wortvaganten, die oft ganz unbewusst sind, kommt dann in dem gesprochenen etwas Altes oder etwas Neues zustande.

Das Abnormale, die Neubildung, entsteht dann, wenn eine unregelmässige, also bloss gedächtnismässig zu reproduzierende Form von einem Schwarm oder einem Einzelvaganten attrahiert wird, und wenn eine regelmässige Form von einem anderen Schwarm als der ist, zu dem sie bis jetzt gehört hat, erfasst wird.

Beim gewöhnlichen Sprechen werden wir uns der Muster, jener Schwärme von Wortbildern, nicht bewusst. *„Alle Äusserungen der Sprachtätigkeit fliessen aus diesem dunkeln Raume des Unbewussten in der Seele"* (Paul, Prinzipien[3] S. 23). Nicht alle, nur die normalen. Beim Versprechen ist man oft in der Lage, die Ursache des Versprechens anzugeben, der störende Wortvagant übertritt die Schwelle des Bewusstseins oder ist ihr so nahe, dass er mühelos heraufgezogen werden kann.

Die Möglichkeit dieses Heraufziehens wird wohl niemand leugnen. Es stimmen dazu andere Erfahrungen. Man sucht ein Wort und sagt: „Es liegt mir auf der Zunge". Man fühlt, dass das Wort sich regt, ohne es über die Schwelle des Bewusstseins bringen zu können. Findet sich irgendeine „Hilfe", so gelingt das.

Es ist lehrreich, Kinder in bezug auf solche in der Nähe der Bewusstseinsschwelle sich bewegende sprachliche Bilder zu beobachten. Auch der Erwachsene hat ein Unlustgefühl, wenn er ein Wort, das ihm „auf der Zunge liegt", nicht aussprechen kann. Noch stärker ist dieses bei den Kindern. *„Mama, ich hab was sagen wollen, und jetzt* (wenn man nicht gleich zuhört) *hab' ichs vergessen!"* sagen die Kinder und weinen und schreien. Der Trost, dass es ihnen schon wieder einfallen wird, wirkt nicht; sie wissen bald aus Erfahrung, dass das meistens nicht mehr geschieht.

Dass gewisse Erscheinungen der Sprachgeschichte mit dem, was das Versprechen zeigt, innigst zusammenhängen, ist anerkannt. Vgl. Paul Prinzipien[3] S. 60. Aber den Versuch des Nachweises für alle Einzelheiten dieses Zusammenhangs muss man verschieben, bis auch aus anderen Sprachen genaue Sammlungen von Sprechfehlern vorliegen. Verschiedene Lauterscheinungen lassen schliessen, dass die Regeln in verschiedenen Sprachen teilweise verschieden sind.

Hier will ich nur ganz wenige Bemerkungen machen. Wenn Grammont La dissimilation S. 147 sagt: „κελαι(νο)νεφης *n'a jamais existé"*, so ist das falsch. Es kommt doch auch vor, dass wir sagen: „*eine noch heiterere Sache*", und dass das schwierige Wort ohne weiteres gelingt.

Mich freut es, J. F. XXI. S. 367 f. zu lesen, dass Brugmann Μελάνθιος nicht mehr aus Μελα/ναν/θιος erklärt d. h. nicht mehr als causa movens den gleichen An- und Auslaut der Silbe betrachtet, sondern aus Μελαν/αν/θιος. Ich verweise auf das, was ich V. und V. S. 183 f. über lat. *se[mi]modius, consue[ti]tudo* usw. gesagt habe, wozu auch bald F. Stolz seine Zustimmung gab.

D. Anhänge zum I. Hauptstück.

1. Andere Arbeiten zum Versprechen.

Ich muss hier eine Arbeit nennen, nicht so sehr, weil sie uns wirklich gefördert hätte, sondern weil der Verfasser dieser Meinung in so hohem Grade ist, dass er das, was ich mit Mayers Hilfe erkundet und niedergeschrieben habe, nur als „Vorarbeit" seiner erschütternden Leistung gelten lassen kann.

Herr Siegmund Freud hat in seiner Schrift Zur Psychopathologie des Alltagslebens [1]) den Versuch gemacht, viel tiefer in das Wesen des Versprechens einzudringen, als das mir geglückt war. Von einigen bei mir gelesenen Fällen, in denen Nebengedanken sich offenbaren (z. B. „dann aber sind Tatsachen zum Vorschwein gekommen" wegen „Schweinereien" V. u. V. S. 62), ausgehend, hat er die Meinung gefasst, dass in allen Fällen des Versprechens, auch in den reinlautlichen und formellen überhaupt, solche Nebengedanken die Ursache des Versprechens sind. Dies suchte er durch psychische Analysen einiger Fälle, die er gesammelt hat, darzulegen. Diese Analysen sind öfters jenseits von gut und böse.

Die Auseinandersetzung mit Freuds Erklärungen ist unnötig, denn seine Deutungen haben schwerlich einen Eindruck gemacht, ausser etwa bei den Herren, welche den publizisti-

---

[1]) Monatsschrift für Psychiatrie und Neurologie. X. Bd. 1. Heft; dann auch separat erschienen Berlin S. Karger 1904.

schen Weiterverschleiss dieser Phantasien in den Blättern
unter dem Titel: „Unfreiwillige Geständnisse" besorgten [1]).

Unnötig ist eine Polemik gegen diese Schrift, weil sie
schon durch das Material, das in V. u. V. niedergelegt ist,
widerlegt war. Wäre Herr Freud imstande, seinen Ein-
fällen einige Kritik angedeihen zu lassen und sein Luftschiff
zu lenken, so hätte er das selbst sehen müssen. Das neue
Material, das ich hiermit vorlege, wird wohl genügen, etwaige
weitere Versuche in der Freudschen Richtung unmöglich zu
machen. Freud hat — es ist die einzige Spur von Selbst-
kritik in seiner ganzen Arbeit — das Motto aus Goethes
Faust gewählt:

„Nun ist die Luft von solchem Spuk so voll,
Dass niemand weiss, wie er ihn meiden soll."

Ich hoffe, dass diese Art Spuk jedermann zu meiden
verstehen wird [2]).

Es wäre mir nicht eingefallen, mich mit Herrn Freuds
Ausführungen überhaupt zu beschäftigen, wenn ich nicht
fürchtete, dass sie unter Umständen geradezu Unheil anrich-
ten könnten. Nicht in der Wissenschaft — aber im Leben.
Ein Versprechen ist nur dann zu erklären, wenn ich die
Seele des Mannes, der sich versprochen hat, kenne. Es ist
aber unmöglich, aus einem Versprechen die Seele des Mannes
kennen zu lernen, denn hier werden einzelnen Treffern sehr
viele Fehlschüsse gegenüberstehen. Ich kann mir wohl vor-

---

[1]) oder unter dem Titel der Freud'schen Schrift. Vgl. Frankfurter
Zeitung. 23. Oktober 1902.

[2]) Für die Art der wissenschaftlichen Erklärungen dieses Herrn nur ein
Beispiel von „Vergreifen" (ich sage „Verhandeln"). Herr Freud berichtet S.
48. dass er in einem Hause einmal in den dritten Stock statt in den zweiten
gegangen sei, sich also „verstiegen" habe Er fährt fort: „Das andere Mal
ging ich wiederum „in Gedanken versunken" zu weit; als ich es bemerkte,
umkehrte und die mich beherrschende Phantasie zu erhaschen suchte, fand ich,
dass ich mich über eine (phantasierte) Kritik meiner Schriften ärgerte, in welcher mir der Vorwurf gemacht wurde, dass ich „immer zu weit ginge". und
in die ich nun den wenig respektvollen Ausdruck „verstiegen" einzusetzen
hatte". — Vor dieser Gattung Wissenschaft möge uns ein gütiges Geschick
bewahren!

stellen, und ich habe es oft erlebt, dass ein Mann im Versprechen etwas sagt, was durchaus nicht seine Meinung ist, so dass er selber darüber erschrickt.

Gegen diese Verwertung meiner Gedanken, wie sie Herr Freud beliebt hat, gegen diese Nacharbeit zu meiner „Vorarbeit", protestiere ich auf das energischeste.

In einer kleinen Arbeit (Casi di „Lapsus linguae")[1] hat Attilio Levi einige Sprechfehler aus dem Italienischen gesammelt. Leider viel zu wenig, als dass man sich ein genaueres Urteil machen könnte. Für ihn liegt dem Versprechen Befangensein, Zerstreuung u. a. zugrunde. Flüchtige Veränderungen pathologischer Natur seien die Ursache.

2. Das Verlesen.

Vgl. V. u. V. S. 100.

Ich gebe hier nur einen kleinen Materialnachtrag: die Beispiele stammen meistenteils noch aus den Deutsch-Stunden an der Orientalischen Akademie (jetzt Konsular-Akademie) in Wien.

Unterdessen hat die Frage eine eingehende Behandlung erfahren von Dr. O. Messmer Zur Psychologie des Lesens bei Kindern und Erwachsenen Leipzig 1904. (Meumann, Archiv für die gesamte Psychologie I. Band 1. Heft).

Ich habe V. u. V. S. 129 gesagt: *„Beim Sprechen entscheidet bei der Substitution Sinn- und Klangähnlichkeit, beim Lesen kommt dazu die Ähnlichkeit des gedruckten Wortes".* Wenn *Messmer* dazu sagt: *„Diese beiläufige Bemerkung gibt für eine psychologische Betrachtung gerade die Hauptgesichtspunkte an",* so ist damit jedenfalls anerkannt. dass mir die letzteren eben nicht entgangen sind.

1. Stunde. Paul Heyse, Zwei Gefangene. Reclam.

S. 49. *„machen zu wusste"* für *„zu machen u."*

S. 50. *„ein weibliches Leben"* für *„ Wesen".*

S. 52. *„verrauscht"* für *„verraucht",* Ohne Korr.

---

[1] Accademia Reale delle scienze di Torino 1906/07 15 Seiten. Torino Carlo Clausen 1906.

2. Stunde.

S. 55. „*lustig dahinschauenden*“ für „*luftig dahinschwebenden Fräulein . .*“

S. 55. „*verderblichen*“ für „*verblichen*“.

S. 57. „*dessen*“ für „*desselben*“. Ohne Korr.

S. 60. „*konnte*“ für „*mochte*“. Ohne Korr.

S. 60. „*wie wenn sie einen Nebel vor den Augen hätte,
ah! von den Augen wegwischen wollte.*“ (Mannheimer).

3. Stunde.

S. 67. „*Die Damen trugen sämtliche Hüte*“.

S. 70. „*ein starker Ambradru . duft*“.

S. 72. „*schöne Sachen s. schenkt*“.

S. 75. „*ausgestarrt*“ für „*angestarrt*“. Nicht korr.

S. 76. „*Hände zu begleiten*“ für „*Hände begleitend*“.
Nicht korr.

S. 79. „*auch nur seinen Schirm . . . Schritt zu beschleunigen oder einen Schirm aufzuspannen.*“

Mehrere andere Stunden. Ibsen, Die Kronprätendenten, Reclam.

S. 30. „*was*“ für „*wenn es*“.

S. 45. „*den Heiligenschrein mitreissen*“ langsam gelesen.

S. 59. „*verbirgt*“ für „*verbergt*“.

S. 61. „*da der*“ für „*der da*“.

S. 62. „*zuletzt*“ für „*zuerst*“. Nicht korrigiert.

S. 73. „*in die Hände*“ für „*in die Hand*“. Nicht korrigiert.

S. 72. „*eine Trone tragen*“ für „*. . Krone . .*“ Nicht korr.

S. 87. „*zum fremden Stande . Strande*“.

S. 88. „*ich hörte die Städt . . Stadtleute so rätselhaft*“.

So viel nur zur Übersicht, damit man sich aus der leicht
zugänglichen Reclam-Ausgabe eventuell ein genaues Situations-
bild des fehlerhaft gelesenen Wortes machen kann. Diese
und andere Fälle hierauf unter den betreffenden Rubriken.

a. Vertauschungen.

Vgl. V. u. V. S. 118.

Von Wörtern. Es kommt wohl nur bei nebeneinander-
stehenden Wörtern vor.

„*machen zu wusste*" für „*zu machen wusste*".

„*da der*" für „*der da*".

Von Lauten. „*Gebehr*" für „*Begehr*" (Frl. R. H. 2 mal gelesen). Sieh oben „Vertauschungen" S. 12.

„*Tonre . . erde*". Also eine Metathese aus optischen Gründen.

b. Antizipationen.
Vgl. V. u. V. S. 119.

Von Wörtern.

„*. . auch nur seinen Schirm . . Schritt zu beschleunigen oder einen Schirm aufzuspannen*". Antiz. erleichtert durch gleichen Anlaut.

„*. . Stadtbeamte . .*" für „*. . Stadtbauamte . .*" liest meine Frau. Sie erklärt, sie habe das folgende Wort: „*Hausbesitzer*" schon vorausgelesen gehabt.

„*Die Schpö . . Störungen der Schprache (Sprache) . .*" (Ri).

von Lauten.

„*. . Gesiuchtsurnen . .*" für „*Gesichtsurnen . .*" liest Dr. Arneiz. *iu* klang wie *ü*.

„*Die Damen trugen sämtliche Hüte*". Nicht korr.

„*eine Trone tragen* " für „*. . Krone . .*" Nicht korr.

„*ich hörte die Städt . . Stadtleute so rätselhaft*".

„*. . Prone . . Proseminar . .*" (Hfr. v. Hartel).

„*. . zurückzugewiinnen wünscht . .*" (Hofr. R. Zimmermann). Vielleicht auch Nachklang.

c. Postpositionen.
Vgl. V. und V. S. 121.

Von Wörtern oder Silben.

„*Lassen sie von Un gelehrten,*
die von Un . . Inhalt gar nichts ahnen . ." (Frl. R. H. nach Wolff: Tannhäuser).

Von Lauten.

„*Ein starker Ambradru . duft.*"

Antizipation oder Postposition.

„*. . . mittelst geschätzter Schu . Zuschrift . . .*" (Karabacek).

d. Kontaminationen.

Vgl. V. und V. S. 123.

Man kann doch auch beim Lesen von diesen reden, wenn nämlich der Text gewisse Nebengedanken weckt und deren Worte dann mit den Worten des Textes zusammenfliessen, z. B.

Ibsen, Kronpractendenten, Reclam S. 30. *„er sagt, dass die Bäume zweimal im Jahre Früchte tragen, dass die Vögel zweimal im Jahre brüten, seitdem Hakon König ist.“* Statt *„brüten“* wurde *„blüten“* gelesen. Da Dissimilation in diesem Falle sehr unwahrscheinlich ist, kann man wohl nur denken, dass der Leser erwartete, es komme ein Passus, dass alle Pflanzen zweimal *blühten*; dieser Klang wird durch das so ähnlich klingende Wort *„brüten“* herbeigelockt und verdrängt das andere. Vgl. oben über „vagierende Wortbilder“.

e. Substitutionen.

Vgl. V. und V. S. 123.

„ausgestarrt“ für *„angestarrt“*. Nicht korr.

„wie wenn sie einen Nebel vor den Augen hätte, uh . . von den Augen wegwischen wollte“ (Subst. der Konstr.).

„Hände zu begleiten“ für *„Hände begleitend“*. (Subst. der Konstr.).

„konnte“ für *„mochte“*. Ohne Korr.

„dessen“ für *„desselben“*. Ohne Korr.

„verderblichen“ für *„verblichen“*.

„lustig dahinschauenden“ für *„luftig dahinschwebenden Fräulein“*.

„verrauscht“ für *„verraucht“*. Nicht korr.

„ein weibliches Leben . . . Wesen“.

„zuletzt“ für *„zuerst“*. Nicht korrigiert.

„in die Hände“ für *„in die Hand“*. Nicht korrigiert.

„weiss“ für *„muss“*. Korr.

Die nächsten Beispiele aus Turgenjew, Gedichte in Prosa Reclam. Wo es nötig erscheint, gebe ich die Seitenzahl an.

„Bauernhofe“ für *„Bauernhause“*. Nicht korr.

„dort oben“ für *„dort, aber“*. Nicht korr.

„*Worte*“ für „*Wochen*“ (S. 34). Nicht korr.

„*Anblick*“ für „*Augenblick*“. Nicht korr.

„*ging*“ für „*lief*“. (S. 38). Nicht korr.

„*nicht*“ hinzugefügt (S. 51). Nicht korr.

„*einer*“ für „*jener*“ (S. 70). Nicht korr.

f. Dissimilationen.
Vgl. V. und V. S. 126.

„*zum fremden Stande . . Strande*“. Der Fall scheint mir sicher Dissimilation zu sein, denn Substitution von „*Stande*“ ist nach dem ganzen Zusammenhange der Stelle in Ibsen, Kronprätendenten, Reclam, Seite 87 wohl ausgeschlossen.

„*. . die Wissenschaft zu p l e g e n . . pflegen, bevor . .*“ las ich vor.

„*. . Forschungstrieb t r e i t . . treibt . .*“ (Me).

„*Fachlandes . . Flachlandes . .*“ (Me).

g. Silbenunterdrückung.

„*Behellung . . . Behelligungen*“ (Karabacek).

g. Schwierigkeiten beim Lesen, Zögerndes Lesen.
Vgl. V. und V. S. 126.

„*den Inttressen des Institutes.*“ Häufung der Dentalen ist hier die Ursache des langen *t.* (v. Escherich).

„*anhergel a n g. en lassen zu wollen.*“ Nach der Silbe *lang* gezögert, weil „*lassen*“ schon gesehen und innerviert war (Karabacek).

„*den Heiligenschrein mitreissen.*“

h. Stottern und Stolpern.
Vgl. V. und V. S. 126.

„*Wer lehrte Dich die Dichtkunst?*“ Stark gestolpert.

„*. . auf dem Krö . . Kö . . Königsthron sitzen mit dem Kronreif . .*“

Metathese.

„*Sterben*“ für „*Streben*“ (Ein Zögling). Häufiger Lesefehler. Als Sprechfehler unerhört.

Wie leicht man einen Druckfehler übersieht, dafür hat mir Dr. W. Frankl ein gutes Beispiel erzählt. In einer Grazer Zeitung stand

Guter

O b s t m o b s t

billig zu verkaufen.

Die meisten Leser merken hier nichts von einem Fehler.

5. Das Verschreiben.

Vgl. V. und V. S. 151 ff.

R i c h a r d M. M a y e r hat mir eine Anzahl eigener Schreibfehler zur Verfügung gestellt, die ich mit Dank unter der Marke RMM bringe. Er schreibt lateinische Schrift.

Zur Mechanik des Schreibens möchte ich nur nachtragen, dass mir der schriftgewandte Mann doch auch nicht buchstabierend zu schreiben scheint. Ich denke, die Selbstbeobachtung wird jeden lehren, dass man nach W o r t g e s i c h t s - bildern schreibt, nur seltene Wörter buchstabiert man wirklich. Das Buchstabieren (d. h. die Schwierigkeit des Schreibens) tritt oft in denselben Fällen ein, in denen das Sprechen Schwierigkeiten macht und Stottern zum Vorschein kommt.

Ich stehe neben dem Univers.-Diener Bl., als er schreibt. Plötzlich spricht er halblaut. Mir fällt die Sache auf, und ich frage ihn. „Ah! sagt er, das Wort *„philologisches"* ist so schwer zu schreiben." Ich habe mich dann öfter selbst dabei ertappt, dass ich das Wort nur mit Aufmerksamkeit richtig schreiben konnte, ebenso dass bei diesem Worte sich leicht zögerndes Sprechen und Stottern einstellt.

Die Schreibfehler sind vielfach bloss geschriebene Sprechfehler und zeigen dann auch dieselben Regeln. Die optischen und motorischen Bilder vom zu Schreibenden (und Geschriebenen) stellen aber neue Fehlerquellen dar. Um nur ein Beispiel eines spezifischen Schreibfehlers zu geben. Ich soll *„Mode"* schreiben. Weil aber *o* und *d* in ihrem unterem Teil ganz gleich sind, gerate ich von *o* sofort in das *d* und schreibe *Mde.*

Eine vorzügliche Untersuchung „Zur Psychologie der

Schreibfehler" hat Julius Seifert Prag 1904 (28. Jahres-
bericht der deutschen Staatsrealschule in Karolinental) uns
gegeben.

Schreibfehler aus dem Französischen hat gesammelt M.
Niedermann „Das Verschreiben" (Estratto dal II vol. degli
Studi glottologici italiani diretti da Giacomo de Gregorio).

Ich habe schon in V. und V. S. 7 darauf aufmerksam
gemacht, dass wir oft gebrauchte, d. h. geschriebene Wörter
mit andern Buchstaben, flüchtiger, schreiben als die andern.
Das ist also eine Parallele zu der grösseren Lautverschleifung
in häufig gebrauchten Wörtern z. B. in Grüssen („*guten Tag!*"
wird zu „*n Tag!*" und „*Tag!*") und dgl. Ich will nun darauf
hinweisen, dass ich „*Sprache*" mit einer Ligatur von *Sp*
schreibe, die ich sonst nirgendwo verwende. Natürlich schreibe
ich das Wort sehr häufig.

Ich brauche nicht zu allen Fehlern Erklärungen zu
geben. Der Leser wird wohl den Grund bei jedem einzelnen
anzugeben in der Lage sein. Das dürfte bloss bei den
„Substitutionen" Schwierigkeiten machen.

a. Vertauschungen.

„*493*" statt „*439*" (RMM).

„*XV 124*" statt „„*XIV 125*" (RMM).

„*16*" statt „*61*" (RMM). Dieses wohl gewiss optisch.

F. Detter schreibt: „*wie solche Diebsaugen in unsere Ma*
(wurde gestrichen) *Familie kommen*". Es scheint „*Mafilie*"
intendiert gewesen zu sein".

„*gnazen*" für „*ganzen*" (RMM).

Ein Beamter der Universitäts-Bibliothek in Wien schrieb
an seine Tür: „*Bitte der Reinigung halber den Zimmerschlüssel
auszuflogen*" für „*. . . auszufolgen*" (Dr. v. Gri ref).

b. Antizipationen.

„*²/₆*" korrigiert „*¹/₆*" für „*¹/₂6*" (RMM).

„*wierder*" für „*wieder*" (RMM).

„*handelta* dann" für „*handelte* dann" (RMM).

„*palatt*" statt „*platt*" (RMM).

„*ssass*" für „*sass*" (RMM.

„*seian alle*" für „*seien alle*" (RMM).

R. M. M. schreibt ein *e* vor *l* fast immer so gross wie das folgende *l*. Assimilation.

„*Aexandrien*". Beachte die Ähnlichkeit von *e* und *l*. (RMM).

„*Doch*" für „*Dir doch*". Erleichterte Antizipation. (RMM).

„*96.26*" statt „*91.26*" (RMM).

„*79.9*" statt „*76.9*" (RMM).

„*der pewusste Paris*" (RMM).

„*nad*" statt „*nach d*" (RMM).

„*In andern Gedichtet reimt . .*" statt „*. . Gedichten . .*" (RMM).

„*traf niemandem auf dem Wege*" (RMM).

„*nennt mit mit dem Namen*" statt „*. . mich mit . .*" (RMM).

„*Mab bei*" für „*Mal bei*" (RMM).

„*vllständig*" für „*vollständig*". Beachte die Ähnlichkeit von *o* und *v* bei raschem Schreiben (RMM).

„*jetzb bei . bau Haupt*" statt „*jetzt bei Haupt*" (RMM).

„*sicht nicht*" statt „*sich nicht*" (RMM). Erleichterte Antizipation.

„*aus Haupt*" statt „*„als Haupt*" (RMM).

„*Pret . .*" statt „*Petroleum*" (RMM).

„*. . der Knittel verschwindet . .*" für „*. . Knittelvers verschwindet . .*" (Wickhoff).

„*Ober-Österreich*" statt „*Oberösterreich*" (Me).

„*Wie wier*" statt „*Wie wir hier*" (RMM).

„*Dier*" statt „*Die hier*" (RMM). Erleichterte Antizipation.

„*erklältet*" statt „*erkältet*" (RMM).

„*vorn vornherein*" (RMM). Erleichterte Antizipation.

„*den correkton Ton*" (RMM).

„*eingeiteilt*" (RMM).

„*Mart*" begann Sz. statt „*Material*". Vgl. das russische marterjalъ V. und V. S. 92.

„*. . ganz (statt „kann") zu Tanz und Freude gehen . .*" (Me).

„. . *nach welcheln . Regeln* .“ (Me).

„. . *Lanteran-Konzil* . .“ (Me).

„. . *Henene* .“ für „*Helene*“ (Me).

„. . *lösgelöst*“ für „*losgelöst*“ (Me).

α. Antizipation der Quantität.

„*Hohenemsehr hier*“ statt „*Hohenemser* . .“ (RMM).

β. Antizipation der Gemination.

„*voggeline*“ statt „*vogelline*“ (RMM).

c. Konzipationen.

Dr. Pintner soll den Namen „*De Man*“ schreiben, schreibt aber 3 mal „*dem* . .“ hat also deutsches „*dem Mann*“ im Sinne.

Ich will „*unterbricht*“ schreiben, höre aber, wie Dr. Adler „*Klang*“ sagt. Ich schreibe also: „*unterbringt*“.

Ich will schreiben: „. . *Leo M(eyer)* . .“ Im Augenblicke höre ich meine Frau sagen „. . *Mörtel* . .“ Ich schreibe also: (*Leo M*)örtel.

d. Postpositionen.

„*Das brennenle Pret* . .“ für „. . *Petroleum*“; oder Antizipation?

„*vollständige Grammatik der Sanskritgrammatik*“ für „. . . *Sanskritsprache*“ (RMM).

„*XXIV 124*“ statt „*XXIV 427*“ (RMM).

„*umgegehrt*“ statt „*umgekehrt*“ (RMM).

„*in dieser Weiser*“ statt „*in dieser Weise*“ (RMM).

Ich schrieb an De: „*Ich sehe ich ja wohl noch früher*“ für „. . . *Dich* . . .“ Erleichtert durch Ähnlichkeit.

„. . *gnosno* . .“ für „. . *gnosco* . .“ (Me).

„*Die Betonung des griechischen Verbums betont* . . *erklärt sich.*“ (Me).

„*In diesen Fehler verfeh* . . *verfällt* . .“ (Me).

„*Bei den Ariern findern wir* . .“ für „. . *finden* . .“ (Me).

„. . *kleinere sprachlichere* . .“ (Me).

„. . *an einer Steller* . .“

Postposition der Gemination.

„*schafett*“ statt „*schaffet*“ (RMM).

Nachklang eines miterregten Wortbildes.

„*Wohnungen*" statt „*Warnungen*" schreibt RMM, weil von Stuben die Rede war.

e. Kontaminationen.

„*Denn hätte das idg. nur gehabt hätte*" (RMM); kontam. aus „*hätte das . . gehabt*" und „*wenn das . . gehabt hätte*" (RMM).

„*Man muss natürlich um . . zu begreifen, muss man natürlich .*" (RMM).

f. Substitutionen.

„*besucht*" statt „*besorgt*" (RMM).

„*Volksdichter singt*" für „*sind*" (RMM). Nachklang eines miterregten Wortbildes.

„*Nur überschätze* (für „*unterschätze*") *man nicht*" (Me).

Einer meiner Schüler schrieb: „*dem beschränkten* (wurde gestrichen) *bedrängten Spanien*". Hier liegt ein innerer *Sprechfehler* vor, Antizipation des *Sch* von „*Spanien*". Interessant ist aber dann das vollständige Einlenken in die Bahn des einmal angefahrenen Wortes, wie das *k* beweist.

Sehr häufig sind in der Schrift Vertauschungen kleiner Wörtchen. Sie sind nur als Schreibfehler möglich.

„*Das ist Till Eulenspiegel*", *der die Schneider als* (für „*das*") *Zwirneinfädeln lehren will*" (Me). Weit und breit war kein „*als*" im Texte.

„*nicht*" für „*ist*"

„*zu*" für „*so*" und umgekehrt.

„*ist*" für „*ich*" und umgekehrt.

„*und*" für „*um*"

„*auch*" für „*aus*"

„*nicht*" für „*ich*"

„*in*" für „*ist*".

„*das*" für „*da*"

„*alle*" für „*also*".

„*Ich halte es viel* (statt „*für*") *sehr gut möglich*" (Me).

„*unter*" statt „*unten*" (RMM).

„*Sicher sich vor allem die drei Sätze ..*" Ich las diesen

Satz mehrere Male, ohne zu merken, dass ich „*sich*" für „*sind*" geschrieben habe.

g. Entgleisungen.

„. . *paralle* .." für „. . *parallele* .." (Me). Dieser Typus ist sehr häufig, man springt gleich zu dem zweiten Laute, wenn Wiederholung stattfindet.

h. Schwierigkeit des Schreibens

stellt sich oft in denselben Wörtern ein wie Schwierigkeit des Sprechens. Von zwei gleichen oder ähnlichen Silben wird oft eine unterdrückt (s. Antizipation, Dissimilation) oder man schreibt mehr Silben, als man wollte. Man achte nur, wenn man Wörter wie „Substitution" zu schreiben hat.

Ein sonderbarer Fall. Ich wollte „*Kindes*" schreiben. Mein Blick haftet (warum?) auf dem *n*, das ich bereits geschrieben. Ich schreibe „*Kinden*".

Auch in bezug auf die Schriftzeichen selbst kann man ähnliche Erfahrungen machen. Man kommt häufig von einem Buchstaben, durch teilweise Ähnlichkeit verführt, in einen folgenden hinein, ich meine, man schreibt dann einen Buchstaben, der eine Kombination zwischen dem zu schreibenden und einem folgenden ist. Ebenso werden von einer Anzahl gleicher Buchstaben oder Buchstabenteile gerne einer oder der andere unterdrückt, oder man schreibt gerade umgekehrt zu viele solcher Zeichen.

i. Dissimilationen.

„*Steuerheber*" für *Steuererheber*" (RMM).

„*derste*" statt „*der erste*" (RMM).

„*Zuhören*" statt „*Zuhörern*" (RMM).

„*hier aben*" statt „*hier haben*" (RMM).

„*woher eben kam*" statt „*woher er eben kam* (RMM).

„. . *entschiedenen Schluss* .." für „. . *Entschluss* .." (Mu).

k. Umstellungen.

„*sptä*" für „*spät*" (RMM).

„*rehalten*" statt „*erhalten*" (RMM).

142

„*Nautreingang*“ statt „*Natureingang*“ (RMM).
„*Erzhieg   .*“ statt „*Erziehung*“ (RMM).

l. Doppelschreibungen.
„*Kinden den*“ statt „*Kind den*“ (RMM).

m. Unterdrückungen.
Alle Beispiele sind von RMM.

„*vo r*“ statt „*vor r*“

„*es ind*“ statt „*es sind*“

„*crebral*“ statt „*cerebral*“

„*³/₄*“ statt „*³/₄4*“

„*nich* statt „*nicht*“

„*woh*“ statt „*wohl*“

„*besondes*“ statt „*besonders*“

„*Bd*“ statt „*Bad*“

„*geänder*“ statt „*geändert*“

„*Dr*“ statt „*Dir*“

„*vie*“ statt „*viele*“

„*Beilge*“ statt „*Beilage*“

„*ac ontinuis*“ statt „*ac continuis*“

„*Porträbogen*“ statt „*Porträtbogen*“

„*s cheint*“ statt „*es scheint*“

„*hervorhen*“ statt „*hervorheben*“

„*abtrakt*“ statt „*abstrakt*“

„*und och*“ statt „*und doch*“

„*das hervorgende*“ statt „*hervorgehende*“.

4. Das Verhören.
Vgl. V. und V. S. 157.
Ich habe davon nur wenig gesammelt.
„*Russland*“ für „*Ruhestand*“ (Bunzl).
„*Sack*“ für „*Sarg*“ verstanden Dr. Adler und Pintner.
Der Kellner sagt zum Jungen: „*2 Seitel, 1 Krügl,
Flasche Lysol!*“ So wenigstens verstand meine Frau, die
mit mir am Nebentisch sass. Ich hatte gehört „*2 S., 1 K.
rasch besorgen!*“ was wohl der Wahrheit nahe kommen
wird. Meine Frau lachte über ihren Hörfehler und erklärte

sehr richtig, dass ihr „*eine Flasche Lysol*“ ein naheliegendes Wortbild sei. Unser ältestes Mädchen wurde damals mit verdünntem Lysol gewaschen.

Meine Frau: „*Was fehlt ihm denn?*“ — L. v. Frankl: „*Meschügge is er!*“ M. Fr.: „*Wie, verschiednes?*“

H. Gross berichtet über die Hörfehler bei der Eidesformel für Zeugen. Sie lautet: „*Ich schwöre bei Gott, dem Allmächtigen, Allwissenden einen reinen Eid, dass ich über alles, was ich bei Gericht befragt werde, die reine Wahrheit und nichts als die Wahrheit aussagen werde — so wahr mir Gott helfe!*“

statt: „*einen reinen Eid*“ wird gehört
- *keinen Eid*
- *eine Kleinigkeit*
- *einen Meineid*
- *Reu und Leid*
- *Dreieinigkeit*

statt „*bei Gericht befragt werde*“ wird gehört „*nicht befragt werde*“.

statt: „*reine Wahrheit*“ wird gehört „*keine Wahrheit*“.

statt: „*nichts als die Wahrheit*“ wird gehört „*und nix die Wahrheit*“.

statt: „*ich schwöre, so wahr mir Gott helfe*“ wird gehört „*Ich wahre so schwer mir Gott helfe!*“ „*Ich helfe, so schwer mir Gott wahrt!*“

Bei einer gerichtlichen Sektion wird diktiert; „*Gehirn blutreich*“. Der Schreiber versteht: „*Gehirn gut und weich*“. (H. Gross).

Jemand sagt: „*Ihr Tischl sollte einen Rand haben*“. H. Gross versteht: „*Ihr Tischler soll einen Brand haben,,* (dh. verrückt sein).

5. Das Verhandeln.

Ich sage absichtlich so, weil „*Vergreifen*“ nicht auf alle Fälle passt. Vgl. V. und V. S. 98.

Oftmals passierte mir und anderen, dass man auf die Uhr sieht, um zu sehen, wie viel Grad die Temperatur hat, oder auf das Thermometer, um zu erfahren, wie viel Uhr es ist. Man verspricht sich auch in dieser Weise und sagt: „Sieh aufs Thermometer, wie viel Uhr es ist!" oder „Sieh auf die Uhr, wie viel Grad es hat!"

Bei mir oder meiner Frau ereignet sich ein solches Verhandeln besonders des Morgens vor dem Schulgang der Kinder, da in dieser Zeit die Uhr wegen richtigen Eintreffens der Kinder in der Schule und das Thermometer wegen der Kleidung zu Rate gezogen werden müssen.

In den Bibliotheken ist mir öfter begegnet, dass mir ein zurückgebrachtes Buch wieder überreicht wird, statt des von mir ausgestellten Empfangscheins.

Kostbar ist, dass Hillebrand einmal Licht machte, um zu sehen, ob in seinem Zimmer Licht ist.

Martha hat sich nass gemacht. Meine Frau holt eine neue Hose und will sie in allem Ernste dem Johannes über seine Lederhose anziehen; bricht natürlich, durch die lebhaften Proteste des Knaben aufmerksam gemacht, in helles Gelächter aus.

Ich sage zur Tabakverkäuferin: „*Zehn* Stück Rosita!" Sie beginnt abzuzählen, denn ich nehme mir nie die Zigarren selbst. Unterdessen frage ich: „Wie gehn sie denn?" (nämlich die Rosita, eine neue Sorte). Sie sagt: „Ganz gut! Ein Herr, der in einem Automobil vorgefahren ist, hat z w a n z i g Stück genommen!" Sie zählt mir nun ruhig 20 Stück her, trotzdem ich nie mehr als 10 Stück nehme.

Zum Verhandeln gehört auch der folgende Fall von Verschreiben. Ich erhielt am 23. 2. 08 einen Brief, dessen Vermerk besagte, dass er von Architekt A. Dachler in Wien abgesandt sei. Ich lese den Brief und ersehe, dass er irrtümlich mir gesandt wurde, denn es ist von „Meringer" drinnen die Rede. Ich seh nun den Brief von allen Seiten an und finde, dass er gar nicht meine Wohnungsangabe hat, sondern die von Dr. Rudolf Much in W i e n. Und dieser hatte mir den Brief, weil er ja meinen Namen trug, auch zugeschickt. Dachler wollte ihn also an Much senden, war aber in Gedanken so mit mir beschäftigt (wir sind in wissenschaftlichem Streite), dass er statt „Much" meinen Namen schrieb, aber sonst alles andere richtig angab.

II. Hauptstück.

Zur Kindersprache.

A. Kinderbiographien.[1]

1. Gretl.

Geboren am 15. 5. 1896.

Das Kind war in den ersten Nächten sehr unruhig. Nach ganz kurzem Schlafe wachte sie immer wieder auf und begann zu jammern: *la la . . la-i la-i.* Dann kam ein *äh* voll tiefen Missbehagens und endlich Weinen und Schreien. So ging es durch neunzehn Nächte hindurch. Wir konnten nicht schlafen, aber ich fand doch nicht die Energie aufzustehen und alle die Laute, die sie in ihren Klagemonologen vorbrachte, zu buchen. Jedoch kann ich versichern, dass ich in jenen unheimlichen Nächten so gut wie alle Laute unseres Deutsch und noch viele andere gehört habe.

Als das Kind sich endlich wohl fühlte und ruhig schlief, waren alle die gehörten Laute verschwunden und das Kind in bezug auf Sprachlaute fast stumm zu nennen.

Erst am ersten Tage des vierten Monats hielt es, ruhig im Bette liegend, einen Lallmonolog, in dem die Lautverbindungen *grli grli guch* mehrfach vorkommen, so dass wir

---

[1] Literatur in: Clara und William Stern. Monographien über die seelische Entwickelung des Kindes I. Die Kindersprache. Leipzig 1907. Ein ganz vortreffliches Buch! — Dazu weiter E. Tappolet, Die Sprache des Kindes. Basel 1907. — Ernst und Gertrud Scupin Bubis erste Kindheit Leipzig 1907.

scherzend diesen Monolog die Geschichte vom *Grli Grli Guch*
nannten. Die Lautfolge *Grli* ist eine so schwierige, dass das
Kind in der Zeit der eigentlichen Spracherlernung ein solches
Wort gewiss vereinfacht hätte. Aber ich habe bei allen
meinen Kindern die Beobachtung gemacht, dass sie in ihren
ersten Lallmonologen Laute und Lautverbindungen richtig
sprachen, die ihnen später grosse Schwierigkeiten machten[1]).
An einer vererbten Prädisposition zur Hervorbringung der
Sprachlaute kann man nach solchen Beobachtungen nicht
zweifeln. Das merkwürdige ist nur, dass gewisse Laute, die
das Kind bereits sprechen konnte, zur Zeit des nachahmenden Sprechenlernens unter mehr oder weniger grossen
Schwierigkeiten wieder neu gelernt werden müssen.

Die Kinder zeigten aber im Lallen einen viel grösseren
Schatz an Lauten, als das heutige Verkehrsdeutsch hat, eine
Fülle von Zischlauten, wie sie die slavischen Sprachen haben,
mullierte Laute und nasalierte, wie sie den romanischen
Sprachen eigen sind. Die Vererbung erstreckt sich also
nicht auf die einzelnen Laute, sondern auf die Fähigkeiten
der Lauthervorbringung überhaupt, und es können durch
spielende Kombination von Muskeltätigkeiten im Lallen beim
Kinde Laute erzeugt werden, die der Sprache der Eltern
vollkommen fremd sind.

Gretl 9 Monate alt.

Bis jetzt hat G. mir nur einmal „*ba*" nachgeahmt, als
der Hund bellte und ich den Klang mit diesen zwei Lauten
wiederholte. Sonst spricht sie absolut nichts nach[2]). Nur
wenn sie selbst etwas lallt und man sagt es nach, lacht sie
und wiederholt es mehrfach. Bald darauf fehlt jede Möglichkeit, sie zum neuerlichen Hervorbringen zu veranlassen.

Um dieselbe Zeit reagierte Gr. auf die Frage: „ *Wie gehts*

---

[1]) E. Tappolet S. 85.

[2]) Cl. u. W. Stern aao. S. 83 berichten, dass ihr Sohn Günther mit
8 Monaten nur „Mama" mit Mühe nachsprach. Erst im nächsten Monate
werden einige Wörter nachgesprochen. Über das Nachsprechen in den
weiteren Stadien aao. S. 93 S. 101.

Dir?" mit *„Awúf"* oder *„Apfúh".* Nach einiger Zeit war es unmöglich, diese Lautfolge mehr aus ihr herauszubringen.

Gretl 1 Jahr 7 und 8 Monate alt.

Am Weihnachtsabend 1897 erhielt Gr. Würfel, die sie sofort aufeinander türmte. Dazu sagte sie *baunbaun* „bauen"; ihr erstes Wort.

Das Kind sitzt am 31. 1. 98 auf meinem Schosse, während ich arbeite. Sie hält einen Monolog:

„*Mama, papa, guna* (unser Dienstmädchen Fanny), *papū* (Essen), *brum-brum* (Blumen), *Ah, Ah, buwā-buwā* (Buben im Sinne von „Kinder"), *Nja, Nja, ljlj, uwlj* (mullierte l), . . . *gocka, gocka* (sie berührte meine Tischglocke), *papa buch . . buch* (sie sieht die Bücher vor mir an, dann wiederholt sie einiges, dann jubelnd:) *Eia, heija, heija, Ei, Eiahaih . . Jö Jö Jö Jö . . mang, papa, pang* (?), *mang, mama, Ahancha . . papū, buwā . . . hng, hng, hng, gucka, gucka, gucka* (Ich frage: *Wo ist eine Gucka!"* „*Da!"* sagt Gr. und zeigt auf die Glocke; dann:) *rl rl rl rl"*.

Darauf setzte ich Gr. weg. Diese aber erhebt die Hände, wie sie immer tut, wenn sie genommen werden will und sagt dazu: „*Mama . . puppā . . papa!"* Nach der ganzen Situation kann ich nur glauben, dass sich Gretl versprochen hat und weder „*Mama"* noch „*puppā"* sagen wollte, denn sie hob die Hände gegen mich (meine Frau war gar nicht anwesend) und „*puppā"* (Puppe) bedeutet wohl auch nur einen Versuch zu „*Papa"* zu kommen, denn eine Puppe war nicht vorhanden und die Annahme, dass sie nach ihr verlangt hätte, war durch ihre Geste ausgeschlossen.

Ihren Wortschatz im Alter von 1 Jahr 9 Mon. gibt die folgende Zusammenstellung.

1. Substantiva.

a. Personen.

pápa

máma

gúna-gúna; *guná-guná*; *gná-gná* wurde das Dienstmädchen Fanny genannt *búwa* (aus „Bube") „Kind" überhaupt.

mann

fau „Frau"

kali „Karl"

b. Tiere.

Die erste Bezeichnung der Katze war *naun* aus vorgesprochenem *mjaū*[1]). Mit 1 Jahr 8 Mon. zeigt man dem Kind das Bilderbuch und fragt: *Wie macht*

der Hund? Antwort: *băbŭ*

die Katze?   ,,   *miaū*

das Schaf?   ,,   *mä'* (mit Kehlkopfverschluss).

die Ziege?   ,,   *māh*

das Pferd?   ,,   *ng, ng,* (dabei hopst das Kind)

der Esel?   ,,   *aū* (Mit 1 Jahr 10 Mon. schon „*iā*"'

die Ente?   ,,   *a'-a'*[1])

die Kuh?   ,,   *mū*

der Vogel?   ,,   *pupupu* (mit hohem *u* weil man dem Kinde *pipī* vorgesgrochen hatte).

Mit diesen Wörtern bezeichnete das Kind auch die Tiere selbst. Eine Taube war für sie eine „*a'-a'*", also eine „Ente".

c. Körperteile.

augn „Augen"   ⎫ Beachte die Assimilation dieser begriff

ogn „Ohren"   ⎬ lich verwandten Wörter. Über indi

agn „Haare"   ⎭ viduelle Suffixe vgl. Cl. u. W. Stern S 91.

Agn „Haare" nennt sie beim Hunde (langhaariger Spitz!) nur die Haare des Kopfes, nicht die anderen auf dem Leibe. — Wenn ich sie frage: „*Wo ist mein Bart?*", greift sie darnach und sagt: „*Da!*" Dann greift sie an ihr Kinn und auch nach dem der Mutter. Auf die Frage: „*Wo hast Du Deinen Bart?*" nimmt sie sich beim Kinne.

pupu „Popo". Das Wort bedeutet aber auch „Popo waschen", „geschlagen werden", „fallen".

ba „Bart".

---

[1]) Mit dem Zirkumflex bezeichne ich die Nasalierung, mit ' den Kehlkopfverschlusslaut.

d. Kleidungsstücke.

jack „Jacke, Kleid“

huck „Hut“

batsi (dial. „*Batschn*“) „Schuhe“

geid „Kleid“

ma „Mantel“

am oder *hamham* „Handschuh“.

ábun oder *abún-abún* „Haube“. Ihr mit blauer Seide gefüttertes Spitzenhäubchen spielt in ihrem Seelenleben eine grosse Rolle. Manchmal spricht sie schon beim Erwachen von ihrer *Abún-Abún*.

tu-tu „Tuch“

hŭck oder *hŭck-hŭck* „Hut“

Wenn man sie fragt: „*Wo hast Du Deine Schuhe?*“ zeigt sie zuerst auf ihre Schuhe, dann auf meine, auf die meiner Frau, aber auch auf die Pfoten des Hundes.

e. Nahrungsmittel.

papŭ „Essen“, „gib mir zu essen“. Das Ammenwort „Papperl“ wurde von uns nie gebraucht, ist aber doch vielleicht einmal von der Magd gebraucht worden. Merkwürdig ist der Akzent des kindlichen Wortes, doch vgl. auch *abún-abún* „Haube“, *guná* „Fanny“.

gn-gn „Wasser“, „trinken“, „Gib mir zu trinken“. *gn-gn* ist aus „trinken“ entstanden. Mit anderer Betonung gebraucht das Kind diese Laute, wenn es etwas haben will. Dabei schlägt es mit beiden Händen auf den Bauch. Ein Versuch „*Margarete*“ zu sagen, war dieses *gn-gn*, das sehr früh auftrat, gewiss noch nicht.

ham-ham sagte das Kind zuerst, als der Hund spielend nach meiner Hand schnappte. Dann gebrauchte das Kind dieses Wort, um den Hund zu reizen. Endlich bedeutete es, „etwas in den Mund stecken“ und allgemein „essen“. Vgl. das *ham* von Taine's Tochter, Cl. u. W. Stern, S. 306, 322.

bot „Brot“

bukka „Butter“

f. Spielsachen.

ba, bang, banguna, mangan „Ball"

Balún „Ballon"

bil, bili „Bilder"

teine „Steine"

mani „eine Musiktrommel". Das Wort bedeutete eigentlich „Kaffeemühle", wurde aber auf das Spielzeug übertragen, weil dieses auch eine Kurbel hatte. *Mani* ist wohl „Mühle".

puppa „Puppe", auch *puppa-puppa*

buch, Mehrzahl *büch* (mit kurzem *u* und *ü*). *Buch* im Sinne von Bilderbuch war eins der ersten korrekt gesprochenen Wörter.

g. Andere Substantiva.

gn-gn auch *gi-gi* „Uhr"; später *u*.

o „Ofen"

ko „Korb"

jauch „Rauch".

ef „Heferl, Töpfchen"

gawi „Gabel"

bidla-budla „Sprudler" (Reduplikation und Vokalwechsel!)

lē-lē „Schlüssel"

kas „Kasten"

terna (gespr. *teana*) „Sterne"

meta „Thermometer"

jing „Ring"

beiss „Bleistift" und „Feder"

hau „Haus"; auch *hau-hau*

brum-bruma „Blumen", jeder Dessin (z. B. auf dem Tischtuch), dann „der Christbaum", „Eisblumen", „Tannenzapfen".

2. Adjektiva.

wat-wat man „ein schwarzer Mann".

3. Verba.

lagn „schlagen"

gebn (geṉ) „geben"

bitte „bitte"

nē-nē „nähen"

wass „waschen".

4. Adverbia u. ä.

au „auch"

no „noch".

II. Sätze.

mama tik wagn-decke gn-gn „Mama stickt eine Wagendecke für die Grete".

mann kol bach „Der Mann hat Kohlen gebracht".

mann hol wagn „Der Mann hat den Wagen geholt".

huk auf „Hut aufsetzen".

Nach einem Spaziergang sagt sie: „*papá, búwa, gn-gn, a'a'*" d. h. „ich war fort (und habe) Kinder, Pferde, Tauben (gesehen)".

Beim Einschlafen hält sie folgenden Monolog:

„*Anna buppā ge anna anna bau buwa buch* (jubelnd) *buwah buwah!! anna* (sie muss husten) *bau-bau* (sie weint) *mama* (weint wieder) *abún-abún! . . . brum-brum*". Es ziehen also die Bilder des Tages in der Erinnerung an ihr vorüber: „anna (?) Puppe, . . . ?, bauen, Kinder, Bilderbuch, Kinder-Kinder!! . . . ? Haube! . . Blumen."

Im 20. Monate nimmt Gretl eine Zuckerbüchse in die Hand und sagt *bucka-bucka*. Wir hatten ihr das Wort nie vorgesprochen, sie hat es selbst aus den Sätzen unserer Rede erkannt und losgelöst.

Am selben Abend erhielt sie einen Wagen zum Geschenk und sagt „Wagen" nach: *wagi-wagi*". Einige Tage später sagte sie „*wăgn-wăgn*" und auch *wăgn-wăgn*.

Am 12. 3. 98 zeige ich Grete auf einem Bild Schnee und benenne ihn. Das Kind sagt sofort *nē-nē*. Beim Speisen sagt sie ausser *tuch* auch *tiś* (mit nicht ganz reinem *sch*). Das Wort trat plötzlich auf, wir wussten noch nicht, dass das Kind das Wort kannte.

Gretl 1 Jahr 9 Mon. alt.

Gretl sprach bis jetzt noch kein Wort auf Verlangen nach. Wohl aber dann, wenn sie den Gegenstand oder ein

Bild von ihm sieht. Wenn man z. Beispiel von ihr verlangt, dass sie *Mama* sagt, läuft sie zur Mutter, schlägt sie mit der Hand und sagt *mama*. Und so in anderen Fällen. Kann sie die Sache, deren Name genannt wurde, nicht erreichen, so zeigt sie darauf und wiederholt das Wort. Man sieht also, dass sich das Wort nach dem blossen akustischen Eindruck nicht so leicht einstellt, als wenn Gesichts- und Tasteindrücke damit kombiniert werden.

Wiederum erschienen einige Wörter ganz plötzlich. Zu dem schon genannten *tiś* „Tisch" ist nachzutragen, dass es auch „Sessel" und „Schemel" bezeichnete.

biś „Bürste"
bi „Besen"
fuch „Fuss" — Die Vokale dieser Wörter waren ganz auffallend kurz (ebenso bei *tiś*).

papí-papǘ „Papier, Zeitung"

wa-wa „Seife" (aus „waschen" entstanden, also eine kindliche Neubildung, die in den Mitteln der späteren Sprache ausgedrückt „die Wasche" hiesse).

mān-mān „Waschfleck". Wieso?

o erhielt zur Bedeutung „Ofen" auch noch die von „Ofenkübel".

Ich zeige auf den S e s s e l und frage Gr.: „*Was ist das?* Sie läuft hin, schlägt mehrfach darauf und sagt „*tiś-tiś*" („Tisch"). *wuś-wuś* „Wurstel".

Am 2. 3. 98 sagt Gretl statt *bangana* „Ball" *bálli-bálli* und setzt dazu *galloli*; hier geht also das Kind entschieden über das überlieferte Sprachmaterial hinaus und betätigt sich selbst wie früher schon bei *bangana mangan*.

wagi-wagi wurde um diese Zeit auch das Modell eines Spinnrades genannt, das auf meinem Schreibtisch stand. Auch ein Fahrrad (Bicycle) wurde so bezeichnet und schliesslich ein R a d allein.

Am 11. 3. 98 merkte ich mir an: Gretl s p r i c h t vielfach vorgesprochene Wörter n a c h, z. B. sagt sie statt „Rida" *hija, hida*, statt „Rudolf" *wullu, wull*.

Neuerdings sagt sie auch *habn-habn*, wenn sie etwas haben will. Es ist entnommen aus unserem abwehrenden:

„Das kann man nicht haben!" was das Kind natürlich oft zu
hören bekommt, weil es seine Händchen nach allem begehr-
lich ausstreckt.

Gretl sagt öfter *púppā púppā*, wenn sie essen will, verspricht sich also, denn dieses Wort bedeutet „Puppe" während „essen" *papú* heisst.

Zu einem Gestell auf zwei Rädern mit zwei sich über-
schlagenden Hampelmännern sagt Gr. *belúm-belúm*. Auch
eine Winde, mit der bei einem Hausbau Bretter in die Höhe
gezogen wurden, wurde so genannt. Schliesslich auch eine
Trommel. Das Wort ist nicht aus der Verkehrssprache her-
zuleiten.

Am 14. 3. 98 steht Gr. beim Einkaufkorbe und sagt:
waiś da „Fleisch ist da", *apli da* „Äpfel sind da", es waren
aber Orangen, die sie vor kurzem noch *Bangana* „Ball" be-
nannte. Übrigens sind auch die Erdäpfel für sie *apli*.

Statt *balli* erscheint *ball*.

Um diese Zeit tritt ein Laut für die Bejahung auf, ein
zaghaftes Vibrieren der Stimmbänder. Einen bestimmten
Laut für die Vereinung hat das Kind noch nicht. Es treten
neu auf:

mi-mi „Milch"

ga „Glas"

kakao korrekt gesprochen.

Gretl sieht ein Glas Wein stehn und sagt: *„papa pappú"*
d. h. „Das ist Papas Getränke" oder „das wird Papa trinken."

Man sagt oft, es gibt kein Denken ohne Sprache.
Wenn man kleine Kinder beobachtet, möchte man das be-
streiten, denn sie scheinen Schlüsse zu ziehen, bevor sie
noch irgendwie sprechen können. Allerdings muss zuge-
standen werden, dass die akustischen Wortbilder (das innere
gehörte Wort) schon weit vor den motorischen, vor den
ersten Versuchen die Wörter selbst hervorzubringen, vorhanden sind.

Gr. nennt alle Damen, die öfter zu uns kommen, *anna-
anna*, wie ihre Tante heisst. Eine Unbekannte ist eine *wau-
wau* „Frau".

154

töck-töck „Stock“

ho-ho „Hose“

Gretl 1 Jahr 10 Monate alt.

Am 18. 3. 98 sagt Gr.: *wagn-wagn oh! näh! Eija eija mang eija .. aja ja biś .. augn .. eng* (jammernd:) *mama! ..* (sie schläft ein). Es ziehen also wieder die Eindrücke des Tages an der Seele vorüber, Wagen, Männer, Bürsten (die ihr sehr gefallen; sie streichelt sie gerne), Augen, (der Menschen, in die sie immer mit dem Zeigefinger hineinfahren will, wie in die Augen ihrer Puppen und Hanswurste[1]), Engel (die ihr offenbar wegen der Flügel Eindruck machen). Dann meldet sich die Müdigkeit mit ihrer Unlust, das Kind ruft — wie in aller Bedrängnis — die Mutter, schläft aber sofort ein.

Neue Wörter:

bē-bē „beten“

bī-bī „Besen“

pī-pī „Vogel“. Das Wort ist kaum vom vorhergehenden unterschieden.

na „Nadel“

gāwī bedeutet jetzt „Messer, Gabel, Schecre“

wŏ-le „Wolle, Seide, Zwirn“

bĭl-bĭl bedeutet „Bild, Bilder, Album“

găm-găm „Kamm“

tellǝ „Teller“

tännä „Sterne“. Das Wort war schon in korrekterer Form vorhanden.

tŏck bedeutet „Stock, Regenschirm“, ebenso bezeichnet sie aber auch meinen Degen und meinen Säbel.

úpeis „Zuspeise“

gĕgĕ „Grete, *ich*“

topi „Topf“.

Ich stehe in Wien in meiner Wohnung im 3. Stockwerk am Fenster und sehe hinaus. Auf der Strasse kommt Gretl mit der Mutter. Gr. sieht mich, hebt die Hände und ruft:

---

[1]) Scupins Söhnchen zeigte diese Leidenschaft schon im 8. Monate. Aao S. 27, 30. Wegen des Eindruckes einer Bürste, Scupin S. 37, 39 f.

„*papa hoppa-hoppa!*" Sie verlangt also, dass ich sie hinauf-
hebe. Raumvorstellungen scheinen noch sehr mangelhaft zu sein.

Das Dienstmädchen fragt Gretl: „Willst Du nicht zu mir
kommen?" Das Kind antwortet: „*nicht mir kommen!*" dh.
„Ich will nicht zu D i r kommen.

„*da schaut er auf dich*" dh.: „. . . *auf mich*"

„*bubi nicht schaut auf dich, mama schaut auf dich, papa
schaut auf dich*" dh. „Johannes sieht nicht auf m i c h, aber
Mama und Papa sehen auf m i c h."

Gretl sagt (wie früher schon)

habt für „hat" (eine echte Kindergrammatik-Form)

fanny, nehmen! Der Infinitiv noch für Imperativ.

Einige Sätze dieser Zeit (beachte die Reduplikationen.):

papa auch semmel hat (*hat* tritt auf).

fanni-fanni eine-eine semmel hat eine. Auftreten des un-
bestimmten Artikels.

fanni wuast hat „F. hat eine Wurst."

wuast heiss-heiss ist „Die Wurst ist heiss."

mama gege ball pil „Mama spiel mit mir Ball!"

mama gege gar nic pupu gebn! „Mama, gib mir nie
Pupu! (schlag mich nie)."

gege mama lieb habn „Ich hab Dich lieb".

gege topi aá mach, a mama gege hoppa nem dh. „Wenn
ich in den Topf hinein mache, dann wird mich die Mama
hoppa nehmen". D e r e r s t e N e b e n s a t z.

Gretl 2 Jahr 2 Monate alt.

da da will sitzen! zum erstenmal flektiertes *will* (11. 8. 98).

. . schaut auf dich „. . sieht auf m i c h".

das bissi hergeben „gib mir das ein bisserl (ein wenig)!"

gete (nicht mehr assimiliertes *gege*) *hat g'sehn wazen
Mann* „Ich habe einen schwarzen Mann gesehen." Das Per-
fektum tritt auf.

papa keine haube hat nicht.

gete habn löffel! „Ich will einen Löffel haben".

gete kann essen. „*Kann*" flektiert wie oben „*will*".

gete allein essen „Ich will allein essen".

munter-munter kann man gehen „Man kann hinuntergehen“.
„Man“ tritt auf.

diesen-diesen hut aufsetzen! (nicht mehr *huk*)

gete kann son allein! „Ich kann es schon allein!“ ein
später oft gebrauchter Satz, mit dem sie jegliche Hilfe ab-
lehnte.

gete sene armi hat „Ich habe schöne Arme“.

papa wieder von lauft „Papa läuft wieder davon“. Gretl
sagte das oft, weil ich bei verschiedenen Heimlichkeiten Reiss-
aus nahm. *von* „davon“ neuer Erwerb.

hund-hund gete fürchten „Der Hund fürchtet mich“. Sie
fuhr ihm nämlich immer mit dem Finger in die Augen.

hund wieder da kommt hund. Flektiertes „kommt“.

hund wieder papa gangen „. . ist . . fortgegangen“.

Meine Frau fragt: *Wo ist meine Maus?* Gretl: *da-da topfi
sitzt!* Das erste Erscheinen von *pf*. Noch immer keine
Präpositionen („auf dem Topf“ ist gemeint).

haisst? haisst? gocki! „Hörst Du? Hörst Du? Glocken!“

haisst-haisst, wie papa füsse geht? Ich ging mit krachenden
Stiefeln im Zimmer auf und ab.

mann-mann, wie jennt er! „Wie der Mann rennt!“

Gretl versprach sich einmal und nannte mich *Fanni*.
„*papa senen bāt habn, mama keinen bāt haben nicht*, „Papa hat
einen schönen Bart usw.“. Sonderbar, dass hier wieder der
Infinitiv eintritt, während das Kind früher schon *habt* und *hat*
gebraucht hatte.

papa nur gege hebn tut, „Nur (neuer Erwerb!) hebt mich
zu sich empor)“. Wieder *gege*, obwohl *gete* schon gebraucht
worden war.

gege auch das machen können! „kann“ war schon erworben.

papa ihr hut dort. „Ihr“ statt „sein“; „dort“ Neuerwerb.

Aus dem Hofe tönt Musik herauf. Ich gebe zuerst mit
dem Hute, dann mit der Hand allein den Takt dazu. Grete
sagt: *das nicht hut machen, das nicht hand tun* also für: „mit
dem Hut, mit der Hand“.

Das Wort „Chineser“ (Dial.) gab Gretl mit *kinderneser*
wieder, leistete also eine Kinderetymologie. Im Sommer

lernten wir in Vöslau einen Albanesen kennen, der Gretl wegen seiner malerischen Tracht und seiner Freundlichkeit gefiel. Sie nannte ihn *anderneser* mit einer neuen Kinderetymologie.

Ich zu Gretl: „Da sieh, was der Fritz tut!“ Gretl: *abrissen tut!* Ausgleichung des Ablauts. Gemeint ist, er reisst Blätter ab.

Gretl 2 Jahr 3 Monate alt.

papa dirm ball pilln „Papa spiel mit mir Ball!“ *dirm* = „mit Dir“. Also die erste Spur einer Praeposition[1]), (21. 8. 98.)

mama noch hat laft „hat geschlafen“. Schwaches Partizipium statt starkem.

bei der Mama will sitzen. Die erste korrekte Praeposition. (22. 8. 98)

der so nell lauft er „der läuft so schnell“.

ein bieftägə ist „Dort ist ein Briefträger.“

göss „gross“

kain „klein“

gaxln „kraxln, klettern“

wai „zwei“

watz „schwarz“ (früher *wat*)

nēdi „Knödel, Kloss“.

Gretl hatte eine ganz kurze Periode, in der sie geradezu abscheulich sprach. Ich bemerke, dass der Grund in unserer häuslichen Umgebung nicht zu suchen ist. Vielleicht wirkten Klänge von der Strasse mit.

mŏk nicht „mag nicht“

auer awer „aber“ (zuerst in dieser Zeit aufgetreten).

kiäəl „Kerl“

khiäət „ghert, gehört“ auch „verkehrt“

fiäətig „fertig“

diäər Hiäər „der Herr“

Neuerwerbungen:

fasse „Flasche“

---

[1]) Cl. und W. Stern Index „Praepositionen“.

daheim „dableiben"

bätta „Blätter"

witzen „schwitzen"

tinken „stinken"

wicken „zwicken"

pingen „spingen"

tickerei „Stickerei"

titzi „Stritzi"

gas „Glas"

bume „Blume"

nopf „Knopf"

Von anlautender Doppelkonsonanz wird noch immer nur ein Laut wiedergegeben.

Gretl nennt sich jetzt *gege, gette* und *mangette* (Margarete). Verschiedene Wörter ihres früheren Sprachschatzes sind verschwunden, aber den Waschfleck nennt sie noch immer *man*.

Wenn Gretl jetzt ein Wort ziemlich richtig sagt, fügt sie oft hinzu: *gette kann schon sagen.* Sie war sich also wohl früher dessen bewusst, dass ihre Wörter anders klangen als unsere, konnte es aber nicht besser machen. So z. B. sagte sie früher *muk.* Als man sie jetzt aufmerksam machte, dass es so nicht heisst, antwortet sie selbstgefällig: *gette kann schon sagen „musik".* Das Wort kam ohne weiteres, ohne weitere Zwischenstadien, plötzlich vollkommen richtig zum Vorschein.

firn „frisieren"

kolát „Schokolade"

méta „Thermometer"

Das *r* ersetzt Gretl im Anlaute durch *j*:

jida „Rida"

jupi „Rudolf"

betta abjaissen „Blätter abreissen".

Im Inlaut verschwindet es meist ganz:

watz „schwarz"

Von einem geschliffenen Steine, von einem Lamm aus Porzellan, vom Porzellangesicht einer Puppe sagt Gretl, sie seien *nass.* Sie meint „kalt".

fussil „Fusserln"

sucherl „Schucherl"

tumpfil „Strumpferl"

Hier wird also unser dialektisches Suffix-*rl* teils richtig, teils falsch wiedergegeben.

fanni näher hergehn! Richtiger Komparativ.

Gretl wirft mir einen Kuss zu. Ich tu so, als ob ich ihn in der Luft auffinge und wegwürfe. Sie begreift den Spass und sagt:

papa ein bussi wegworft „. . hat weggeworfen".

gette seht nicht „. . sieht . ."

der mann hat gette geld geben. Zum erstenmal der Artikel. Das *ge-* des Partizipiums war bis jetzt nicht zu beobachten.

mama dirm takt geben „Mama gib mit mir (*Dirm* = mit Dir s. o.) Takt!"

amgift „angegriffen". Schwache Flexion.

austunkt „ausgetrunken".

hineinpunkt „hineingesprungen" (29. 8. 98).

gette will diär löffel haben. Zum 2. Male hörte ich den Artikel, aber *der* für *den.*

Am 1. 9. 98 antwortete Gretl zum ersten Male mit *Ja!* Ganz kurze Zeit vorher war *Nein!* aufgetreten[1]. Gleichzeitig mit *Ja,* am selben Tage, wurde *mir* zuerst gebraucht[2], denn bis jetzt sagte sie immer *gete* oder *dir.* Das Kind war in der letzten Zeit sehr gesund und war an diesem Tage schon morgens beim Erwachen wie verändert. Es kreischte voll Übermut in Tönen, die wir noch nicht bei ihm gehört hatten, und hatte einen besonders klugen Gesichtsausdruck.

Wir sahen wieder, dass die Entwicklung nicht gleichmässig vor sich geht, wenigstens nicht zum Ausdruck kommt, sondern sprungweise[3]. Was sich lange vorbereitet hat, wird fast plötzlich ausgelöst.

da anlagt hat gete „Da habe ich mich angeschlagen."

---

[1] Cl. und W. Stern S. 39,56

[2] Aao. S. 54.

[3] Aao. S. 130.

der mann seht gege da „Ich sehe den Mann da". Wieder Nominativ des Artikels für Akkusativ (29. 9. 98).

Kameefühle für „Kaffeemühle". Versprechen, Vertauschung (5. 9. 98). Am folgenden Tage *dockenpupper* für „Puppendoktor".

Auffallend sind die Adjektiva *garste* und *mutze* für „garstige" „schmutzige", vielleicht nach s c h w a r z e gebildet z. B. in der Verbindung *wartze mutze Hand* oder *wartze garste Hand* (die *r* kaum feststellbar).

fola „Flora".

bule „Bluse" (12. 9. 98).

Beim Auf- und Niedergehen eines Aufzuges mit Kübeln (zur Hinaufbeförderung des Kalks) bei einem Hausbau sagt Gretl:

waimpapn waimpapn. Ganz unerklärlich[1]).

da Augi was neimpunkt is, ein garster mist wirds wesen sein „Mir ist da etwas ins Auge hineingesprungen; ein garstiger Mist wirds gewesen sein." Die Ausdrucksweise „wird's gewesen sein" ist in diesem frühen Alter sehr auffallend. Der unbestimmte Artikel tritt hier zum zweiten Male auf.

Man fragt: „Wo ist der Papa?" Gretl: *geti gaubs nicht!* d. h. „ich glaube es nicht", gemeint ist aber „ich w e i s s es nicht"[2]).

---

[1]) Ich muss hier eine allgemeine Bemerkung machen. Jetzt beim Durchlesen komme ich — wie wohl auch der Leser — auf den Gedanken, dass das Kind etwa „Weinfass" gemeint haben könnte. Ich kann aber mit gutem Gewissen versichern, dass diese naheliegende — oder eine andere derartige — Erklärung, wenn sie richtig wäre, meiner Frau und mir, die wir doch das Um und Auf unseres Daseins in den damaligen Grenzen gut genug kannten, nicht hätte entgehen können. Gegen „Weinfass" spricht auch, dass das Kind „-fass" nicht durch „-papn" wieder gegeben hätte.

Aber eine eigene Schöpfung war das Wort gewiss nicht. Vielleicht hat das Kind von irgendwem, von der Magd oder auf der Strasse etwas gehört, was hier zum Vorschein kommt. Ob ein sehr flüchtiges Hören schon einen genügenden Eindruck hinterlassen kann, vermag heut noch niemand zu sagen, denn wir haben noch keine Mittel festzustellen, wie oft ein Wort gehört werden muss, um Hirnbesitz zu werden, oder ob etwa schon ein einmaliges Hören genügt.

[2]) Über das Auftreten solcher Abstrakta Cl. und W. S t e r n S. 65, S. 107.

papa das sen jibt hat „Papa hat das schön geschrieben". *jibt* schwach flektiert.

mach „Mantel"
mitze „Mütze"
tick „Strick"
sirze „Schürze"

Gretl 2 Jahr 4 Monate alt.

Die puppe kann wirkerwahr tehn „Die Puppe kann wirklich stehen". *wirkerwahr* ist aus unserm „wirklich wahr!" entnommen und hier nicht ganz korrekt verwendet. Der weibliche bestimmte Artikel zum erstenmal.

Die ur kann auwa sen singen „Die Uhr kann aber schön singen", sagte das Kind vom Läuten eines Weckers.

Zur Puppe sagt Gretl: *Komm mein mausi, gehn wir jetzt zur senen mama. Komm ich zeig dir sene sachen im korbi.* Eine Fülle von Neuerwerbungen: *wir, zur, im!*

Am 5. 10. 98 sagt Gretl zuerst *fich der Mama* „für die Mama", *fich den putzi* „für den Putzi" (Hundename).

Am 11. 10. 98: *was die mama hat! Seint* (es scheint) *wetschen* (Zwetschken) *hat sie bacht* (gebracht). Dann erkennt sie, dass es Weintrauben sind. *Ah, nicht wetschen, kugi* (eig. „Kugeln") *hat sie. Geti will haben!* „Scheint" ist hier also ganz richtig verwendet.

Gretl 2 Jahr 8 Monate alt.
Januar 1899.

släfen „schlafen" Doppelkonsonanz im Anlaut!
für für früheres *fich*
snell für früheres *nell*
mantel.
Aber noch immer anlautend *j* für *r*.

Gretl 3 Jahr 2 Monate alt.

Das sind kro . . klosterfrauen. Versprechen, Antizipation. S. V. und V. S. 28 (18. 7. 99).

sie magen mich nicht. Versprechen, Ausgleichung des Ablauts (V. und V. S. 166).

der wind windet da herein. Windcn für *wehen,* wobei Nachklang von *Wind* mitgewirkt haben kann. Kindliche Neubildung.

der mann hat zwei üffe für „. . . Affen". Falscher Plural (V. und V. S. 166 ff.)

Gretl 3 Jahr 3 Monate alt.

(19. 8. 98) Gretl spricht schon fast korrekt[1]). Aber gewisse Dinge lassen sich ihr nicht beibringen. Sie flektiert *du gĕbst, er gĕbt* usw., ebenso *du nĕmmst, er nĕmmt* usw. Jeden Versuch, ihr die richtigen Formen aufzudrängen, lehnt sie ab. Sie hat offenbar das Gefühl, dass zu „nehmen" nur *nĕmmst* usw. gehören kann.

Die Reflexiva bildet sie nur mit *sich: Ich setz sich, wir setzen sich.* Solche Dinge hat sie nicht gehört, denn niemand in unserem Kreise spricht so. Auch gegen die Abstellung dieses Fehlers wehrt sie sich.

Bei ihrer Lautgebung ist am auffallendsten, dass sie fast jedes *e* sehr offen spricht — in grossem Gegensatz zu ihrer ganzen Umgebung.

Dabei merkt sie aber sehr gut, wenn andere anders sprechen als wir. So sagt sie z. B. einmal:

du Mama, der herr sagt „ich hob"[2]). Als ein Herr „Flesch" für „Fleisch" sagte, bemerkte sie es sofort und bespöttelte es.

Von Resten früheren Sprechens ist geblieben *Wätschen* „Zwetschken", *lampsam* „langsam", *Äffe* „Affen". Statt „probieren" sagt sie *poiren proiren prowiren.*

Statt „Wespe" sagte sie am 21. 8. 99 *wepse wefspe wefste.* Am nächsten Tage gelang das Richtige nach einigen missglückten Versuchen.

Gretl 3 Jahr 9 Monate.

lampsam, gĕb, nĕm, gĕbst, nĕmmst, gĕbt, nĕmmt sind noch immer häufiger als die richtigen Formen.

---

[1]) Auch Cl. und W. Stern S. 71 konstatieren, dass bei ihrem Günther mit 3 Jahr 2 Monaten die Sprachentwicklung in den Hauptsachen abgeschlossen war

[2]) Wir sprechen in „ich hab'" zwar kein helles *a,* aber auch kein o.

ich wart bis du geschreiben hast.

Frage: „Was haben wir sonst getan?“ Grete: . . . *und auch gereden.*

die einere heisst mila, die einere mizi. Im selben Sinne gebraucht sie *die andere — die andere.*

Für dialektische Lautunterschiede hat sie ein sehr feines Ohr. Sie spottet drüber, wie die Steirer *die kneipf* (Knöpfe) sagen.

Gelegentlich frage ich: „Gretl, wer ist grösser, Du oder die Mama?“ Grete: *die mama!* Ich (langsam): „Gretl, wer ist grösser, Du oder das Bubi?“ Gretl: *die mama.* Dieser Versuch wird noch zweimal mit demselben Resultate wiederholt.

Dann stelle ich nochmals, aber allein, die letzte Frage. Grete: *das Bubi ist auch klein, und die mama ist grösser.*

Dann frage ich wieder dieselbe Frage, wer grösser sei, sie oder das Bubi. Grete: *die mama!*

Diese Antworten erinnern stark an die Ergebnisse von Versuchen mit pathologischen Individuen.

Gretl wird aufmerksam gemacht, dass man sagt, ich gehe nach Hause, nicht zu Hause. Grete: *du sagst nach hause; nach hause sagst ja auch ich.* Nachklang.

Ich frage: „Bin ich langsam oder schnell gegangen?“ Grete: *schnell bin ich* (für bist du) *gegangen!* Nachklang.

rotköpfchen sagt Gretl konstant, obwohl sie weiss, dass die Bezeichnung von der Kappe genommen ist. Sie nennt auch Kinder mit roten Hauben so.

geschlafen und geessen; gekriecht.

unser bubi ist kein gassenbub, das ist ein zimmerbub!

Gretl 4 jährig. *Die waggöne.*

das ist das noch schönstere Kleid.

warum muss man immer den lieben Gott bitten, er soll uns beschützen, das weiss er doch ohnehin, dazu ist er ja der liebe Gott!

Gretl 4 Jahr 9 Monate. Sie erinnert sich noch aus der Zeit, als sie 1 Jahr 8 Monate alt war, dass in Vöslau ein Herr namens Krebs immer mit zwei Hunden spazieren ging, auch dass man von unserer Wohnung in Wien in einen Garten sah, wo sich eine Katze aufhielt.

Gretl 4 Jahr 10 Monate. *ich spiele so, als wollte ich ein hund sein „als wäre . . ."*

ich habe ihm antgewortet . . (24. 4. 1901).

Gretl 5 Jahr 2 Monate. *es sieht so aus, als wollte es ein fuss sein „als wäre es . ."*

mir kommt vor, als wollt ich das noch sehen, was ich einmal gebaut habe „als sähe . ."

beinahe als wollt ich fliegen bin ich gerannt „. . als ob ich flöge . ."

7 Jahr 3 Monate. *gestriffen* für „gestreift" u. a.

2. Johannes M.

Geboren 19. Januar 1899 als besonders kräftiges Kind.

Als er nahezu 1 Jahr alt war, begann er sich aufzurichten und im 15. Monat (8. 4. 1900) lief er frei. Der Knabe war also vollkommen normal, entwickelte aber seine Sprache später als seine ältere Schwester.

Mit 7 Monaten hörten wir von ihm *babababa*

Johannes 1 Jahr 3 Monate alt.

ba „Ball"

bu „Blumen, Bäume"

huhu „Hund"

Johannes 1 Jahr 7 Monate alt.

ham „Semmel". Also hier wieder das Wort, das wir schon bei Gretl, zuerst als Nachahmung des Schnappens des Hundes, dann als Bezeichnung des Essens überhaupt, kennen gelernt haben. Aber beim Buben trat es ohne besondere begleitende Umstände auf. Sein *ham* dürfte wohl eine Kombination des nachahmenden Naturlauts *ham* und des Wortbildes „Semmel" sein.

buda „Brot"

weinn „Fleisch"

wa „Wasser"

tita „Uhr"

has „Hase"

hat „Pferd" (aus *hot-hot*)

miaum „Katze"

mä „Lamm"

Johannes 1 Jahr 9 Monate alt.

hoppajómm! wenn er genommen werden will (wahrscheinlich aus *hoppa nehmen*!)

buda jetzt auch „Butter"

gaga „Gretl"

uh „Schuh" und „zudecken"

wann „Frau", „Fleisch" und ein bestimmtes Buch

ku „Kuchen"

aʻaʻ mit doppeltem Kehlkopfverschluss „Enten"

wakkaka „Soldat". Hier betätigt sich seine eigene Sprache
über das Gehörte hinaus. Er hat die Soldaten mit Trommel-
und Trompetenklang vorbeimarschierend kennen gelernt und
nennt eine Trompete *wrakaka*, was wohl mit dem Wort für
Soldat zusammenhängt. Bald darauf nannte er auch einen
in mehreren Farben des seidenen Gewandes prangenden
Wurstel *wrakaka*.

ŋda „Giesskanne"

Johannes 2 Jahre alt.

1. Substantiva

a. Personen.

papa

mama

bub „Bub"

mäde „Mädi"

jojo „Nikolo"

jeke „Grete" vereinzelt; gewöhnlich

gege „Grete" (aber auch noch *gaga*); er nennt sie auch
weiwe „Weibi"

jida „Rida"

Han „Hans"

b. Tiere.

hada „Hase"

wuarma „Waldmann"

wein „Schwein"

miam „Katze" (früher *miaum*)

tititin „Hühner"

bä „Bär"

ja „Esel" (i-ah!)

mepepem „Schmetterling"

kikije „Kikeriki"

henne „Henne"

wowo „Löwe"

wanna „Elefant"

oke „Ochse"

pipi „Vogel"

c. Körperteile.

ann „Augen"

.*mum* „Mund"

baum „Bauch"

hu „Füsse" und „Schuhe"

d. Kleidungsstücke.

hut „Hut", „Mütze"

wrok, ruok (aus „Rock"), „Kleid" „Schürze" u. a.

mo „Knopf"

e. Nahrungsmittel.

huk „Zucker", „Bäckerei", „Mehlspeise", wenn der darauf-
gestreute Zucker sichtbar ist.

f. Spielsachen.

bu „Buch"

uda „Peitsche" auch „Rute"

go „Stock"

giglang „Rad", „Dreirad". Welches Wort er hier selb-
ständig weiter entwickelt, wurde nicht klar (Klingkling?)

wān „Wagen"

ŋa zweisilbig, früher *ŋda* „Giesskanne"

g. Sonstige Gegenstände.

pamma „Bleistift". Man kann zweifeln, ob nicht ein anderes
Wort zugrundeliegt.

bw-bw „Papier"

ye „Deckel"

wuo „Löffel"

tiś „Tisch"

joto „Lotto", ein Spiel

mup „Schmutz"

gun „Kugeln" und „Kreuzer"

jade „Lade"

hewi „Heferl"

ging-ganga „die elektrische Bahn"; wohl aus „Klingkling"

nui „Schnur"

wampe, später *ljampe* „Lampe"

nē „Schnee"

2. Zeitwörter.

an „anschauen"

huch „zudecken" (früher *uh*)

heija „liegen, schlafen"

tēn „stehen"

ging „läuten" (aus „macht kling-kling")

heng „aufhängen, umhängen"

3. 4. Interjektionen u. a.

wa-wa! „weh-weh"

jenn! „Ich will es allein machen". Wohl aus *allein* entstanden. Derselbe Wunsch kam auch bei Gretl ganz leidenschaftlich zum Vorschein. Im selben Sinne gebraucht er auch *dudu!*

du! Im Sinne von „Ich!" Er gebraucht es auch, wenn er sagen will: „Ich will es haben, gib mir es!"

ann! wenn er aus seinem hohen Stuhl herausgenommen werden will.

unn! wenn er vom Pferd herunter will.

danke!

5. Adjektiva.

tot „tot".

6. Zahlwörter.

at ui „acht Uhr"

7. Satzbildung.

Johannes zeigt auf die elektrische Klingel über dem Speisetische und sagt: *da mama ling — kakaun omm, wa omm, wann omm, upa omm* dh. „Da klingelt die Mama, der Kakao kommt, das Wasser kommt, das Fleisch kommt, die Suppe kommt". Wohl schon eine Art Nebensatz: „wenn da die Mama klingelt . . .".

Gretl gibt an, sie spielt „dass ein Regen kommt, sie muss in einen Wagen einsteigen, Soldaten kommen und schiessen." In grosser Aufregung erzählt das Johannes der Mutter: *jegen omm, wagen omm, gaga wagn, wrakaka omm, bum-bum!!*

wa ninn „Da ist Wasser drinnen!"

bitte wa! „bitte um Wasser!"; *bitte wann!* „bitte um Fleisch!"

Johannes war im ganzen sehr sprechfaul. Nur wenn ihm etwas besonderen Eindruck machte, wiederholte er es. Dann sah man, um wie viel weiter er war, als er zeigte. Als ich ihm einmal mit recht flehentlichem Tone und der entsprechenden Geste: „*Bitte, bitte, bitte!*" vorsagte, wiederholte er die Wörter zu meinem Erstaunen ganz tadellos und behielt sie dann bei. Ein anderes Mal erzähle ich meiner Frau ein altes Berliner Erlebnis, indem ich auf der Strasse dazukam, wie einer einem kleinen aber masslos kecken Kerl eine „Watsche" gab. Johannes hatte sehr aufmerksam zugehört und zugesehen und sagte heiter: *papa watz!* dh. „Papa spricht von einer Watsche". Das Wort war ihm ganz neu.

Als er 1 Jahr 7 Mon. alt war, machten wir einen Ausflug in die Umgebung von Graz. Wir sahen eine kleine Ziege, die Gretl und ihm sehr gefiel. Aber Johannes wiederholte das Wort nicht. Da kam das Tier ganz nahe zu ihm, der sich zur Mutter geflüchtet hatte, und berührte ihn. In seiner grossen Angst stiess er hervor: *ige-ige!* sprach also jetzt das Wort nach.

Johannes 2 Jahr 1 Monat alt.

mund (27. 2. 01)

bium „Strumpf".

hode „Hose"

ho „so"

chi „Marie"

wiss „Würfel"

buwe „Bubi"! so nennt er sich selbst öfter.

bu „Bürste" und „Pinsel"

hudu „hutschen, schaukeln"

ame „Amsel"

hin „Ring".

Am 1. 3. 01 nimmt er das Liederbuch und singt daraus eine selbstgemachte Melodie mit ganz unverständlichen Worten.

oar „Ohr"

mein hu „meine Schuhe". Das Pronomen possessivum zum 1. Male.

jois „Loisl, Alois"

jitt-hu „Schlittschuh"

wetsch „Zwetschken"

Im November bekamen wir in einem Leinwandsack Zwetschken aus Bosnien. Als am 2. 3. 01 ein ähnliches Postpaket gebracht wurde, jubelte Johannes: *da wetsch nin!* „Da sind Zwetschken drin!"

Am Weihnachtstag 00 war J. auf einen kleinen Nudelwalker getreten, gefallen und hatte sich sehr weh getan. Er wurde sofort zum Arzt gebracht. Davon erzählte er oft: „*da wuja weh-weh*" „Da hat mir der Nudelwalker weh getan". Als im März 01 die Mutter über Schmerzen klagt, sagt er sofort: *mama az gehn* „Mama soll zum Arzt gehn".

mu „Muff".

jenn (vgl. oben) sagt er nur mehr selten. Jetzt *du-du* das schon früher begonnen hatte.

gigar „Zigarre" (7. 3. 01)

man komm pack „Ein Mann kommt mit einem Paket"

epia aputz „den Divan abputzen" (13. 3. 01)

Es läutet. Johannes nimmt die Mutter bei der Hand und sagt: *gēn wau alten, alten wau gēn* „gehn wir zur alten Frau." Es war die Zeit, zu der die alte Gemüsefrau zu kommen pflegte.

tete „Universität"

awo! „Ich will vom Topfe aufstehn!"

Er zeigt auf dem Bilde einer Kuh auf die Euter und sagt: *du kakao.*

Johannes 2 Jahre 2 Monate alt.

Gegen Ende März macht er grosse Fortschritte und spricht fast alles nach. Er bittet um alles und sagt auch gerne *danke, danke, mama.*

äch „auch" sagt er jetzt oft im Sinne: ich will es auch sehen, haben usw. Im April sagt er schon: *Das haben wollen.*

julŏ (Rouleaux) *aufziehn* nennt er das Aufmachen des Gitters seines Bettes.

awo bedeutet auch „aus dem Bett gehen".

Sich selbst nennt er noch immer *Du* oder *Buwe.*

nunter haun „hinunterschaun".

mahĭ „Marie".

hĭb habn „lieb haben"

hort gēn „fort gehn"

Die Mutter sagt: „Wir gehn in den Stadtpark". Da wird Johannes sehr aufgeregt: *nein! hin-aus, hintein, jois dort, handhaufn piln, berg bum huch* „Nein, gehn wir hinaus zum Hilmteich, der Loisl ist dort, Sandhaufen spielen, am Berg Blumen suchen". Das war nämlich am Tag vorher so gewesen.

nödn „Knödl" und „Nockerln".

gisbĭf „Biskuit"

papa sein himma „dem Papa sein Zimmer (Dial.)". *sein* hier zum 1. Male.

awotanden! (aufgestanden!) ruft er, wenn er vom Topfe aufstehn will.

jampe „Lampe"

jaufen „laufen"

äfer „Käfer"

atze „Katze". Im Inlaut spricht er aber *k* vgl.

mūkū „Muh-Kuh".

hemba! „Selber" war ein neues Wort für sein stetes Verlangen, alles selbst zu tun.

badgack „Stadtpark“

timpfe „Strümpfe“

appi „Kappe, Mütze“

jafn „schlafen“

Die Bedeutung der Namen, über die ich J. F. XVI. S. 164 ff einige Bemerkungen gemacht habe, ist auch bei den Kindern sehr gross. Johannes wollte kein Schweinefleisch essen, aber Hühnerfleisch behagte ihm sehr. Da verfielen wir auf ein Auskunftsmittel. Wir nannten das Schweinefleisch *schweindipipi* (Schweinehuhn) — und Johannes ass. — Auch die Gemüse waren ihm nur aufzuzwingen, wenn man sie ihm als Abarten von *mitmat* „Spinat“ erklärte[1]).

Johannes 2 Jahr 5 Monate alt (Ende Juli 1901).

mitmat „Spinat“, „Zuspeise“

waiss (früher *Wann*) „Fleisch“.

wo „Löffel“

halz „Salz“

gaga „Gretl“. Meine Frau hat auch *gege* und *gete* gehört.

jesi „Resi“

messa „Messer“

dab „Gabel“

tea „Teller“

herwette „Serviette“

henkn „Henkel“ (Nachgesprochen).

hand, finger, hut, rock, hose gut nachgesprochen.

bāt „Bart“

oa „Ohr“

nase, aug, mundi

hadn̥ oder *han̥* „Haare“

gaid „Kleid“

gigarr „Zigarre“

birse „Bürste“

---

[1]) Kluge Leute behandeln auch die grossen Kinder so, wie Fritz Mautner Die Sprache S. 107 richtig bemerkt hat. Sie nennen ein Kaffeesurrogat „Malzkaffee“, und es gelingt ihnen dadurch „unzählige wortabergläubische Menschen zu verführen, den künstlichen Ersatz für die Sache zu nehmen, die ihnen früher gut geschmeckt hat.“

gas „Glas"

wein

wasse „Flasche"

hu „Schuh"

haitoch „Zeitung"

uhr

erze „Kerze"

heda „Feder"

gocke „Glocke"

„Radiergummi" spricht er nach als *dīrbummi*

„Stiefelzieher" spricht er nach als *tīfenhīr*

weiss, jot

Johannes 2 Jahr 6 und 7 Mon. alt.

Die Tantannen „die Kastanien" (12. 8. 01). Zum 1. Male
der Artikel.

bagack (früher *badgack*) „Stadtpark"

o neim! „o Nein". Beachte den labialen Verschlusslaut!

bumem „Buben" (aber *waun, herrn*) 26. 8. 01.

wei gotten „Zwei Götter" nannte Johannes zwei Stand-
bilder vor einer Kirche.

irche „Kirche" ⎫
arte „Karte" ⎬ noch immer kein anlautendes *k*
 ⎭

wefpen „Wespen" (August 01)

wai hīgenbocken „Zwei Ziegenböcke"

Am 24. Aug. sagte J. zum 1. Male ein anlautendes *s*.

nein, du bei dir jäfen daussen „Nein, ich will bei Dir
draussen schlafen" (25. 8. 01).

das da tajēs seinen tūl „Das ist der Therese ihr Stuhl".

du das ässen ich! „Ich will das essen!" Johannes sagt
zum 1. Male *ich* aber noch neben *du* (30. 8. 01).

da hucka ninnen, ich so ver-ommen, das so süss is „Da
ist Zucker drinnen, mir kommt so vor, das ist so süss."

Am 30. 8. 01 spricht Johannes auf Verlangen tadellose
anlautende *s*. Trotzdem sagt er für gewöhnlich noch *h*.

Am 31. 8. sagt J. *häne*. Ich sage: „Du kannst ja schon
Zähne sagen". J. wiederholt es tadellos. Es war sein erstes *Z-*.

Johannes ist mit der 3 monatlichen Martha allein im Zimmer. Die Mutter kommt herein, er berichtet: *mädi jain, ich sagen: mädi juhig sain!* — *mädi juhig* „das Mädi hat geschrien. Ich sagte: Mädi, ruhig sein! Das Mädi war ruhig." Das war Bubi's erste Erzählung.

Ich biete J. „Bärenzucker" an. Er will ihn nicht. Ich gehe hinaus. Er sagt zur Mutter; *papa huck; nein, brr!* (er spuckt aus) „Papa hat mir Zucker angeboten, ich mag ihn nicht, ich spuck ihn aus".

Johannes 2 Jahr 8—11 Monate alt.

die mama mir die schū anziehen „Die Mama hat . . . angezogen" (24. 9. 01). Der Artikel richtig. Zum 1. Male war mir am 17. 9. 01 aufgetreten.

das hiff henbar wimmem „Das Schiff schwimmt selber". (21. 9. 01).

der baum mir ören „Der Baum gehört mir" (29. 10. 01).

Johannes hat noch keine flektierten Formen. Doch sagte er schon einmal *da hast!* also mehr als Interjektion. Sonst erscheinen Infinitive, die aber manchmal an die Partizipien Perfekti assimiliert werden. *wimthiaje mir heute geich bachen!* „Schwimmtiere mir heute gleich bringen!"

wöbe „Löwe", *baibift* „Bleistift", die schon länger in derselben Form vorhanden waren.

mani „Marie"

himme tuntannen „viele Kastanien".

nein, die suppe ich nie essen! nie „nicht".

gad wüa fiś deesst „Grad früher habe ich einen Fisch gegessen".

Das *sch* spricht Joh. am Ende des 2ten Jahres noch immer *s* und *ś* aus: *sauen* „schauen" *tiś* „Tisch", *sissgewehr* „Schiessgewehr".

Das *l* machte ihm lange Zeit im Inlaut Schwierigkeit. Er sagte *binder* „Bilder", *fend* „Feld", *nenner* „schneller". Ferner *poista* „Polster", *saiz* „Salz". Aber *tūl* und *tull* für „Stuhl". Im Doppelanlaut fällt es weg: *wiegn* „fliegen", *gocke* „Glocke".

Die Partizipien werden fast alle stark flektiert.

ich das gut demachen „Ich habe das gut gemacht"

ich mich andelagen aber nicht deweinen „Ich habe mich angeschlagen aber nicht geweint.

du mir Fusssoldaten debachen? „Hast Du mir Fusssoldaten gebracht!"

ich das nicht detun! „Ich habe das nicht getan".

ich auch das desagen. „Ich habe das auch gesagt".

. . die decke depacken .,. hat die Decke gepackt, angefasst".

Die Konsonantengruppen des Anlauts werden noch immer vereinfacht: *wau* „Frau", *restine* „Christine", *yocke* „Glocke", *nalle* „Schnalle", *zündtein* „Zündstein", (*z* aber korrekt) *nabe* „Knabe", *wälen* „quälen", *waingas* „Weinglas".

J o h a n n e s   3   J a h r e   a l t.

denommen, degeben, demissen „geschmissen" (3. 2. 02)

Was reden die siffe? fragt Johannes, meint aber *die fisse* „die Fische". Er macht also die oben mehrfach nachgewiesenen Sprechfehler. Er besass nämlich Fische, eine Gans, ein Schiff, alles aus Blech und hohl, so dass es schwimmen konnte.

. . goss gross . . Zum 1. Male korrigiert er ohne Aufforderung einen nur teilweise gesprochenen anlautenden Doppelkonsonanten.

ich auch önnen nien „Ich kann (*önnen* „können") auch knien".

wo is die bilder? statt „. . sind . ."

ich kann das nicht sagen. Also schon ganz korrekte Sätze.

ich hab das desagen „.gesagt".

(Die Soldaten) *sind alle tot defallen . dieser teht ganz allein auf; geich (gleich) die umfallen werden . jetzt sind sie tot.*

Johannes sagt 5. 2. 02 *. . Kugel und sussgewehr . .* verspricht sich also (Nachklang), korrigiert aber sofort *sissgewehr;* zu meinem fröhlichen Erstaunen setzt er hinzu *reib* (schreib) *auf papa! hast du Kugel und sissgewehr dereiben* (geschrieben)? Ich lese das Niedergeschriebene meiner Frau vor. Sie fragt: „Hat er *dereiben* gesagt?" *nein,* schreit Johannes, *derieben!* Er irrt sich aber, ich hatte gewiss recht gehört. — Beachte, dass er in *Sissgewehr* das *ge* ganz richtig spricht, während er *dereiben, derieben, dekraxn* (gekraxelt), *dehören* (gehört) sagt. Er hat das Wort „Schiessgewehre" viel später gelernt, als er schon *ge* sagen konnte. Das Wort fiel also nicht mehr dieser Lautveränderung zum Opfer. Dass er im Partizip noch immer *de* sagt, ist nur Gewohnheit.

Am selben Abend sagte Johannes zum 1. Male schwach *andesaut* „angeschaut".

hast du was debingen „gebracht"? *ich hab die tür zudepérn* „zugesperrt" (6. 2. 02).

was das Krüstkind debingen hat . . Aus *ri* machte Johannes *rü*. Er sagt heute noch oft *früsch* „frisch".

Am 9. 2. 02 sagt er *ich sehen?* gebraucht also den Infinitiv, aber flektiert sonst z. B. *pass auf Mama! — was hast du?*

Die gräthen korrekt. Er hat das Wort erst in der letzten Zeit gelernt.

ich bin nicht zugedecken. Zum 1. Male richtig *ge-* (9. 2. 02).

umgrehn „umdrehn". Zum 1. Male bemerken wir Bubis Lautgesetz *dr : gr*[1]).

so schön detehn und nicht andehalten „so schön gestanden und nicht angehalten."

Aber ich hab son mein bot gegessen. Man sieht *s* und *sch*, *de* und *ge* sind noch nebeneinander im Gebrauch.

degeben „gegeben".

Johannes 3 Jahr 1—3 Monate alt.
der fiś dadinnen hat dewimmen „ist geschwommen (12. 2. 02.)
die martha hat debechen „gebrochen, zerbrochen".
Sich selbst bezeichnet er schon regelmässig mit ich.
und wenn die grete gesund bin, dann geht sie auch mit (15. 2. 02).
ich habe das schön debaun „gebaut".
da haben wir, Gott sei Dank, Äpfel!
morgen haben die martha dlacht (gelacht) *zu mir* (20. 2. 02)

---

[1]) M. Ament Entwicklg. von Sprechen und Denken beim Kinde S. 49.

grehn „drehn“.

eins wei grei „eins zwei drei“.

erste weite greite vierte „erste zweite dritte vierte“. *greite* ist Kinderetymologie (= *dreite).

häser[1]); wird sofort in *hasen* korrigiert.

beisbif „Bleistift“.

die warzen pferde, die rappen, sind mit tinte andemalen? Der Ton der Frage zeigte, dass das Kind ein ja erwartete.

ich kann das pferd kragen „tragen“. *tr : kr*; früher sagte er *tagen* (25. 2. 02).

krinken „trinken“.

jetzt haben wir den weif hineindepicken Grete! „Den Schweif hineingepickt, geklebt“.

da ist das glas, ich hab von der grete seins gekrunken „von der Grete ihrem getrunken“.

wenn ich mich umgreh „umdrehe“.

ich so ruhig da detehn „Ich bin so ruhig dagestanden“.

ich ein reh weinen desehn, wie wir fortdehn. Die Form des letzten Worts ist unklar, der Sinn des Nebensatzes war „als wir fortgingen“. Das Zeitwort *weinen* bezog sich auf das „Geweih“, wie meine Frau sofort konstatierte. Das Reh hat irgend etwas mit seinem Geweih gemacht.

mein gas hat nicht die anna debingt „Glas“, „gebracht“.

nur so viel gunken „getrunken“ (27. 2. 02). Gleich darauf: *wasser krinken*

wo hast du denn den papa seinen tewolwa? „Revolver“.

Du hast mir nicht die wei (zwei) golleren säbel umdebindet (umgebunden) 1. 3. 02.

sau die gottermuttes! „Schau die Muttergottes!“ Versprechen, Vertauschung.

das so machen, wie das wüher dewaren ist „früher gewesen ist“. *dewaren* kontaminiert aus „gewesen“ und „war“ (2. 3. 02[2]).

es ist ausdebennen, es ist schon ausdebennt „ausgebrannt“.

---

[1]) Derselbe Fehler bei Tappolet s. 91 verzeichnet.

[2]) Stern S. 298 berichtet *wasen*, eine Kontamination aus *war* und *gewesen*.

Ende Februar machte Johannes verschiedene schwache Partizipia. Aber schon am 3. 3. 02:

ich hab wirklich (meist *würklich*) *delafn* „geschlafen".

das sind wei hausen, wei häuser „zwei H.". Die Korrektur sofort, spontan.

ich hab wollen das umgrehn „umdrehen".

dekreten „getreten". (7. 3. 02).

valaubst (verlaubst = erlaubst) *du, dass die martha da klopft?* Zum 1. Mal *kl-*.

die Käfer magen das haupt (überhaupt) *nicht!* Wegen der Form *magen* für *mögen* vgl. die Erscheinungen des Versprechens (S. 118).

die martha wiss das nicht (*wiss* = „weiss"). Meine Frau korrigiert: „Die M. weiss d. n." Johannes wiederholt starrköpfig seine Fassung, er ist wieder von der Unanfechtbarkeit der Form *wiss* überzeugt. Vgl. die Ausgleichungen von weiss: wissen beim Versprechen (S. 111, 120).

was willen die thiere? fragt er wiederholt beim Anblick ihrer Bilder. Vgl. das Versprechen.

wer hat mir senf degebt, degibt? Hier fühlt er sich also unsicher.

ich todier was „ich studiere was", sagt J. oft. *ich mir was erdenken . ich mir was eingedenken.*

Er sagt öfter noch *tein*, obwohl er ganz gut *klein* sagen kann.

spuktābn „Buchstaben". Eine Art versprochene Form.

pischnat „Spinat". Ebenfalls (22. 3. 02).

das sind auch so kleine nopsen (Knospen).

zucki, Plural *zuckin*.

tun die jungen hunden nichts?

und da sind der gretl seine . .„ihre".

. . hat gezwicken . .

kreibt „treibt", *degraubt* „geglaubt" (Mai 02).

magen die Vogi wasser? Vgl. oben.

ich hab einmal einen grossen spatzen desehn, der hat wöh (Flöhe) *dehabt und hat beissen,* behauptet J.

gibts gollere (goldene) luftballons? Über sein Suffix *-ere* schon oben (S. 119).

Johannes 3 Jahr 5—7 Monate.

Er hat folgende *-ere*-Bildungen: *gollere, silbere, holzere, zerbrochere, abdebrochere* (abgebrochene), *pickere* (pickende, klebende), *verschiedere.*

der papa hat deschöre (geschorene) *haare*

hausin „Häuser" wie *zuckin* „Zuckerln". Als er *hausin* gebraucht hatte, wurde er bedenklich und sagte: *man kann auch häuser sagen.* (!)

Das Wort „Stadtpark" erscheint als *pâtgak, schpâgak, schâtgak.*

noltporrar „Nordpolfahrer"

kann man Kinder stohlen? „stehlen".

fâhren gewöhnlich für „fahren" nach „fährst, fährt"

Im September sprach er schon oft die Vorsilbe *-ge,* aber wir hörten jetzt noch immer *defahren, delassen, degangen.*

dlocke „Glocke" (15. 10. 02)

krompete „Trompete"

die gete (Grete) *verlaubt* (erlaubt) *mir zu schreiben auf der gete seiner tafel* (28. 10. 02).

mundmamone „Mundharmonika" (November 02)

Anlautendes *tr-* meist richtig, nicht mehr *kr-* also *tröpfeln* nicht mehr *kröpfeln.*

kastanne. „Kastanie" kann er nur schwer nachsagen.

der lieben gott trat um diese Zeit auf und blieb bis ins 5. Jahr (Aug. 1903 noch).

ist jetzt sonntag oder herbst? „Sonntag" versprochen für „Sommer".

Ich erzähle, dass v. Andrian kommen wird. Gleich ruft J.: *der andimann, der andimann!* Kinderetymologie. Später sagte er *brandandimann* „Baron Andrian". Ich spreche ihm dann das Wort vor, er sagt: *andiran, andijan, andian, anrian* und endlich *andrian;* gleich darauf singt er wieder *brandandimann!*

Johannes am Schlusse des 3. Jahres.

die rauche bedeutete die Tabakspfeife (Okt. 02).

ich habe dort ein hunderl aus dem fenster herausgeschaut. Versprechen. Kontaminiert aus: „Ein Hunderl hat herausgeschaut" und „Ich habe gesehen, dass . . .''

sie schauen aus, dass (als ob) *sie geputzt wären.*

der kleine zeiger ist schon über dem geschrieberen (auf der Uhr steht: Omega) *drüber.* Wieder -ere-Bildung.

gesitzt „gesessen"

. . *der martha . der gretl sein lederen ball* „der Gretl ihren ledernen B," Johannes hatte sich zuerst versprochen. Noch eine -ere-Bildung.

Seit 12. 12. 02 beobachtete ich, dass Johannes an auslautende Vokale ein *ng* anhängt. Er sagte in den nächsten Tagen:

nitwáng „nit wahr?", *jáng* „ja", *dáng* „da", *mamáng* „Mama", *papáng* „Papa", sogar *schaung* „schau".

Die Erscheinung war vollkommen rätselhaft, er war gesund und hatte auch keinen Schnupfen. Ich bemerke, dass er auch nie *maman* in französischer Aussprache gehört hat.

eine mähe nennen Gretl und Johannes eine Sense.

Am 6. 1. 03 hörte ich von Johannes *dung* „du". Sein Lautgesetz: auslautender Vokal wird guttural nasaliert, breitete sich also aus.

Er talkt jetzt öfter falsch: *die docke dlocke glocke will ich haben. oline* für *Violine.*

der schaut aus (ein Storch), *wie* (als ob) *hinten flossen sind* (wären).

gefliegen, gefliegt „geflogen".

Am 10. 1. 03 *greténg* „Grete". Merkwürdig ist, dass diese Nasalierungen immer mit einem bestimmten Ton, beim Rufen und Ansprechen erscheinen, nicht im Innern des Satzes.

siff für *fiš* (Fisch) sagt Bubi, wenn er talken will, macht also den mehrfach besprochenen Fehler[1]). Sieh S. 12, 51, 114.

---

[1]) *is* = „Fisch" und „Schiff" verzeichnet Scupin (aus dem 18. Monate seines Sohnes) S. 73. Vgl. „Schiff" für „Fisch" Ament Entwicklung von Sprechen und Denken beim Kinde S. 67.

das ist ein giraffenmann, ein bärmann, ein schermann, ein meermann, ein gehrmann usf. Spasshafte Neubildungen ohne Sinn.

Johannes 4 Jahr 1—6 Monate alt.

es gibt die mama der grete noch eine larveng „Larve, Gesichtsmaske". Also wieder seine Endnasalierung. Ich bemerke hier, dass bei diesem rätselhaften *-ng* von einem Spasse des Kindes absolut keine Rede sein kann. Aus dem *-ng* entwickelt sich öfter ein *-m: păpàm!, mămăm!* (Der Zirkumflex bedeutet in diesen Fällen geschleifte Betonung).

heis . . hausmeister Versprechen, Vorklang.

umgefallere Fahne, offeres messer. Neue *-ere*-Bildungen.

mietzìng! „Mitzi"; *mămăm* (3. 3. 03). Neue Auslautnasalierungen.

ist heute der vìertèng? „Vierte" (4. 3. 03).

fällt da nicht die Erde auf die andere seìtèng „Seite" (4. 3. 03).

Das ist eine ruschiche (russische) *marke* (April 03).

Noch immer *führen.*

gewaschen und gezähneputzt bin ich (April 03).

frissen 1 mal für „fressen".

Am Ostermontag 1903 hörte ich zum 1. Male: *der gretl ihre semmel.* Sonst immer *seine*

păpàm, mir scheint, ist der zu nahe (nämlich ein Zinnsoldat). Konjunktion *dass* fehlt.

autobobil.

in maga krost . „Maria Trost" sagt Johannes plötzlich wieder 12. 5. 03, nachdem er *tr-* schon längst richtig spricht.

mir scheint, haben die das gemacht. Nach „scheint" invertierte Wortstellung, ohne Konjunktion (wie zuvor).

was für einen Kling das hat! sagt J., indem er an ein Blechblättchen klopft. Neubildung *Kling* „Klang".

Johannes im 4. Jahr 2. Hälfte.

agmet „Magnet"

gestriffen „gestreift". Wahrscheinlich Einfluss von Gretl, die zur selben Zeit öfter so sagte.

ich habe keine gewaltigkeit zum festliebhaben d. h. „Kraft zum festen Umarmen".

ich nenne den hund, dass er ein dackerl ist.

pickzeug „Papier zum Fliegenfangen".

der mann schaut so aus, dass er ganz alt ist „. . als ob er . . wäre".

in der kuh seinen bauch (8. 9. 03).

druckdings „Petschierschaft"

ausgeessen Versprechen

Im Okt. 03 sagte Johannes plötzlich wieder *papang, greteng.* Die Formen verschwanden dann auf immer.

3. Martha M.

Geboren 7. Juni 1901.

Lall-Laute: *tötötötö, bababawa, mbawabai, abäbä, aa, www, awww, a tl* (*l* tonlos), *bababáp.*

M hat sich inbezug auf das Sprechen abnorm langsam entwickelt, obwohl sie körperlich und intellektuell durchaus normal war, so dass über ihre erste Zeit kaum etwas zu berichten ist.

Mit 1½ Jahren hatte sie eine sehr charakteristische Geste bei gespannter Aufmerksamkeit. Sie stand mit gebeugten Knien, die Hände darauf gestützt, mit vorgebeugtem Oberkörper und sah und lauschte. Sie wurde dabei viel kleiner, und man musste sich wohl fragen, was für einen Sinn diese Haltung haben könnte. Wenn sie z. B. etwas in der Entfernung (auf der Strasse, im Garten) genau beobachtete, nahm sie diese Stellung ein, die absolut nicht zweckmässig genannt werden konnte. Bei Erwachsenen beobachtete ich diese Geste nur, wenn jemand etwas ganz Überraschendes hört, was er womöglich nicht glauben will. Martha beugte sich sogar, um meine Schlaf-Zipfelmütze besser bewundern zu können, obwohl ich stand und diese auf dem Kopfe hatte.

Aufgefallen ist mir um diese Zeit, dass ihre Vorstellungen von der dritten Dimension sehr mangelhaft waren. Ich beobachtete sie oft, wenn sie ihre Tiere auf die Tischfläche, die für sie in Augenhöhe war, stellen wollte. Sie schob sie immer so wenig hinein, dass sie am Rande umschlugen und mit den Beinen hängen blieben oder überhaupt herabfielen. Das letztere Resultat war gewiss nicht beabsichtigt, denn sie wurde nicht müde, ihre Versuche zu wiederholen.

Um dieselbe Zeit rief sie die Mutter

á-à (beide nasaliert).

Mit 1 Jahr 7 Mon. veränderte sich dieses zu .

á-mà! „Mutter!“

Marthas Verständniss war ganz tadellos. Meine Frau sagt z. B.: „Bring das Wagerl in das Winkerl, wo es hingegehört!“ Martha tut das, benützt aber dann die Gelegenheit gleich, um Verstecken zu spielen.

Ich sage: „Martha, bring mir das kleine Sesserl!“ Ich blicke dabei nicht auf den verlangten Gegenstand. M. eilt so schnell sie nur kann, um den Stuhl zu holen, und bringt ihn mit seelenvergnügtem Gesichte.

1 Jahr 7 Monate. Im Schlafzimmer. M. nimmt mich bei der Hand und führt mich zur Tür. Ich weiss, sie will in mein Zimmer gehen, um Hustenbonbons zu erhalten, tue aber, als verstünde ich sie nicht, und bleibe bei der Türe stehen. Sie nimmt meine Hand und hebt sie zur Türklinke hinauf. Als ich wieder nicht zu begreifen scheine, weiss sie kein Mittel mehr und fängt zu weinen an. Darauf erlöse ich sie aus ihrer Unruhe. Die kleine Szene spielte sich ganz stumm ab. M. hatte keinen Laut von sich gegeben.

M. kennt eine ganze Reihe von Dingen, bringt sie auf Wunsch, versteht Fragen — ohne etwas reden zu können.

Martha 1 Jahr 8 Monate alt.

mámah! „Mutter!“

dada! „da hier!“

awa „Wasser“

wa wa! „weh!“

äbl „Säbel“

Damit begann also endlich ihre Sprechtätigkeit. Da wurde sie schwer krank (Lungenentzündung), und wir fürchteten einige Zeit um ihr Leben. Sie erholte sich aber doch wieder, aber die Stimulantien des Herzens während ihrer Krankheit scheinen hemmend auf ihre sprachliche Entwickelung eingewirkt zu haben. Körperlich war sie sehr bald wieder vollständig hergestellt.

1 Jahr 10 Mon. Am 6. 4. 03 sitzt Martha im Bett und plaudert. Es war ihr erster gesprächiger Tag: *mä mä nä nä.* Als sie mich im Nebenzimmer sprechen hört, ruft sie: *papa!* Ich komme herein! *da!* sagt sie befriedigt. Es war die erste mit sprachlichen Mitteln hergestellte Unterhaltung.

Wenn M. sich ganz wohl befindet, streckt sie oft die Zunge hervor — ein Zeichen ihres Behagens. Ich habe bei Kindern nichts Ähnliches gesehen, nur eines Kollegen während des Freiwilligenjahres erinnere ich mich, der bei besonders herzlichem Lachen, bei sogenanntem „Lachen aus vollem Halse", die Zunge aus dem weit geöffneten Munde hervorstreckte.

Das Wort *awa* „Wasser" erschien nach der Krankheit als *apah, pawah.*

bu „Buch, Bilderbuch"

bo „Boden". Sie sagt es immer, wenn etwas auf den Boden fällt; später auch dann, wenn sie selbst fällt.

1 Jahr 11 Mon. Am 11. 5. ruft M. zum 1. Male *ete!* „Grete", und wiederholt den Ruf, als auch die Mutter die Grete ruft.

Am Ende des zweiten Jahres erwarb das Kind noch folgende Wörter:

hu „Hut"

bu „Buch", jetzt auch „Blumen"

ba „Ball"

tete! „Grete!" nicht mehr *ete!*

Martha 2 Jahre alt. Eine kleine Freundin meiner Kinder heisst Ilse. Am 11. 6. 03 sagt M. tadellos *ilse,* meint aber deren kleinere Schwester Gerda. Das erklärte sich bald, indem wir bemerkten, dass sie jedes kleine Mädchen Ilse nannte. In ähnlicher Weise waren meine anderen Kinder der Ansicht, dass jede Tabakverkäuferin ein „Fräulein Zilli" ist.

2 Jahr 1 Monat.

mümü „Brot"

papa „Wasser"
nini „Mitzi" (das Kindermädchen)
u „Schuh"
aa! „Jah!"

Martha 2 Jahre 2 Monate alt.

à-ánjā! (*nj* mulliertes *n*) „Marianne!" im Rufe; auch *njấ-njấ!* „Marianne".

Martha vormittags allein bei mir. Niemand ist sonst zu Hause. Ich beschreibe das, was sie in der Zeit von 10 bis ca. 12 Uhr tat. Sie holt sich meinen Papierkorb. Sie versucht es, sich auf ihn zu setzen. Es geht nicht, denn er ist zu hoch. Da sie ihn neben den Divan gestellt hat, will sie auf diesen klettern. Auch das missglückt, und die Versuche werden aufgegeben. Dann will sie sich neben den Papierkorb knien, findet aber längere Zeit nicht die ihr passende Stellung. Als sie sie endlich gefunden, fängt sie an, die Papiere auszuräumen. Die zerknüllten Stücke legt sie rechts und wischt mit ihnen auf dem Boden herum. Die glatten legt sie auf den Divan. Mit einem reinen und glatten Papier kommt sie dann zu mir zum Schreibtisch und sagt *i-i!* Ich verstehe, dass sie einen Bleistift meint, und gebe ihr einen. Sie legt sich auf den Boden und kritzelt auf dem Papier von rechts nach links und zurück gerade Linien und flache Kurven. Ich frage: „*Martha! tust Du schreiben?*" Sie antwortet *áà!* „ja!" Beim Schreiben sagt sie *dēē* (?); dann nimmt sie einen neuen Zettel, feuchtet den Bleistift an (ich weiss nicht, von wem sie das gesehen hat) und schreibt wieder. Bald gibt sie mir den Bleistift zurück. Dann kommt sie wieder und sagt: „*papa ā áà dá!* (?). Ich sehe, sie will etwas haben und reiche ihr verschiedene Sachen. Sie lehnt alles ab und sagt: „*i i!*" Ich gebe ihr also wieder den Bleistift, den sie befriedigt nimmt. Es stellt sich Langweile ein. Ich rolle einige grosse Gedenkmünzen auf dem Boden zu ihren Füssen hin. Das Rollen bewegt sie zu keinem Laute. Sie setzt sich, nimmt die Münzen, dreht sie, bis die Köpfe darauf gerade stehen, und legt sie darauf nieder. Dann kratzt sie auf den Münzen. Sie steht auf, bringt sie zurück, legt sie in meine hole Hand und schlägt mit ihrer flachen Hand darauf, als wollte sie sagen: „*So, da hast du sie!*" Das hat sie wohl schon jemand tun gesehen.

Sie geht um den Schreibtisch herum und sieht ein Lineal. Sie nimmt es. Da fällt ihr eine glänzende Messinghandhabe einer Lade auf. Sie vergisst das Lineal und nestelt an dem Messing herum. Dann nimmt sie den Gurt der Fensterjalousien und kratzt mit dem Nagel des Zeigefingers.

Plötzlich ruft sie: *pá, í, í!* (?) Ich sehe, sie verliert ihre Hose. Ich sage: „*Geh hinaus und ruf Marianne!*" Sie geht zur richtigen Tür und ruft *áánjā!* Als sie wieder ins Zimmer gelassen wird, sagt sie *da da da!* Sie legt ihren Kopf auf meinen Oberschenkel und hebt auch die Beine; ich sehe, sie will auf meinem Schoss schlafen. Als sie bemerkt, dass sie sich selbst nicht in die entsprechende Lage bringen kann, wird sie immer ungeduldiger. Ich nehme sie endlich und lege sie auf den Divan. Gleich darauf kommt die Mutter mit den anderen Kindern nach Hause.

Trotzdem das Kind blühend aussah und sich sehr wohl befand, hat es doch in den zwei Stunden nur wenige Laute von sich gegeben.

ane „Marianne"

anan „Johannes"

de hinweisend „da"

Beim leisesten tadelnden Tone verhüllt Martha ihr Gesicht und lässt ein Kehlkopfbrummen hören.

Wie sie etwas haben will, sagt sie nur die Laute *aʿ a* (mit doppeltem Kehlkopfverschlusse) dafür, was wohl „*haben*" ausdrücken soll. Den Gegenstand, den sie will, deutet sie durch Gesten an.

Als Gretl (30. 9. 03) ein wieherndes Pferd nachahmt, läuft M. auf uns zu und versucht es auch.

Martha 2 Jahr 3 Monate alt.

12. 9. 03. Ich sage zu Martha: „*Sag danke!*" Sie antwortet: „*dan*". Es war das erstemal, dass sie etwas nachsprach.

Martha 2 Jahr 4 Monate alt.

mi „Milch"

ja „ja" 25. 9. 03.

na „Kastanie"

bo „zerrissen", eigentlich „gebrochen"

Wenn Martha die Grete ruft, sagt sie *dödö!* Sonst sagt sie nur *dö*, zu ihr und von ihr sprechend.

Martha 2 Jahr 5 Monate alt.

be „Bett"

bu „bubi"

ti „Tisch"

mo „Knopf"

bi „picken"

bu „Puppe"

ba „baden"

ānān „Johannes"

tje „adieu"

hu „hut"

bi „Papier"

bei „Bleistift"

bal „Ball"

mi „ich", also aus „mich" entstanden.

a! „auch", „ich will es haben!"

Im Oktober 03 sagt M. einmal sich zärtlich anschmiegend zu mir *ma!* korrigiert aber dann *pa!* Ihr erstes Versprechen.

a-njah! (Ich deute die Silbentrennung an) „Mariane".

Martha 2 Jahr 6 Monate alt.

pi „Pinsel"

bü „Bürste"

nä „nähen"

ma „Mama". Aber im Rufe langezogen *māmā.*

mama! bi „Mama! Ich springe"

mi pa da „Papa soll bei mir da bleiben"

Nein, aber sehr undeutlich ausgesprochen, wurde um diese Zeit beobachtet.

u „Stuhl", „Hut"

bu „Buch", Bussi"

nē „Schnee"

jan „Tante"

Gegen Ende November 1903 trat vollkommen deutliches und richtig verwendetes *Nein* auf.

Martha 2 Jahre 7 Monate alt.

bã „Krampuss"

me „Messer"

bo „Polster"

de „Decke"

wei „Fleisch"

Ei „Ei"

ē „essen"

en „Engel"

bomm „komm"

nei „schneiden, schneien"

weua „Feuer"

dan-dan mi-mi bed „die Stange von meinem Bett (ist heruntergefallen)"

Martha sieht ein Buch, das „Tante" Reinitzer gehört. *jan Jeĩ, mama nein, dede nein, ãnãn nein, papa nein* „(das gehört) Tante Reinitzer, der Mama? Nein, der Grete? Nein, der Marianne? Nein, dem Papa? Nein.

Martha 2 Jahre 8 Monate alt.

mü „müde"

mam „Mann"

bei „Bleistift"

bã „Eisenbahn"

beij „Papagei"

ha! „ja!"

na be o „Die Tapeten oben knacksen".

bui nachgesprochen für „Bubi". Sie spricht gerne nach, aber der Erfolg ist schlecht.

ē „essen"

di-di heisst eine kleine Musiktrommel.

wau „Frau"

mü „Gemüse"

jei „Kleid"

bir „Papier"

bui, nui „Spule"

mama, bi-bi, nui nü-nü. „Mama, bitte, die Spule zum Nüsse (aufschlagen)".

Martha 2 Jahr 9 Monate alt.

bau „Bauch". Sie hatte einmal nach dem Genusse von Würsteln „Bauchweh". Seit der Zeit schlägt sie sich beim Anblick von Würsteln auf den Bauch und sagt in klagendem Tone *bau!*

Sie macht oft verzweifelte Anstrengungen, sich verständlich ·zu machen, aber es gelingt ihr nicht. Sie hat schon einen Schatz von Kenntnissen aber wenig verständliche Wortbilder. Sie versteht aber sehr gut. Wenn man z. B. von ihr sagt: „Die Martha wird dort herunterfallen", ruft sie sehr bestimmt: „Nein!"

dei „gleich". Ihre Antworten sind *dei, nein* oder *bē* „später".

em „Hemd"

tün „Strümpfe"

ūr „Uhr"

nö „Knöpfe"

ōr „Ohr"

mama, nicht mehr *ma* „Mama"

bãja „Bandel"

mo „Knopf"

mama bãja nä „Die Mama muss das Bandl annähn"

bomo „Domino"

hem „Hemd" (8 Tage nach *em*)

haha „Sacktuch"

ja ja „Schachtel"

wa „Wasser"

au tē „auch Tee!"

her „Herr"

be „brechen"

in „Ring"

autēn „aufstehn"

mu „Muschel"

wüǝr „früher"

bü „bügeln"

hau „schau"

wu „Wurstl"
heml „Semmel"
bi „spitzen"
bo „Stock"
mo „noch"
en „eng"
i „ich" findet sich schon öfter, während sie bis jetzt *mi* für „ich" gesagt hat.
au „auch"
bibir „Papier"
we-we „Cafe"
bau „bauen" (und „Bauch")

Martha 2 Jahr 10 Monate alt.

bãja hen? fragt M. die Mutter, indem sie ihr ein Stofffleckchen zeigt. Das heisst: „Schenkst Du mir das (Fleckerl) Bandl?"

Soll Johannes die Spielsachen aufräumen, so ruft sie gleich *he-he* „helfen (will ich)!"

ich und *mir* werden schon oft richtig verwendet.

din „trinken"
mama dede hol „Mama ging die Grete holen"
hüch, hü „Schürze"
mama aupuln „Mama tut aufspulen"

Johannes sagt: „Martha ist schlimm, weil sie am Stuhl kniet". Da ruft M. sehr erregt: *himm mi-mi nien? nein* „schlimm, ich knien? Nein!"

we-we „Serviette"
papadei „Papagei"
hubala „Schuhbandl"
popo „stoppen"
beinme „Beinmesser"
ōrwē „Ohrenweh"
hör mama!
nī mama bommt „nicht kommt die M."
danwē „Zahnweh"
mū „Schnupfen"
ham-ham „Lampe"

hō „Honig"

bo „Brot", „Stock"

jei „Kleid" (noch immer)

wei „zwei"

alla nem „alles nehmen"

him nä ni bomt „die schlimme Näherin kommt nicht"

bö „böse"

pupa „Puppe"

einmian „einschmieren"

nein, bau i ni „Nein, brauch ich nicht"

dede hör oder *mama hör* „gehört der Grete, der Mama"

neua hãhã „neues Sacktuch"

hau papa wi! mo ein wi! „Schau, Papa, eine Fliege!
Noch eine Fliege!"

hab hon „hab' schon"

dei bu „gleich gut"

aufhei „aufschreiben"

himm mä „schlimmes Mädel"

nein haūhaū „nein, (ich bin keine) Raunzerin"

dinnen a dimma „drinnen im Zimmer"

dē hol „geh' holen"

ich ha woln büei das da „Ich hab das Bügeleisen da
haben wollen"

alla dein „alles ist mir zu klein"

abni „abgeschnitten"

wi bu-bu de „viele Bussi geben"

na-na „gute Nacht"

au hei-hei „auch Seife"

we-we „Kaffee"

dau-dau „Kakao"

dippo „Kipfel"

das da mi-mi hört sagt sie bei allem, was sie als ihr
Eigentum kennt.

Wie sie mit 2 Jahr 11 Monaten sprach, davon wenige
Proben.

dei bu „gleich gut" („gleich gut sein" im Sinne von
„wieder gut sein")

umwal „umfallen"

wi bu de „viele Bussi geben".

Martha 3 Jahre alt.

Ich spreche ihr einmal *Prestidigitateur* vor. Sie sagt *petititetör*. Das war nicht so übel, und gab mir Hoffnung, dass ihre sprachliche Entwicklung nun rascher vor sich gehen wird.

daka (sic!) *mir hör* „das da gehört mir". *mir* gebrauchte sie schon seit einiger Zeit statt des früheren *mi*.

wer wi dē, ich bim-bim mach „Wenn jemand über die Wiese geht, mache ich bim-bim".

ahein „allein"

hama hon „hammer" (dial. für haben wir) schon"

hitei „Hilmteich"

tãta „Zahnarzt"

är abnitt „Die Ärmel sind abgeschnitten"

wi-wi mämmer bommt „Viele Männer kommen"

ma ni mir „macht mir nichts.

3 Jahre 2 Monate alt.

einhen „einschenken"

dene bu „Zähne putzen"

mur wei-wei i-i e-e „nur Fleisch esse ich"

woworn „verloren"

i ni ba dē, mur buhaun „ich geh nicht baden, nur zuschaun"

i hauhau dēn „ich will vorausgehn"

bau hihi „blaue Schürze"

mēpei „Mehlspeise"

Martha 3 Jahr 3—6 Monate alt.

nein i ni ti-tiwei bibi „Nein, ich kein Tischlerweib bin"

mama, bi-bi hambi „Mama, bitte zusammenbinden"

neua hua andi „neue Schuhe anziehn"

di jeia? „dieses Kleid"

hahau dēn „nach Hause gehn"

bu ni wo dēn „Du nicht fort gehn!"

bomama „Grossmama"

bu himma bu bi „Du bist ein schlimmer Bub"

bõn „Toni"

nö-nö „Knöpfe“

her „Schere“

me-me „Messer“

bi-bi bo bi, ich au hui den „bis ich gross bin, geh ich auch in die Schule“

wowar i bomama? „fortgefahren ist die Grossmama?“

i au hui bau-bau „ich auch den Stuhl brauche“

me-me ha „möchte haben“

Um diese Zeit lernt sie ihren Namen leidlich richtig nachsagen (15. 10. 1904). Bisher sagte sie *ma-ma* nach.

wei mama? „weisst, Mama?“ Wird oft gesagt.

wohi dē mei büei? „wohin hast Du mein Bügeleisen gegeben?“

hi mama, das da nem ich „siehst, Mama, das nehme ich“

nein, das ni mir hör, das hā-hā hör „nein, das gehört nicht mir, das gehört dem Johannes“

mama, hau, wo mei hamma „Mama, schau, wo ist mein Hammer?“

ni war, da hā-hā hör „nicht war, das gehört dem Johannes?“

bo-bo na einha „grossen Nagel einschlagen“

ich auch we-wehaus dē „ich will auch ins Kaffeehaus gehn!

bu ni wo de mama, bu hahau dei „Du gehst nicht fort Mama, Du bleibst zu Hause“.

wei mama, mir hör bü-bü „weisst Mama, mir gehört das Büchl“

hā-hā umha dē „dem Johannes einen Umschlag geben“

mei wau dan hi-hi „meine Frau ist krank“

eräpa dau hi-hi „Erdäpfel drauf sind“

das ho bu hi! „das so gut ist“

bebejei „Bäckerei“

bumbalja „Strumpfband“

wei mama, bu bē audē wer „weisst Mama, du später aufstehn wirst“.

wei mama, i ni ānbā wer jeia, be-be wodē wer; papa au wodē? papa hi-hō wodē? „weisst Mama, ich werde nicht anpantschen das Kleid, (weil wir) später fortgehen werden; (wird) der Papa auch fortgehn? Ist der Papa schon fortgegangen?“

26. 11. 1904 Zum erstenmal *du* „Du", aber noch nicht immer.

dumm richtig nachgesagt, ebenso *toni* „Toni"

na-na bo-bo „Schnackerl stossen (= Schluchzen haben)"

ich ba mä bin „ich bin ein braves Mädi"

mama he mi andī! „Mama, jetzt mich anziehn!"

han-han „Handschuhe"

boi-boi, wa-wa bu! „Dolfi, warte Du!"

demma wir wo „gehn wir fort"

mu dēn „nuntergehn"

oje oje mama ni mer da „o je, die Mama ist nicht mehr da"

wau he-he „Frau Rätin"

wa da dī war? ho, bububo dī war? „was da drinnen war? So, Butterbrot war drinnen?"

ne-ne mal ich au mitdē „nächstes Mal geh ich auch mit'

ich au huitata nem „ich nehme auch eine Schultasche"

8. 10. 04 beim Aufwachen weint sie: *i ni haha dan, ima bem-bem ma* „ich kann nicht schlafen, es macht immer bem-bem". Es war nämlich eine sehr stürmische Nacht gewesen.

mama wa ma du denn da? „Mama, was machst Du denn da?"

wei er mi hühü ha-ha „weil er mich auf den Rücken geschlagen hat"

dan hon ahein mu dēn „kann schon allein hinunter gehen"

bubi „Kugelspiel"

her „Schere"

we-we „Fleckerl"

we-we din „Kaffee trinken"

dau-dau ha ich „draussen schlafe ich"

hatu „Sacktuch"

mu-mu ha ich „Schnupfen hab' ich"

ich wer mei potné auhē „ich werde mein Portemonnaie aufheben"

nur eima hu ha „nur einmal hab' ich gerufen"

dau-dau ho mu-mu hi „draussen ist's so schmutzig"

hāhā ha imma, da ich ein da-da mä bi „Johannes sagt immer, dass ich ein *ga-ga* (garstiges) Mädl bin"

mahī „Marie"

mi-mi „Mizi"

hā-hā dor e-e du? „Johannes dort essen tut?"

mei bubuwa „mein Puppenwagen"

ich au bur mē ich „ich auch turnen möchte ich"

ich dan ni mi andī „ich kann nicht mich anziehn"

mei hir-hir „meine Schürze"

    Martha 3 Jahr 9 Mon. alt.

14. 3. 1905 Martha sagt zum erstenmal *ja!*

toni ho hi-hi nei „Toni solche Gesichter schneidet".

3 Jahr 11 Monate. *de mir der dei(n) damm* „gib mir den kleinen Kamm" (9. 5. 05).

dan wö he? „Können Vögel reden?" Bemerke *dan*, das ein *kannen* voraussetzt, nicht ein *können*, also zu den Fällen von Ausgleichung des Ablauts gehört.

4 Jahr. *ich me ho dern anhaun der depa!* „Ich möchte so gerne anschaun den Krebs!" 4. 7. 05.

dēn wir hau-hau „gehn wir nach Hause".

hemma „Semmel".

da mümü ma ich nī! „Das Gemüse mag ich nicht!"

i die dete in hui dana? „Ist die Grete in die Schule gegangen?"

in dei järn wer i au in hui dēn „In drei Jahren werde ich auch in die Schule gehn".

Das waren schon die bedeutendsten sprachlichen Leistungen des Kindes.

bodendate „Correspondenzkarte"

4 Jahr 1 Monat. Martha sah einem Wagenunglück zu. Die Pferde gingen durch, der Kutscher kam zu Fall und blutete stark. Sie kommt nach Hause und erzählt (27. 7. 05):

der huhu ha ho debubn „Der Kutscher hat so geblutet."

Dass uns bei solchen schlechten Fortschritten die ernsteste Sorge beschlich, ist begreiflich. Nach wenigen Monaten noch verhältnismässiger Stummheit fing Martha plötzlich zu sprechen an, und nun kam alles so rasch und unvermittelt, dass ein Auf-

zeichnen kaum mehr möglich war: Die Sprache war so gut
wie plötzlich da, aus der stummen Martha war eine redende
geworden. Ihre „innere" Sprache war gewiss längst fertig,
nur die äusseren Organe standen unter irgendwelchen Hemmungen.

Einige Fehler macht sie noch jetzt, in ihrem 6. Jahre.

manchmal hinter mir und manchmal vorder mir.

ohne sie weiss, es ist meine mütze, hat sie's runtergerissen
„ohne dass sie gewusst hätte, dass es ihre Mütze ist, hat sie
sie herabgerissen."

kandədedə „Katheder"

was das lustere, das lusterste (Lustigste) *ist, kann ich nicht
sagen.*

Ein grosses Verdienst um die sprachliche Entwicklung
des Kindes hat sich meine Frau erworben. Als es gar nicht
mit dem Sprechen vorwärts gehen wollte, nahm sie das Kind
in ein stilles Zimmer und begann mit ihm Sprechübungen.
Gutzmann[1]) sagt: „Der Einfluss des fortwährenden Sprechen-
hörens auf das (sprechunlustige) Kind wird sich bald zeigen."
Das bewährte sich hier, wo die Mutter mit dem Kinde allein
war und jede Störung ferngehalten wurde, so sehr, dass es
gar nicht lange dauerte und die „Lektionen" waren nicht mehr
nötig. Die Sprechlust war einmal erregt, und alles Übrige
machte sich von selbst.

Ich schliesse hier eine Bemerkung an, die ich nicht besser
unterzubringen weiss. Gutzmann erwähnt, dass die Angehörigen
von sprechunlustigen Kindern oft verlangen der Arzt möge
dem Kinde das Zungenbändchen durchschneiden. Er hält
das in den allermeisten Fällen für sinnlos. Aber er berichtet
weiter, dass in manchen Gegenden die Hebammen mit dem
Fingernagel das Zungenbändchen durchreissen. Hier liegt
offenbar ein alter Volksaberglaube vor, der das „Lösen der
Zunge" befahl. Die Sache wäre weiterer Aufmerksamkeit wert[2]).

---

[1]) Über Verhütung und Heilung der wichtigsten Sprachstörungen S. 7.

[2]) Die alten Jäger schnitten den Raben, Dohlen, Elstern und Hähern das
frenulum durch, damit sie leichter sprechen lernen. Marshall's Anm. zu Garner's
Die Sprache der Affen S. 106 auf S. 178.

4. Vika Cartellieri.

Geboren 3. Juni 1897[1]).

Von den „ersten Lauten" notierte Cartellieri bloss: *akru
ukrū attu yatta-gatta gait arolla rolla rait papapa papap papa
pap papi apay abī mannama ŋmama mama we wē*

1 Jahr 6 Monate.

a pētši, a petsi (ihr Brüderchen Peter)

būwi „Bubi"

hūsi „Hasi"

mēdi „Mädi"

aã wi-wī

oto-teati „Hotopferdi"

bitta itta hitta ditta „Vika"

mīŋi „Rüben"

mimme „Birne"

arli „Karl" und „Hare" (offenbar „Karli" und „Harli")

'aiši „Fleisch"

'uisi „Wasser" („Glas Wasser")

tīt auwus „da steht der Krampus"

iõī „Nikolo" (der hl. Nikolaus)

iùtta „Himmelmutter"

puppi „Suppi"; *popfi* „Topf", „Erdäpfel"; *podi* „Brot";
mammā popp „Mama kommt"; *apfi lĕļi* „Äpfel schälen"; *éttot*
„Helf Gott!"; *mama memmi* „Mama, nehmen!"; *mīuch, pīuch*
„Bilderbuch"; *'aŋmi* „haben"; *titter* „Zither"; *wetti* „Serviett";
betti „Bett"; *autesa, otesa* „Augengläser"; *liļi* „Brille"; *papā
ŭh!* (warnend) „Papas Buch!"; *tātsi, taitsi, taitši* „tanzen";
pìpī „Papier"; *ĕkkeing* „Schmetterling"; *utt* „Hut"; *pupfi*
„Strumpf".

Vika 1 Jahr 7 Monate alt.

4. 1. 99. *Nēne pape mamā boch* „schöne Lampe, Mama
gebracht" sagt V. auf die neue Lampe zeigend, ganz spontan.

Auwus mùm mùm (zeigend) *tī, dittā bǟf* „Der Krampus

---

[1]) Ich gebe hier die täglichen Aufzeichnungen, die mir W. Cartellieri,
zuletzt Professor des Sanskrit in Innsbruck. seinerzeit in Wien geschenkt hat.
mit Beibehaltung von Cartellieri's Lautdarstellung wieder. Die Zeichen sind
dem Linguisten wohlbekannt.

hat bumbum gemacht an die Tür (von aussen), da war die Vika (gleich) brav“, erzählt sie der Tante, die zu Besuch kommt, wiederholt, auch am Schlusse ein treuherzig beteuerndes *jå!* anfügend.

bitti-bitti! sammt Geste „bitte bitte“ (früher sagte sie *bī-bī*); wenn recht dringend, dann sagt sie *bibitti*!

tauwi „Taube“ (früher *auwi*)

tetsi „setzen“. Sie sagt manchmal vielfach nacheinander *testi tsetsi tetsi setsi bibittī*! *tetsi bibetti*!, wenn sie auf den Schoss gesetzt werden will. (Das letzte *e* ist Nachklang der früheren, versprochen).

4. 1. *tsēln* „schälen“ (früher *lĕļi*).

tšē „Schnee“

5. 1. *ápapei*, auch *pápei* „Papagei“ (im Bilderbuch)

mĭu (*mĭuch*) *ātšaū* (*āšaun*)! „Bilderbuch anschaun!“

gōgi „Vogerl“

metšenin „Schmetterling“; nach mehrfachem Verbessern *metteling*.

butter (eig. *bütter*) „Butter“

ōrlárli „Cartellieri“

petsi-t-otő „dem Petschi sein Hoto-Wagerl“

tatatapuppiē (gesungen) „tarara bumdieh“

lĕleràpfi „Schälapfel“ „Apfel“ überhaupt. Das Schälen ist ihr besonders interessant.

gauch, pauch, tauch, nauch, 'auch sind Versuche, *Rauch* wiederzugeben.

mim mam „bimbam“

7., 8. 1. *tsessi, sessi* „Sesserl“

Papa zieht die Stiefel an; sie setzt sich zu ihm auf den Boden, weil das Zuschnüren sie sehr interessiert und sagt:

papā tšū ātsī, dittā tĕts „Papa Schuh anziehn, Vika setzen“. *tšū* ist nicht etwa dial. *d'Schuh*, was sie nie hört.

memmi! bedeutet den Wunsch auf den Arm genommen zu werden. Nach der widerholten Bitte, die verstärkt als *ditta memmi bibitte* auftritt, wird sie genommen und sagt dann befriedigt: *ditta mummi*. Was ist *mummi*?

dittā tšėn „Vika schön“ (sich im neuen Kleid bewundernd).

Aber *nēne pāpe!* „schöne Lampe!“

pīf „Brief“. Aber *tāte dittā tīf* „der Tante Vika ihr Brief.“

„Anschaun“ heisst jetzt nicht mehr *ātšaun* sondern *äntšaun*, das wie *aintšaun* klingt.

äņmi „haben“. Sehr häufig gebraucht. *-i* ist ihr eigener Zusatz.

Vika hat drei neue Schürzchen (*titsi*) erhalten, zwei blaue (*fau*), ein rotes (*dōt*). Bei dem Versuche, ihr die Farben und die Bezeichnungen einzuprägen, läuft sie weg.

• Ihr Bruder Petschi langt nach einem Apfel. Sie sagt lachend: *apfi ammi pētši* „Apfel haben Petschi“.

Sie hört, dass ein Bilderbuch ihr von Herrn Pepper geschenkt worden ist. Das nennt sie von da ab: *ā (ēr) péppa mīuch* „Herr-Pepper-Bilderbuch“.

Man sagt ihr, der Krampus habe die zerbrochene Puppe mitgenommen. Sie wiederholt: *auwus (aiwus, aijus) midommi midjommi auwus pepi* (Name der Puppe) *mibommi*. Und später: *pepi mommi, auwus pepi mommi* usw.

bāpfiff „Bleistift“[1])

aisi, aiši „Wasser“, obwohl sie das Wort ganz gut nachsprechen kann.

12. 1. *waišer* „Wasser“ (*š* dem *ch* ähnlich)

naiši „Nase“

monne, monje „Sonne“.

13. 1. *šēņ* (zweisilbig; *ē* nasaliert) „schälen“ (früher *lēļi*)

pepi taidi autsīt! sagt Vika, nachdem sie ihrer Puppe namens Peppi das Kleid ausgezogen hat.

tătuch papǟ! Sinn: „Da liegt dem Papa sein Sacktuch!“

tsessi ditta ámm „Das Sesserl will die Vika haben“. Zum 1. Mal *ámm* statt *ámmi*.

pētši ninna eihei „Peter drinnen (im andern Zimmer) schläft.“ Spontan gesagt.

hīt aufi sagt Vika von der Puppe, die einen Hut aufhat. Das *i* von *aufi* falsche Analogie, oder es war beabsichtigt *hūti*

---

[1]) Ein anderer Knabe, Hans Schima, dessen Sprache ich nicht mehr bringen kann, sagte zweijährig *babupf.*

auf. Dann versprochen, Postposition. Das mundartliche *auffi* hört das Kind nie, würde hier auch gar nicht passen.

14. 1. Peter ist im Nebenzimmer erwacht und schreit. Vika ruft, wie sie es von der Mutter gehört hat:

pẹtši, póp šōn! „Petschi, komm' schon!"

petši móch? — ǎpàpfi! „Was hat der Peter gemacht? — Abgestrampelt!"

ditta móch? „Was hat denn die V. gemacht?" (wenn sie etwas angestellt hat).

ǎpàp auch „Der Hampelmann auch".

In den nächsten Wochen war Cartellieri in Innsbruck.

31. 1. *billdabuch* „Bilderbuch"

Neben *áŋmi* schon *hāŋmi* „haben". Sie sagt nicht nur *papi hammi*, wenn sie essen, *waiša hammi,* wenn sie trinken will, sondern auch *mamǎ hámmi* als Ausdruck der Sehnsucht nach der abwesenden Mutter, *petši hammi*, wenn sie mit dem Brüderchen spielen will; ja sogar *wiwi hammi!* Auch *tatsi hammi!* „tanzen haben", wenn ihr der Vater das Lied spielen soll, nach dem sie gewöhnlich tanzt.

fai „zwei", *fĩ* „vier"

Sie hält in jeder Hand eine Puppe und sagt, das Zählen nachahmend, *fai fĩ pepi* „zwei vier Peppi". Ihre Puppen benennt sie alle Peppi. Ebenso sagt sie *fĩ aits* „vier — eins", indem sie die Knöpfe an des Vaters Weste zählt.

Das Kind nennt sich selbst *die ditta*. Es kann ganz gut *Vika* nachsprechen, bleibt aber bei *ditta*, wie auch die Umgebung sagt. *Vika* spricht sie so nach, dass es oft wie blosses *kka* klingt, dass also die betonte Silbe wegfällt!

batsibād „Franzensbad"

ispuck „Innsbruck"

1. 2. *hóppā ámmi* „Hoppa haben", wenn sie aus ihrem Sessel gehoben werden will.

pauwi „Tauben" (früher *auwi*)

Am 2. 2. 99. verreiste Cartellieri wieder nach Innsbruck und kehrte am 9. nach Wien zurück.

Unterdessen einige bedeutende Veränderungen.

Vika 1 Jahr 8 Monate alt.

10. 2. *hāwi, hauwi* „haben“. Nicht mehr *ammi*.
Die Assimilationen verlieren sich.

fimm „schlimm“; früher *mimm*

ȫffater „Grossvater“; früher *ȫtater*

šēln „schälen“; früher *lēli*

šeler „Schäler“ (Schalen); früher *lēler*.

Wegen Krankheit keine Aufzeichnungen.

20. 2. *šimm* „schlimm“

šēne lappe „schöne Lampe“

hepp „Hemd“, *heppi* „Hemdi“

fāŋ (zweisilbig) „Schwalben“

fätšibād „Franzensbad“

ēder „Eger“ (nachgesprochen)

ummȫgn „guten Morgen!“

22. 2. Sie will die grosse Puppe haben, die sie zerbrochen
hat und die ihr deshalb weggenommen wurde. Man gibt ihr
eine kleinere, die sie aber nicht mag:

Nein nein! ōsse pepi, ditta boch! „Nein, nein, die grosse
Peppi, die die Vika zerbrochen hat!“ Ein Nebensatz!

2. 3. Die assimilierten Formen werden durch richtigere
bedrängt, aber noch nicht beseitigt. Das Neue erscheint neben
dem Alten.

attoffe „Kartoffel“ (*popfi*).

štupf „Strumpf“ (*pupfi*)

gokker, dokker „Dotter“

gukka-betti, šukka-betti, tšukka-betti „Zudeckbetterl“

nēnašīn „Nähmaschine“

ēggi (oder *ēkki*) „Engerl“

šai „Scher“

aištupp „einstuppen“ (mit Puder)

ātšaun „anschaun“

tāte „Tante“

hāti „Handi“

Diese Beispiele (und *ēggi*) zeigen, dass auf dieser Stufe
n vor Konsonant noch nicht gesprochen wird.

šam „Schwamm“

bū̆der „Bruder"

nákkamä̆ki „Nackermandl" (auf *mákkamaki*)

3. 3. 99. *tauwi* „Taube" neben *pauwi*

mĕnaš̆ĭn neben *nĕ̆naš̆ĭn* „Nähmaschine".

Kohlen wird nachgesprochen *hōln, tōln, thōln, tšöln.*

die ditta ātšaun mamā papi toche „Ich will zuschaun, wie die Mama das Essen kocht."

Sie nennt sich zum 1. Male spontan *Vika.* Das nächste Mal gleich wieder *ditta.*

Vika 1 Jahr 9 Monate alt.

5. 3. 99. *attucht* „Handtuch"

sattucht „Sacktuch"

bilderbucht „Bilderbuch" (bemerke dasselbe Suffix!)

appušt „Krampus", auch uzw. öfter *appuš*

Auch *fišt* neben *fiš* „Fisch". In allen diesen Fällen ein temporär wirkendes Individualsuffix *-t.*

er wird durch *ai, aë* wiedergegeben:

šai „Scher" und *thaiwi* „Körberl, Körbchen"

š̆ȃi (zweisilbig) „Schnee"

acke „Jackerl"

okke „Rockerl"

tsitteïng „Zitherring" (zum Zitherschlagen)

inge inge aie „Ringe Ringe Reihe"

nŭnĭ̱ (dreisilbig) „ruinieren"

míttòme „mitgenommen"

hä̆ pepper míttòme „Herr Pepper hat (es) mitgenommen"

die ditta wewĕ, auštōst topfi dā „Ich habe Weh-Weh, ich habe mich angestossen mit dem Kopf, da!" Bemerke *au = an.*

6. 3. *fetši* „Zwetschken"

fimm š̆imm tšimm „schlimm"

fāῃ „Schwalben"

fībe „Zwiebel"

fai „zwei"

rīfaišt „Rindfleisch". *r* ist uvular. Wieder das *t-* Suffix.

petši nin „da ist der Petschi drinnen" (z. B. im Spiegel).

ūter bett „unterm Bett"

dä̆kke! „Danke!"

8. 3. *mīch* „Milch" (palatales *ch*)

wūš „Wurst"

papa wuš, die ditta mīchpapi „Papa isst Wurst, ich eine Milchspeise".

di ditta šū „meine Schuhe"

9. 3. *ā^am* „Arm".

tsigāïn „Zigarren"

šīkke „Schinken"

10. 3. *makke* „Mantel"

eisibaun „Eisenbahn" (*au* etwas nasaliert)

11. 3. *engi* „Engerl" (daneben noch *eggi*)

singe „singen"

12. 3. *pēter* „später" (auch *šēter, fpeter* nachgesprochen)

14. 3. *auwiše* „abwischen"

15. 3. *okš* oder (aufmerksam nachsprechend) *okst* „Ochs". Wieder das *t-* Suffix.

baï, bae „Bär" (in Schönbrunn)

waisser ninne, bum bum! „im Wasser drinnen — bum bum!" sagt sie dem Bären zuschend.

pfau „Pfau" (ebenfalls in Schönbrunn)

17. 3. *hai hae* „her"

dewai dewae „Gewehre"

dā hai „daher!" (zeigend)

auslain „ausleeren"

dā šau hai „da schau her".

18. 3. *mamā topp* „Mama kommt" (früher *popp*)

titte „Tinte"

19. 3. *die ditta bier austukke — bier hāwi, noch ja, bitte!* „Ich hab mein Bier ausgetrunken — Bier haben, noch, ja, bitte!"

die ditta ball „der Vika ihr Ball = mein Ball".

20. 3. *papā hūt ūter tiš* „dem Papa sein Hut liegt unter dem Tisch". Gemeint war „auf dem Tisch".

mamā topt „Mama kommt". Beginn der Flexion.

21. 3. *der petši šeit* „der P. schreit", *der* zum 1. Mal.

hāti dēm̦ „die Hand geben"

23. 3. *suppe* „Suppe"

špēter „später" wird mit Mühe nachgesprochen.

happlman „Hampelmann“

mīch „Milch“ (*ī* stark nasaliert)

papītùpp „Papierkorb“

hīters thor „hinters Tor“

24. 3. *petši špikk* „Der Petschi springt“

25. 3. *papa wēwé ūter nī* „Der Papa hat Wehweh an dem Knie.“ Das *ūter* („unter“) des Kindes hat allgemeine lokativische Bedeutung vgl. oben *ūter tiš* „auf dem Tische“.

mama ūter bett „unter der Mama ihrem Bett“. Falsche Wortstellung.

hēs „Käse“

hitter „Kinder“

hiche „Kirche“

26. 3. *hept* (früher *hepp*) „Hemd“. Das dial. *Hembd*, *Hempt* hört das Kind nie.

pfūsbōdn, fūsbōden, fuisbōden „Fussboden“

tsāde „Zahndl“

die ditta hefi dā! „Ich will das Häferl da“

mama tür aufmachen! „Die Mama soll die Tür aufmachen!“

dic ditta papi tochi „Ich möchte Essen kochen“

die ditta ball is? „Wo ist nur mein Ball?“ Fragesatz.

die ditta mach dā! „Was ich da mache!“ sagt sie meist, wenn sie etwas Unerlaubtes tut. Von den Eltern hört sie: „Ja, was machst Du denn da?“

29. 3. *sepf* „Senf“. Sie lernte Wort und Sache erst heute kennen. Alle Versuche, ihr die richtige Aussprache beizubringen, sind erfolglos.

Wenn ihr Luftballon ihr entkommt und an die Decke stösst, so dass sie den herabhängenden Faden nicht mehr erreichen kann, sagt sie:

bitte papa aufheben! Das Wort kommt davon, dass man ihr Gegenstände, die ihr, indem sie auf dem hohen Kinderstuhl sass, entfielen, aufhob.

31. 3. *die ditta fetta zumach!* „Ich habe das Fenster zugemacht“.

die ditta papi haṅ, papi ūter tiš, bitte! „Ich will das

Bappi (einen Biskuit) haben, das Bappi unter (auf!) dem Tisch.“ Sieh oben.

1. 4. *papa hoste* „Papa soll kosten“

wacher chocht „das Wasser kocht“. Gewöhnlich aber schon richtig *wasser*. Nach mehrmaligem Vorsprechen *wasser hocht*.

išpukt „Innsbruck“. Wieder das *-t*.

Vika 1 Jahr 10 Monate alt.

3. 4. *die ditta leffe nunter fall* „Der Vika ihr = mein Löffel ist hinuntergefallen“; *nunter* ist das erste Beispiel von korrektem *nt*.

papa, taisi laufe, bitte! „Papa, lass den Kreisel laufen, bitte!“

8. 4. *die ditta füt süch* „Ich fürchte mich“. Das Kind kann längst *Vika* sagen, sich 30. 1. 99.

V. kann bis zwölf zählen, lässt aber immer elf weg! *eis, fei, dei, fī, fipf, šekše, sīme, achte, neine, tsēne, fĕf*. Für *fipf* sagt sie auch *füf*, wenn man ihr *fünf* mit recht deutlichem *ü* vorspricht. Zu *fipf* vgl. *sepf* = Senf.

Die Mutter hat ihr ein Spiel vorgemacht. Sie zerriss Orangenschalen in kleine Stückchen und gab diese in einen kleinen Topf, dabei zählend. Vika macht das nach, beginnt aber meist bei sechs, zählt richtig bis zehn und dann kommen die andern Zahlwörter ohne Ordnung:

šekše, sīme, achte, neine, tsēne (auch *ssēne*), *achte, fipf, sīme* usw.

13. 4. *die ditta papā lettich müt neisteck* „Ich habe dem Papa seinen Rettig in den Mund gesteckt“ (dh. „ich nahm Papas Rettig und ass ihn“). *lettich* erstes Beispiel *l* für *r*. *müt* obwohl die Lautverbindung *nt* schon einmal richtig gesprochen worden war (3. 4.)

petši uffalt „Petschi ist (im Bett) umgefallen“. Woher das *-t*? Vgl. 20. 3.

17. 4. Statt *bitte bitte!* sagt Vika, wenn sie recht eindringlich bittet *bōde bōde!* (Ich habe gerade bei diesem Worte auch ähnliches bei Martha beobachtet, aber viel später). Statt *bōde* erscheint auch *būde* bei Vika.

13. 4. noch immer *hept* „Hemd“

15. 3. *die ditta luppe fester neiwofft* „Ich habe Kluppen (zum Wäscheaufhängen).zum Fenster hineingeworfen". Gemeint war aber „hinausgeworfen". Wohl Versprechen. *neiwofft* schwaches Partizipium.

17. 3. Sie will in ihren Kindersessel hinaufgehoben werden, sagt aber: *die ditta nuntersteign, bitte!* Belehrt sagt sie *die ditta naufsteign.*

Ende April. Vika steht auf einem Stuhl und sieht zum Fenster hinaus. Sie sagt: *immer lēts, immer lēts* (immer regnets), die *ditta nicht pāpā* (ich geh nicht aus), *mamā eitaufe* (sie sieht auf der Strasse die Mutter einkaufen gehn) *a feisch otter a hēs* „(ein) Fleisch oder (einen) Käs", *šteckt er nein sacki nein poizeimann hopt* (sie sieht unten einen Polizeimann kommen, von dem sie gehört hatte, dass er die schlimmen Kinder in einen Sack steckt), *mū kaiwi, mū kaiwi, mū mū* (sie sieht, dass Kälber zum Fleischer gebracht werden).

Hier brechen die Aufzeichnungen Cartellieris ab. C. war beinahe vier Wochen von Wien abwesend. Zurückgekehrt fand er das Sprachbild Vikas ganz verändert. Sie selbst kannte ihn kaum mehr, sah ihn erstaunt an und wich scheu zurück. Von ihren Reden verstand C. nicht viel, die Mutter musste sie ihm übersetzen. Auch nach dreiwöchentlichem Aufenthalt zu Haus hatte er noch keine vollständige Kenntnis der Sprache des Kindes. Das Kind sprach jetzt sehr schnell und nachlässig, so dass sie halbe Wörter verschluckte. Cartellieri übersiedelte nach Innsbruck.

5. Erich Reinitzer.

Geboren November 1896.

Aus den Aufzeichnungen des Vaters[1]) entnehme ich nur ganz wenige Tatsachen.

Erich hat *ta* demonstrativ verwendet. Mit 16 Monaten litt er an Aphthen. Darnach war *ta* verschwunden, um erst nach fünf Wochen wieder aufzutreten.

Im 19. Monate hängt er an auslautende Vokale ein *m* (vgl. Johannes oben S. 179).

---

[1]) Friedrich Reinitzer, Professor an der technischen Hochschule in Graz.

aám für *aá*

hotóm für *hotó* „Pferd“

haham für *haha* „Hund“

täm für *tǟ*

Besonderen Wert lege ich auf folgendes. Erich sah im 20. Monat im Bilderbuch das Bild eines schnappenden Fisches und sagte dazu *ham!* Seit dieser Zeit nennt er jeden Fisch *ham*. Der Lautkomplex ist also auch bei ihm ganz spontan entstanden. Vgl. oben Gretl S. 149 und Stern S. 306, 322.

Auch Reinitzer fiel es auf, dass sein Söhnchen unter einer heftigen Gemütserregung plötzlich ein Wort ziemlich richtig sagen konnte. Bei einem heftigen Gewitter sagte Erich Donner sofort als *dünni, tünnĕ, tönnĕ* nach.

B. Allgemeines zur Kindersprache.

Man sollte eigentlich nicht von der Sprache der Kinder oder gar von der Kindersprache sprechen, denn es gibt streng genommen keine. Was wir darunter verstehen, ist die Sprache der Erwachsenen in jenen Veränderungen, welche die Kinder mit ihr vornehmen, wozu noch der ganz geringe Teil von sprachlichen Äusserungen kommt, die sich nicht auf die Sprache der Umgebung der Kinder zurückführen lassen. Wenn man nun für gewöhnlich auch das Lallen zur Kindersprache hinzurechnet, so schadet das weiter nichts, denn niemand wird im Zweifel sein, dass es sich hier um ein eigentliches Sprechen nicht handeln kann. Dagegen will mir scheinen, dass unsere Aufzeichnungen zu früh schliessen, denn das kindliche Sprechen hat erst mit dem Augenblicke sein Ende erreicht, in dem das Individuum die Sprache seiner Umgebung vollständig beherrscht[1]) und das dauert auch bei den Kindern der Gebildeten, die bis jetzt beobachtet worden sind, sehr lange, denn vereinzelte Fehler werden wohl bis in die Nähe der Pubertät reichen, und es wird bei den Kindern der Bauern wahrscheinlich noch länger dauern.

Dass man sich nicht schon längst gezwungen gesehen

---

[1]) Eine — aber verkehrte — Definition der Kindersprache bei Ament Begriff und Begriffe der Kindersprache 1902 S. 25.

hat, das Wort „Kindersprache“ aufzugeben, ist eigentlich auffallend, hat aber seinen Grund darin, dass die Veränderungen, welche die Kinder vornehmen, gewisse gemeinsame Merkmale zeigen. Aber diese führen nicht zu einer Identität. Nicht einmal meine drei Kinder, die genau dieselben sprachlichen Muster hatten, hatten dieselbe „Kindersprache“, sondern unterschieden sich scharf von einander. Nach solchen Erfahrungen, die wohl auch von jedem anderen Beobachter gemacht worden sind, ist es ziemlich unbegreiflich, wie z. B. Ament[1]) sagen konnte: *„Die Sprache des einzelnen Kindes verhält sich zur Kindersprache im allgemeinen wie irgendein Dialekt zu seiner Stammsprache: Die Worte sind sehr verschieden, die Gesetze ihrer Bildung aber gleich.“*

Aus derselben Sprache, der Sprache der gemeinsamen Eltern, könnten aber die Kinder derselben Familie nach denselben Gesetzen nur dasselbe machen! Woher dann die Differenzen bei den sprachlichen Leistungen der Geschwister?

Aber Ament ist noch weiter gegangen. *„Die Onomatopoetika und die gesamte Ammensprache überhaupt sind nicht eine Erfindung der Mütter und Ammen, sondern der ungezählten Kinder vieler Jahrtausende, zu der die Mütter und Ammen in keinem andern Verhältnisse als dem der Fixierer, Überlieferer und Nachahmer des Gegebenen stehen“.*

Eigentlich schade, dass das nicht wahr ist, denn wer hätte denn eine grössere Freude über dieses altehrwürdige Idiom als gerade der Linguist! Ich will dem verdienten Ament nicht nahetreten, aber das Jahrhundert des Kindes ist auch das Jahrhundert der kindischen Erwachsenen. Es liegt in der Zeit, dass wir alles, was sich auf das Kind bezieht, masslos überschätzen.

Es wäre sehr schön, wenn jemand ein Wörterbuch der Kindersprache schriebe und unter dem Schlagworte der Verkehrssprache all das verzeichnete, was die bis jetzt beobachteten Kinder daraus gemacht haben — geordnet nach zeitlichen Abschnitten. Dann erst könnte er versuchen, auch die

---

[1]) Ament, die Entwicklung von Sprechen und Denken beim Kinde. S. 39.

gleichbleibenden „Gesetze“ zu formulieren und sie etwa mit unseren Lautgesetzen vergleichen, wobei es nötig wäre, dass er diese erfasst hat.

Es ist erfreulich konstatieren zu können, dass — um nur das Wichtigste zu nennen — die Arbeiten von Wundt, Meumann und jetzt von W. Stern (ich möchte aber auch Idelberger und die kleine Schrift von Tappolet dankbar erwähnen) die Romantik von der Kindersprache abgestreift und die Fragen auf wissenschaftlich festem Boden ihrer Beantwortung näher gerückt haben. Das ist ein sehr bedeutender Fortschritt gegen den Zustand, der noch vor nicht langer Zeit geherrscht hat.

Ich habe bei meinen drei Kindern genau das allmähliche Werden der Lautsprache beobachtet und trotzdem muss ich sagen, dass das Sprechenlernen mir noch immer als ein Wunder erscheint. Unser Kollege A. Rollet pflegte zu sagen, die Sprache sei ein Geschenk des Ohrs. Das ist im allgemeinen richtig. Taubheit, ja schon höhere Grade von Schwerhörigkeit in der Kindheit sind imstande, die Entwicklung der Sprache ganz oder in hohem Grade zu hemmen [1]. Und das Ohr hat seine Rolle für die Sprache nicht ausgespielt, wenn die Sprache erlernt ist, wie die merkwürdige Tatsache lehrt, dass vor der Pubertät ertaubte Kinder die Sprache wieder völlig verlieren können [2]. Aber wie die Laute erzeugt werden, das kann das Ohr nicht lehren. Hier hilft der Gesichtssinn weiter. Aber auch das Auge kann vom Sprechmechanismus nicht viel mehr als die Lippenartikulation beobachten [3]. Die überaus grössere Mehrheit der Sprechakte vollzieht sich im Raume zwischen den Stimmbändern des Kehlkopfs und den Zähnen, ist also einer Beobachtung von aussen unzugänglich. Noch immer würde man das Sprechenlernen begreifen, wenn man sähe, dass es das Kind so macht wie der

---

[1] A. Kussmaul, die Störungen der Sprache. 2. Aufl. S. 259.
[2] Ebd. S. 52 und Anm. 1.
[3] Über die Frage, ob die Kinder überhaupt die Mundstellungen der sprechenden Erwachsenen beobachten H. A. Idelberger, Die Entwicklung der kindlichen Sprache 1904, S. 70.

Erwachsene, der eine fremde Sprache erlernt, indem er fortwährend das von ihm Hervorgebrachte mit dem vom Lehrer
Gehörten vergleicht und darnach bessert. Einen solchen syste-
matischen Vorgang kann man beim Kinde nicht bemerken.
Die Kinder üben nicht, sondern plötzlich, wie mit einem
Schlage, erscheint ein neuer Erwerb, dessen Vorbereitung in
keiner Weise zu beobachten gewesen war. Und so vollzieht
sich, wenigstens für den Zuseher, die ganze Entwicklung der
kindlichen Psyche nicht in Art einer aufsteigenden Geraden,
sondern treppenartig, in Sprüngen.

Hier liegen grosse Rätsel vor, deren Lösung kaum jemals
ganz gelingen wird. Gleich die erste Zeit der kindlichen
Lauterzeugung, die Lallperiode, die der nachahmenden Zeit
vorausgeht, zeigt Laute, die von denen des Tieres vollkommen
verschieden sind. Eine Menge von Lauten, so zahlreich, wie
sie gar keine Sprache kennt, aber von wirklich menschlichen
Lauten, die kein Tier hervorbringen kann, ohne etwa nachzuahmen wie der Papagei. Diese Kindeslaute können noch nicht
nachgeahmt sein, denn zur Nachahmung reichen die unvoll-
kommnen Sinne noch nicht aus, sie kommen aus dem Innern,
sie entspringen ererbter Disposition. Mit Wundt muss man
annehmen, dass das Kind infolge seiner Abstammung von
unzähligen Generationen sprechender Ahnen physiologische
Prädispositionen zur Lautbildung mitbringt[1]).

Aufs lebhafteste war ich aber überrascht, als ich beobachtete, dass Kinder in der Lallperiode Laute von selbst
hervorbringen, die sie in der Zeit der nachahmenden Sprache
nicht gleich zu erzeugen in der Lage sind, sondern erst durch
andere Laute substituieren, bis sie sie dann wieder mit einem
Male produzieren können. Zu meiner Freude kann ich fest-
stellen, dass diese wichtige Beobachtung auch Ament[2]) und
Tappolet gemacht haben. Tappolet sagt[3]): *„Es ist eine
durch genaue Beobachtung mehrfach erprobte Tatsache, dass*

---

[1]) W. Stern S. 149.
[2]) Ament Begriff und Begriffe der Kindersprache S. 51 f.
[3]) E. Tappolet, die Sprache des Kindes, Basel 1907, S. 85.

das Kind, bevor es sprechen kann, unendlich viel mehr Laute hervorbringt, als es nachher braucht . . . Besonders merkwürdig ist nun, dass das Kind auf dieser primitiven Stufe oft Laute erzeugt, die ihm nachher, in der Periode der Nachahmung nicht mehr gelingen. Wie viele Kinder haben wir g und k lallen hören, ge-ge-ge und ka-ka-ka usw., die gleichen Kinder sagen aber später regelmässig: dut für gut, tole für Kohle und distanne für Giesskanne".

Das entspricht genau meiner Beobachtung. Nur habe ich von Gretl noch uvulares *r*, *l*, auch Zischlaute gehört, soweit sie ohne Zähne hervorzubringen sind. Bei Gretl ereignete sich das Sonderbare, bis jetzt noch nicht Beobachtete, dass sie gleich nach der Geburt Laute lallte, dann bei eintretender Gesundheit verstummte und erst wieder genau mit Beginn des vierten Monats, aber dann in der behaglichsten Stimmung, lallte [1]).

Wie sich dieses scheinbare Verschwinden der ererbten Laute erklärt, ist bis jetzt nicht bekannt. Vermag das Kind in der ersten sprachnachahmenden Zeit die *g*, *k*, *r* usw. nicht zu erkennen? Die labialen und dentalen Laute sind ja viel leichter zu erkennen, weil sie ganz oder teilweise der Beobachtung des Auges zugänglich sind. Oder aber erkennt das Kind auch die schwierigeren *g*, *k*, *r* usw. und sind nur die Nervenleitungen vom akustischen (Wernickeschen) Zentrum zum motorischen (Brocaschen) noch nicht leistungsfähig?

Warum hat sich aber in der Lallzeit, in der das Kind auch *g*, *k*, *r* usw. bereits sagen konnte, nicht eine gut funktionierende Verbindung von akustischem und motorischem Zentrum entwickelt? Hat das Kind damals seine eigenen Laute im akustischen Zentrum aufgenommen, so dass die akustischen mit den motorischen Bildern in Beziehungen getreten sind, oder nicht? Jedenfalls kann man nicht annehmen, dass damals bloss für einzelne Laute die Bahn vom akustischen zum motorischen Zentrum fahrbar gemacht wurde.

---

[1]) Das Kind, das schon im 4 Monat *grli-grli* sagte, sprach noch mit 1 Jahr 9 Mon. *Jing* für „*Ring*".

Die Sache steht wohl so, dass aus der Lallzeit überhaupt keine brauchbare Verbindung vom akustischen zum motorischen Zentrum besteht, und dass erst in der nachahmenden Zeit nach Massgabe der progressiven Perzeption der Laute die Leitungsbahnen leistungsfähig werden. Und das wird auch durch die Schwierigkeit der ersten Nachahmung von gehörten Sprachteilen bestätigt.

Ich will hier eine Beobachtung zur Vererbung erzählen. Mir fiel schon vor vielen Jahren auf, dass die Juden *mechanisch* mit einem *ch* sprechen, wie wir es nur nach einem dunkeln Vokale, also etwa in *Sache, suchen* sprechen, während wir in dem Worte *mechanisch* dasselbe *ch* hervorbringen wie in *Sichel, fächeln* usw. Mir gelang es einige Male nach der Aussprache des Wortes *mechanisch* festzustellen, dass ein Mann, den ich bis dahin für einen Christen gehalten hatte, weil nichts mehr, weder die Sprache noch sonst etwas an den Juden erinnerte, ein Jude sei. Meine Diagnosen erwiesen sich als richtig. Um nun sicher zu gehen, bat ich E. Szanto, der selbst Jude war, auf das Wort bei seinen Glaubensgenossen zu achten. Auch Szanto bestätigte nach mehrjähriger Beobachtung die Richtigkeit der Tatsache.

Aber woher haben nur die Juden ihr *ch* in *mechanisch?* Wirkt hier noch die Sprache ihrer Ahnen mit, oder ist es bloss die Nachwirkung des Unterrichts im Hebräischen, den sie in ihrer Jugend geniessen? Auffallend ist jedenfalls, dass eine völlig fremde Sprache, wie es das Hebräische für den Juden von heute ist, solche tiefe Spuren hinterlassen kann[1]).

Die Vererbung der sprachlichen Disposition ist unzweifelhaft. Aber man darf sich dieselbe nicht so vorstellen, dass etwa ein Kind deutscher Eltern gerade für das Deutsche besonders prädisponiert wäre. Davon ist keine Spur zu bemerken. Es wäre sonst auch ganz unbegreiflich, dass Kinder rein deutscher Eltern im Lallen Laute hervorbringen, die dem

---

[1]) Kann man etwa in Deutschland, wo auch die Christen im Gymnasium Unterricht im Hebräischen geniessen, bei diesen dieselbe Erfahrung machen, dass sie in *mechanisch* das *ch* von *suchen, Sache* sprechen?

Deutschen vollkommen fremd sind. Die Reichhaltigkeit der von den Kindern in der Lallperiode hervorgebrachten Laute zeigt, dass die Kinder zur Erlernung jeder menschlichen Sprache durch Vererbung prädisponiert sind.

Von grösster Wichtigkeit ist für das Sprechenlernen auch der Nachahmungstrieb. Ich sehe keinen Grund, in ihm etwas anderes als eben einen Trieb zu erblicken, denn er bestimmt und treibt uns in verschiedenen Altern zu Handlungen wie eben ein richtiger Trieb. Schon Aristoteles hat ihn richtig gewürdigt[1]): *„Das Nachahmen ist dem Menschen angeboren und von Jugend auf vertraut; ragt er doch in Anschung dieser Begabung und dadurch, dass er seine ersten Kenntnisse auf diesem Wege erwirbt, vor den anderen Lebewesen hervor; und nicht minder allgemein ist die Freude an Nachahmungen"*. Der Nachahmungstrieb ist in der Jugend am stärksten und nimmt dann allmählich ab, ohne aber je ganz zu verschwinden.

Der Mensch ahmt nach, weil er nachahmen muss. Kussmaul sagt[2]): *„Das Kind ahmt die Worte der Mutter nach wie das Bellen des Hundes und das Blöken des Schafes"*. Ein normales Kind ist auch sprechlustig. Sprechunlust ist abnorm und wird am leichtesten durch fortwährendes Sprechenhören geheilt[3]), was ich, wie oben mitgeteilt, in meiner eigenen Familie zu erleben Gelegenheit hatte. Je öfter etwas gehört wird, desto stärker wird der Nachahmungstrieb herausgefordert.

Bei den Tieren ist gewiss Nachahmungsfähigkeit ein Zeichen geistiger Begabung. Die Vögel lernen voneinander singen, viele Vogelarten machen sehr erfolgreich die Töne anderer Vögel nach[4]). Aber beim Menschen genügt schon

---

[1]) Περὶ ποιητικῆς c. 4. Vgl. Aristoteles Poetik übersetzt und eingeleitet von Th. Gomperz 1897 S. 6. — Ament Begriff und Begriffe der Kindersprache S. 7.

[2]) A. Kussmaul. Die Störungen der Sprache 2. Aufl. S. 8, 54.

[3]) H. Gutzmann. Über die Verhütung und Heilung der wichtigsten Sprachstörungen 1898. S. 7.

[4]) Garner. Die Sprache der Affen übersetzt von Marshall 1900 S. 131 Vgl. auch S. 177 (Marshalls Anm. zu S. 106).

sehr geringe Begabung zur Nachahmung. Es gibt idiotische Kinder, sagt H. Gutzmann, die vollständig reden können, ja die Redensarten der Erwachsenen *„nur so hervorsprudeln"*. Merkwürdig ist, was hier nicht unerwähnt bleiben soll, dass der Affe niemals versucht, die menschliche Sprache nachzuahmen. Hier scheint sein Rubicon zu sein (Marshalls Anm. zu Garners Buch, S. 113 auf 181). Beim Menschen kommt es aber in seiner höheren Entwickelung darauf an, ob er die Nachahmung einschränken kann und seine Kräfte freier zu entfalten vermag.

Dass blindgeborene Kinder später sprechen lernen als andere, ist ein Beweis, dass das Sehen der Muskelbewegungen des Mundes das Sprechenlernen erleichtert[1]). Die jüngeren Geschwister lernen im allgemeinen leichter sprechen, weil die Nachahmung der Sprache der älteren Geschwister ihnen leichter wird als die Nachahmung der Sprache der Erwachsenen[2]).

Ich habe mir keine speziellen Zusammenstellungen über die Zeit des Auftretens der ersten klaren Nachahmungen des Kindes gemacht. Oltuszewski hat die ersten Nachahmungsbewegungen im achten Monat bemerkt[3]). Scupins Knabe ahmte im elften Monat spontan das Hundegebell mit *huhuh* und *wuhu* nach[4]) und meine Gretl ahmte mir im 8. Monate *ba* nach, als der Hund bellte und ich den Laut wiederholte. Ich habe den Eindruck, dass solche Erlebnisse der Kinderseele die Fähigkeit nachzuahmen früher auslösen als die gewohnten Vorgänge.

Dass die Nachahmungskraft des sprechenlernenden Kindes viel bedeutender ist als die des Erwachsenen, ist allgemein anerkannt. Man muss staunen, mit welcher Treffsicherheit Kinder Geräusche, die sie nie zuvor gehört haben, nachahmen[5])· Gerade das Neue, Ungewohnte, Abweichende ist es, was oft die Kindesseele am meisten aufregt und zur Nachahmung zwingt.

---

[1]) H. Gutzmann aao S. 6.

[2]) Stern aao S. 254f.

[3]) W. Oltuszewski Psychologie und Philosophie der Sprache 1901. S. 47

[4]) E. und G. Scupin Bubi's erste Kindheit S. 43.

[5]) Stern aao S. 273.

„Unsere Hilde", sagt Stern S. 256, *„nahm um 1; 10.[1] von einem . . . sehr stark schlesisch sprechenden Kindermädchen in wenigen Tagen die Endung ele an, die sie nun in allen möglichen und unmöglichen Formen verwandte. Und noch mit fast 7 Jahren war sie für Dialekte so empfänglich, dass sie schon nach zweitätigem Aufenthalt in Graudenz begann, in bestimmten Redensarten unbewusst den singenden Ton der Westpreussen zu gebrauchen.*

Ein Kind braucht nur eine Stunde bei einer stotternden Person zu sein, um das Stottern nachahmen zu können, kann aber auch dadurch schon selbst zum Stotterer werden. Ein Lehrer hatte bei Beginn des Schuljahres einen Stotterer in der Klasse, am Schlusse des Schuljahres stotterten fünf[2]. Patienten mit sprachlichen Defekten sollen einzeln behandelt werden. *„Findet sich z. B. unter den Patienten einer, der ganz besondere Schwierigkeiten bei einem Laute hat, so kann man oft erleben, dass mehrere andere diesen Laut mit einem Male auch nicht mehr herausbekommen"*[3]. Hier liegt natürlich eine krankhafte Steigerung des Nachahmungstriebs vor.

Früh erworbene Fehler in der Aussprache bleiben manchmal zeitlebens. Gutzmanns berichtet[4]: *„In einem Falle handelte es sich um vier Geschwister, welche sämtlich nach dem Vorbilde der Amme die s-Laute aus dem rechten Mundwinkel hervorzischten. Als diese vier Geschwister erwachsen waren, pflanzte sich diese üble Angewohnheit auf das Kind eines derselben fort. Die andern hatten ihren Kindern schon Namen gegeben, in denen kein s-Laut vorkam und entzogen sich so viel wie möglich dem Umgange mit ihren Kindern, um nur die Übertragung zu vermeiden. In einer anderen Familie fand ich denselben Fehler auf drei Kinder durch die Amme übertragen. In einer dritten Familie hat ein Kind ein*

---

[1] i. e. 1 Jahr 10 Monate. Diese Art der Altersbezeichnung würde sich zur allgemeinen Annahme empfehlen.

[2] H. Gutzmann. Des Kindes Sprache und Sprachfehler 1894 S. 41, 44, 47, 179.

[3] A. Liebmann Vorlesungen über Sprachstörungen 1. 2. Heft S. 49 (1898).

[4] H. Gutzmann Über die Verhütung usw. S. 9.

*wendisches Kindermädchen . . . so sprach es statt „Hut" Ut,
statt „Hanne" Anne.*

Ich komme auf diese Tatsachen noch zurück.

Ich möchte in bezug auf die sprachliche Entwicklung des
Individuums vier Stadien annehmen[1]), von denen sich die
ersten zwei mit denen Wundts decken.

I. Die Zeit der Schreilaute, das erste Vierteljahr[2]).

II. Die Lallzeit, die Zeit der artikulierten, sinnlosen Laute.
Das Kind verfügt bereits über spezifisch menschliche Laute[3]).

III. Die Zeit der Sprachnachahmung, der eigentlichen
Spracherwerbung. Der Lautstand wird vollkommen beherrscht
aber noch nicht die Formen.

IV. Die Formen werden erst in dieser Periode vollständig erworben. *„Der Dackel ist mir ausgeweicht"*, *„Es
hat heute sehr gegiesst"* (gegossen, stark gerechnet), sagte
Johannes noch mit 4¼ Jahren.

Vereinzelte Fehler, die diesen Formentgleisungen entsprechen, kommen bis ins hohe Alter vor, wie oben die
Auseinandersetzungen über das Versprechen zeigen.

Über die Laute der Lallzeit (II) vergleiche man Idelberger Entwicklung der kindlichen Sprache S. 68, Ament
Begriff und Begriffe der Kindersprache S. 52, Stern S. 128,
146, Scupin S. 219.

Wenn man eine allgemeine Charakteristik der Zeit der
Sprachnachahmung (III), dessen, was man gewöhnlich „Kindersprache" nennt, geben will, so müsste man etwa folgendes sagen:

1. Von den Silben des Worts wird die hochbetonte
(Akzent)-Silbe am besten wiedergegeben, die anderen im Anfang gar nicht.

2. Von der Akzentsilbe ist es wieder der Vokal, der am
treuesten reproduziert wird.

---

[1]) W. Ament, Begriff und Begriffe der Kindersprache S. 6, 8, 17, 25.

[2]) A. Kussmaul. Die Störungen der Sprache² S 47.

[3]) E. Mach. Die Prinzipien der Wärmelehre Leipzig 1896 leugnet im
Kapitel über „Die Sprache" die Berechtigung, die Sprache der Tiere unartiku-
liert zu nennen. Doch vgl. Marshalls Anm. (zu Garner S. 103) S. 176. —
Paul, Prinzipien³ S. 169.

3. Lautet die Akzentsilbe konsonantisch an und aus, so wird der Anlaut besser wiedergegeben als der Auslaut. Letzterer erscheint im Anfang oft überhaupt nicht. Lautet aber die Akzentsilbe vokalisch an, dann erscheint der Auslaut schon früher.

4. Zwei- und mehrfache Konsonanz wird vereinfacht.

5. Von den Konsonanten werden zuerst die Labialen, dann die Dentalen, endlich die Gutturalen richtig wiedergegeben. Die Liquidä *r*, *l* sowie *s*, *sch*, *h* machen meist zulängst Schwierigkeiten.

Ich möchte also versuchen, anderes und mehr zu geben, als z. B. Stern S. 285, mit dessen Charakteristik der „Kindersprache" ich nicht ganz einverstanden bin.

Auf die Ammensprache näher einzugehen, habe ich keinen Grund. Sie ist nichts anders als ein Versuch, das Wort ähnlich, wie die Kinder es selber tun, zu verunstalten und ist ein Unfug, denn ein Kind, mit dem man immer „talkt" — wie wir sagen — lernt später richtig sprechen als ein anderes. Immerhin wäre es gut, wenn man die Ausdrücke der Ammen zusammenstellte (z. B. *hot-hot* „Pferd", *haidi* „schlafen usw.), damit man einmal nachsehen kann, woher diese von *Ament* so phantastisch überschätzten Gebilde stammen. Weither ist es mit ihnen gewiss nicht[1]). Welche Wörter des Urindogermanischen aus dem Lallen und Sprechen der Kinder stammen, ist eine Frage für sich. Sterns Versuche der Erklärung von indogermanisch **pətér* „Vater" spricht mich nicht an.

Von Interesse für die Sprachwissenschaft sind die Kinderreduplikationen und Assimilationen. Sie sind Paul[2]) nicht entgangen. Er schreibt: „*Das Kind vermag zunächst nur einen Konsonanten mit einem Vokale zu kombinieren, welche Kombination dann in der Regel verdoppelt wird. Von solcher Form sind die am frühesten erlernten Wörter der Ammensprache (papa, mama usw.), und auf diese Form werden zunächst*

---

1) Paul Prinzipien der Sprachgeschichte[3] S. 163.
2) Paul Prinzipien S. 168.

kompliziertere Wörter reduziert." Paul zitiert aus dem Sprachschatze eines zweijährigen Mädchens *tata* „Martha", *babel* „Gabel", *popf* „Knopf", *dette* „Decke", *pomm* „komm" usw.

Die Kinderreduplikation stellt uns wirklich vor ein Rätsel.

Idelberger sagt[1]): *„Die Gefühle (Affekte) und Begehrungen sind nun bei dem einjährigen Kinde in solcher Stärke vorhanden, dass sie nicht durch einen einmaligen, sondern erst durch einen mehrmaligen Gebrauch eines Wortes vollständig ausgelöst werden. Deshalb ist auch gerade die Reduplikation seiner sprachlichen Äusserungen neben dem Klange der kindlichen Stimme und der ihre Verwendung begleitenden Gebärden das sicherste äussere Kennzeichen ihres emotionell-volitionalen Gebrauchs. Diese Beobachtung halte ich für eine der wertvollsten, die ich bei der Beschäftigung mit dieser Frage gemacht habe, weil sie uns einerseits tatsächlich ein unfehlbares Mittel an die Hand gibt, den Wunsch oder affektionellen Charakter der Kindesworte zu erkennen, andererseits auch die Entstehung vieler Reduplikationen physiologisch begründet."*

Das letztere ist eine Frage für sich, aber das andere lässt sich hören. Wenn ich gleichwohl nicht davon überzeugt bin, so hat das seinen Grund darin, dass Martha ($5^3/_4$ jährig) noch *val-val-kleid* „Voilakleid" sagte, aber ebenso *bei-bei* für „dabei". Bei diesem letzteren Wort ist wohl wenig „Emotionell-volitionales" vorhanden.

Auch W. Stern denkt anders. Er hält (S. 149) die Silbenverdoppelungen für ein letztes Residuum der Wiederholungstendenz der Lallperiode. Aber er meint weiter (S. 275), dass die Reduplikation eine Übereinstimmung von Kind und Naturvolk darstelle, wovon später zu sprechen sein wird.

Was ist nun wahr? Richtig ist, dass die Kinder sich endlos wiederholen, wie ungebildete oder leidenschaftliche Erwachsene, die sich nicht ausschöpfen können. Aber die Kinderreduplikation ist spezieller Art, sie ist nicht mehr das zahllose Wiederholen der Lallzeit, sie ist der Regel nach eine D o p p e l s e t z u n g. Das ist ihr charakteristisches

---

[1]) Entwicklung d. k. Spr. S. 39.

Gepräge. Und von dieser Doppelsetzung bleibt dann, wie Paul ganz richtig gesehen hat, die Assimilation von An- und Auslaut, von der jede Kinderbiographie Belege bringt.

Eine Erklärung der Kinderreduplikation müsste also gerade der Doppelsetzung gerecht werden. Sie hat vielleicht einen physiologischen Grund. Wir Erwachsene sprechen mit der linken Hirnhälfte (Brocasche, Wernickesche Stelle), wenn wir Rechtshänder sind, mit der rechten, wenn wir Linkshänder sind. Der kleine Sprechling ist Doppelthänder. Seine innere Sprache wird demnach nicht entweder links oder rechts, sondern wird beiderseitig lokalisiert sein. So könnte die Kinderreduplikation eine Folge der doppelten Impulse sein, die um diese Zeit noch von beiden Hirnhälften ausgehen. Je mehr eine Hand verwendet wird, desto mehr tritt auch die eine Hirnhälfte in Funktion. Die rechte Hirnhälfte des Rechtshänders kann aber nicht von jeher ganz ohne sprachliche Betätigung gewesen sein, denn sonst wäre es unmöglich, dass sie für die linke einspringen kann, wenn diese durch Krankheit ausser Dienst gesetzt ist. Das Wiedererlernen der Sprache bei den Aphatischen würde sich am ehesten daraus erklären, dass wenigstens in früher Jugend die andere Hirnhälfte bei der Spracherzeugung mitbeteiligt gewesen ist.

Aber darin hat Idelberger sehr recht, dass er mit Nachdruck auf den emotionell-volitionalen Charakter der ersten Kindersprache hingewiesen hat. Kinder sind sehr leidenschaftlich, so lange sie wachen, wollen und begehren sie irgend etwas. Und deshalb sollten auch ihre mimischen Ausdrucksformen beobachtet werden wie ihre Sprache.

Das Gefühlsleben des Kindes ist ein reiches. Lust und Unlust begegnen noch keinen Hemmungen. Auch kleine Ursachen erzeugen grosse Wirkungen. Aber für das Kind ist eben nichts klein und unbedeutend. Alles kann Gegenstand seines Begehrens werden. Martha ahmte mit 1 Jahr 5 Monaten nur einige Laute (*ah! puh!*) und einfache Gebärden nach (z. B. Kopfnicken), aber sie hielt manchmal — nicht oft — Lallmonologe mit *ah wah* . . . und reichlicher Aktion der Hände. Johannes hielt um diese Zeit mit „Rednergebärden und Sprechergewicht“ Sermones, um seinen jeweiligen Standpunkt zu vertreten (3 ¼ jährig). Bei Gretl hatten sich aber mit 6 Jahren schon die meisten mimischen Ausdrucksformen verloren oder doch sehr abgeschwächt. Der Unterschied der Kinder war um diese Zeit (November 1902) sehr auffallend. Die kleineren erschienen viel leidenschaftlicher in ihren Ausdrucksbewegungen als die ältere Schwester.

Mit der Zunahme der Sprache scheinen die mimischen Mittel des Ausdrucks zurückzugehen. Erziehung tut natürlich auch noch das ihrige, um den Leidenschaften Hemmungen zu bereiten, die habituell werden.

Die freudigen Affekte werden mit Vokalen ausgedrückt, die gehobenen Kehlkopf bedingen. Wenn Martha der Bau eines Turmes gelang, so jubelte sie *iji*! Ärger und Verdruss fand seinen Ausdruck in *ä* und *u*. Johannes heulte in *ä*- und *u*-Lauten. Damit stimmt auch, dass das Lachen der Erwachsenen mit *hihi*, das ganz breite mit *haha* wiedergegeben wird. Wenn der Dichter das Gruseln hervorrufen will, bedient er sich der *u*-Färbungen der Vokale[1]).

Scupin hat im ersten Monate schon Mundspitzen bei Aufmerksamkeit entdeckt (S. 3), eine Bewegung, die man bei Frauen öfter beobachten kann. Martha warf 1 ¼ jährig bei grosser Freude (z. B. wenn man mit ihr tanzte) den Kopf so weit ins Genick, dass man meinen konnte, er breche ab. Ähnlich lachen — wie schon bei Marthas Biographie gesagt — manche Erwachsene mit auffallend weit zurückgelegtem Kopfe. Als Ausdruck der Freude beobachtete ich auch, dass die Kinder auf die Schenkel schlagen, was bei den Erwachsenen eine Geste des Erstaunens ist. Gretl schlug sich vor Vergnügen auf den Bauch, was später auch Martha machte. Bei den Erwachsenen sagt man, sie halten sich vor Lachen

---

[1]) Im „Graf von Eulenfels“ heisst es:
> Hier stöhnt es dumpf und schauerlich,
> Wie aus dem offnen Grabe:
> Huhu! Wie lange, dass ich mich
> Nicht mehr gewärmet habe!

den Bauch. Vielleicht steht das in Zusammenhang mit den kindlichen Gesten.

Die Ausdrucksbewegungen sind ererbt und bleiben beim Menschen, wenn sie auch durch Kulturzunahme zurückgedrängt werden. In Momenten, wo die Hemmungen wegfallen, stellen sie sich alle wieder ein und die tierische Sprache mit allen ihren Ausdrucksmitteln erscheint neben der menschlichen.

Viel wurde die Frage erörtert, ob die Kinder sprach-schöpferisch sind. Ich bin zur selben Ansicht gekommen wie Stern (S. 337). Wenn man unter Urschöpfung oder Worterfindung die selbständige Herstellung einer künstlichen Beziehung zwischen Wortklang und Bedeutung versteht, dann spreche ich sie den Kindern ebenso ab wie Stern (S. 342). Auch Idelberger[1]) leugnet ein spontanes Erzeugen, eine Wortbildung der Kinder ohne äussere Anregung. Zur Beurteilung der scheinbaren Worterfindungen haben Idelberger und Stern so viel Gutes gesagt, dass es nicht nötig ist, auf diesen Punkt weiter einzugehen.

Aber Neuschöpfungen mit oder infolge äusserer An-regung sind ebenso sicher nicht in Abrede zu stellen.

Ganz gewiss ist mir das Wort *ham* für „essen". Ich habe oben erzählt, wie Gretl und Erich Reinitzer zur Bildung dieses Worts kamen. Es malt die schnappende Bewegung des Mundes nach Speise. Dieses *ham*, das genau dem Worte derselben Bedeutung entsprach, das Taine von seinem 14 monatlichen Mädchen hörte, ist vorläufig das best belegte Beispiel einer originellen Kinderschöpfung[2]). Aber sie hängt mit dem Dinge, das sie bezeichnen soll, zusammen.

In deutlicher Verwandtschaft mit diesem *ham* steht *am*, *mam*. Darwins Sohn sagte *mumm* (englisch zu sprechen), Compayré berichtet *am*, Scupins Sohn sagte *mam* für „Milch", später *mama* für „Flasche" „will trinken"[3]).

---

[1]) Die Entwicklung der kindlichen Sprache S. 46, 48.

[2]) Man wird *ham* wohl gewiss noch oft finden. Aber es sei zur Vorsicht gemahnt, denn es kann leicht auch aus *haben*! entstehen und denselben Sinn annehmen. Nur dort, wo diese Entstehung ausgeschlossen ist, kann unser *ham* vorliegen.

[3]) Stern S. 306, Ament Begriff usw. S. 26, 28, Scupin S. 29, 42.

Und dieser Zusammenhang besteht wohl auch, wenn Kinder etwas sich Drehendes, etwas Rollendes bezeichnen wollen. Gretl nannte den „Ball" *ba, bang, bangana, mangan.* Schon die Mehrheit der Formen zeigt, wie hier die Kindesseele selbsttätig mitarbeitet. Ein andermal setzte sie zu *balli-balli* noch *galloli* hinzu. Ein fast identisches Wort hat Kussmaul schon konstatiert[1]): „*Ein Knabe von* 1 1/2 *Jahren . . . begrüsst alle rollenden Objekte: Kugeln, Münzen, einen Garnknäuel, Bleifedern usw. mit dem Ausruf „Galloh!"* „*Dies ist ein Anschauungsreflex in Gestalt einer Lautmetapher".* Auch Gretls *belum-belum* gehört hierher. Aber nur onomatopoetisch ist Bubis *giglang* „Rad", „Dreirad", wohl von dem „*klingkling"* der Alarmglocke, und ebenso *ging-ganga* „elektrische Bahn".

Wie man nun den Zusammenhang etwa zwischen einem rollenden Gegenstande und einem Worte *galloh, galloli*[2]) herstellen soll, darüber möchte ich keine Meinung abgeben, aber der Zusammenhang besteht.

Auch hier wieder brauchen wir Zusammenstellungen, ehe wir weiter können. Auch der sonst so besonnene Forscher Stern geht mir viel zu weit, wenn er weitere Zusammenhänge sucht, wenn er auch Demonstrativa usw. so entstehen lässt. Diese Fragen sind noch nicht spruchreif. Ohne es zu wissen folgte hier zwar Stern den Spuren Jakob Grimms, der schon sagte, *k* sei so recht fähig, das Wesen der Frage auszudrücken, *t* zeige, deute, erwidere, aber unser Material reicht hier noch nicht aus. Man muss erst wirklich sehen, ob unsere Kinder ganz von selbst auf Demonstrativa mit einem Dental kommen, ohne Beeinflussung ihrer Umgebung.

Schon sehr alt ist der Glaube, dass „die Kindersprache" etwas über den Ursprung der Sprache überhaupt lehren

---

[1]) Kussmaul, Die Störungen der Sprache ² S. 49 Anm. Vgl. dazu Ament Begriff usw. S. 27.

[2]) Diese Wörter sind nicht etwa aus einem „*Hallo*" der Erwachsenen entstanden. Das wäre weder uns, meiner Frau und mir, noch auch einem Beobachter wie Kussmaul entgangen. Material bei Stern S. 330.

kann. Soweit es sich um Wörter des *ham-* und *galloli-* Typus[1], denen man den onomatapoetischen *bu*-Typus (Bellen) hinzugesellen muss, handelt, hat die Frage einen Sinn.

Aber keinen Sinn hat sie bei jenen Wörtern der Sprachen, die nicht auf solche Typen zurückzuführen sind, und das ist die erdrückende Mehrheit.

Auch Haeckels biogenetisches Gesetz[2] hat man in der Sprachentwicklung des Individuums finden wollen, in der „Kindersprache". Für mich, der die Existenz einer „Kindersprache" überhaupt leugnet, besteht die ganze Frage nicht. Aber wenn man auch am alten Worte — und dem, was man darunter verstand — festhält, braucht man doch nicht an dieses Gesetz zu glauben. Stern sagt S. 263: *„Bei einer Nachprüfung der Frage wird man gut tun, das Häckelsche Wort ,biogenetisches Gesetz' zu vermeiden, da es die auf alle Fälle*

---

[1] N. Rhodokanakis macht mich aufmerksam, dass in den semitischen Sprachen die Wurzel *gall* im Sinne von „rund", „rollen" u. ä. vorkommt. Er gibt mir folgende Zusammenstellungen.

Hebräisch. *gal* (Stamm: *gll.*) „Steinhaufen", von übereinander gerollten Steinen. Jos. 7,26. Gen. 31,46. Hi. 8,17. usw.

galgal (Stamm: *gl*, redupl.) „Rad", Jes. 5,28. Jer. 47,3 usw.

gilgȧl nomen loci, vgl.

gulgólȧϑ (Γολγοϑᾶ!) „Schädel, Kopf." Ri. 9,53. 2 K. 9,35.

gālîl (Stamm gll.) „drehbar" 1 K. 6,34. „Walze" Esth. 1,6.

g:lilâh „Umkreis, Landstrich" vgl. Galilaea! Von demselben Stamm (gll) verschiedene Verbalformen mit der Bedeutung im Aktiv: „rollen, wälzen"; Passiv: „Zusammengerollt werden" usw.

Im Arabischen ist dieselbe Radix (gll) in ähnlichen Bedeutungen, wenn auch nicht so durchsichtig, erhalten; z. B. *ǧalla-tun* „runder Mistfladen" (gewöhnl. Brennmaterial.) — *ǧalǧala-tun* „Schädel".

Das Aramäische (nur im Syrischen Dialekt herangezogen) kommt in den Ableitungen und Bedeutungen von gll dem Hebräischen sehr nahe. Das markanteste Beispiel: *giγlā* (aus *gilglā) „Rad".

Im Äthiopischen dürfte die Radix glg („häufen" etc) mit gl, gll der übrigen semitischen Sprachen zusammenzustellen sein.'

Assyrisch *gallu* „wogend" *gillu* „Welle Fluth" hängt mit Heb. *gal* „Quelle". Pl. „Wellen"; syrisch *gallā* „Woge", *gallel* „wogen" usw. zusammen und wird allgemein von demselben Stamme gll abgeleitet.

[2] Ament Begriff usw. S. 78: Das biogenetische Grundgesetz (!) — Ament Fortschritte der Kinderseelenkunde 1906 S. 16.

*anfechtbare Behauptung enthält, dass das Individuum in irgend-
einer geheimnisvollen Weise zu einer Rekapitulation der gattungs-
mässigen Entwicklungstatsachen angelegt sein solle.“* Damit
ist so viel weggeworfen, dass kaum mehr etwas übrigbleibt.
Stern will nur von „genetischen Parallelen“ sprechen[1]). Das
möge man auch tun, möge sie sammeln — und möge sich
hüten, viel daraus zu schliessen!

Geradezu Verdruss müssen dem Sprachforscher die Versuche machen, zwischen der „Kindersprache“ und der Geschichte der Sprachen Parallelen herauszufinden. Ament
hat damit begonnen, aber ohne in das Wesen der sprachlichen
Veränderungen irgendeinen tieferen Einblick zu haben[2]).
Übrigens sind solche Versuche schon vor Ament für vereinzelte Erscheinungen gemacht worden. Ein Gelehrter beobachtete, dass ein Kind für *„Katzerl“ tatzerl* sagte. Sofort
war ihm klar, warum der alte Inder einst *cakāra* statt **kakāra*
gesagt hätte. Solche Erklärungen, die jenseits von Gut und
Böse sind, verstummen nach und nach, aber was bleibt, ist
nicht viel besser. Wenn M. Grammont[3]) sagt: *Toutes les
modifications fonétiques, morphologiques ou sintaxique qui carac-
térisent la vie des langues apparaissent dans le parler des enfants,*
so mag das hingehen, denn die Kinder verändern in ihrer
Gesamtheit so viel, dass allerdings Parallelen erscheinen müssen.
Aber bedenklich wird die Sache, wenn Grammont einem
kindlichen *capet* „paquet“ beifügt, *c'est la même métatèse que
nous trouvons p. e. dans lit. kepù à côté de v. sl. pekᶏ, gr.
πέσσω.* Dieselbe Metathese? Vielleicht auch nicht, denn wir
wissen nicht, ob sie aus derselben Ursache entstanden sind.
Vielleicht sind beides „versprochene“ Formen; dann hätten
sie mit der „Kindersprache“ überhaupt nichts zu tun.

Auch Stern sagt S. 285: *„Betrachtet man die Verstümme-*

---

1) Stern S. 264: „Diejenigen Seiten des Sprachprozesses, die aus inneren
spontanen Entwicklungstendenzen geistigen Lebens hervorgehen, können onto-
genetisch und phylogenetisch Parallelen zeigen; diejenigen Seiten, welche durch
Ausseneinflüsse bestimmt werden, müssen Disparitäten zeigen.“

2) Man vgl. Ament Entwicklung usw. S. 41, 45, 46, 47, usw.

3) Mélanges linguistiques offerts à M. A. Meillet Paris 1902 S. 61, 73.

*lungen der Kindersprache unter linguistischem Gesichtspunkte,
so zeigen sich alle Formen, die auch die allgemeine Sprachgeschichte kennt: Elision, Lautwandel, Assimilation, Metathesen,
freilich zum Teil mit eigentümlichen Modifikationen.*

Das wäre eine sonderbare „linguistische" Betrachtungs-
weise. Auch Stern weiss nicht genau, was eine sprach-
geschichtliche Veränderung ist. Diese ist an Bedingungen
gebunden, gilt im weitesten Umfange und wirkt bloss innerhalb bestimmter zeitlicher und örtlicher Grenzen. Die
„Kindersprache" könnte man mit den wirklichen Sprachen
dann vergleichen, wenn es eine gäbe, d. h. wenn die Kinder
einer denselben Dialekt sprechenden Genossenschaft eine
gemeinsame Kindersprache sprächen, die nach denselben Gesetzen aus der Sprache ihrer Umgebung gebildet ist! Das
gibt es aber nicht. Nicht einmal die Kinder derselben Eltern
sprechen gleich.

So kommt man auch hier wieder im besten Falle zu
„Parallelen". Man kann auch diese zusammenstellen, aber
man möge wieder so wenig als möglich daraus schliessen!¹)

Für die Geschichte der lautlichen Entwicklung der Sprachen
werden uns die kindlichen Individualsprachen nicht viel lehren,
mehr für die Formenlehre; aber dass z. B. die Reduplikation
der Sprachen mit dem kindlichen Doppelsetzen etwas andres
als die menschliche Basis gemeinsam hat, gilt mir als unbe-
weisbar und unannehmbar.

Verschiedene Gelehrte sind der Ansicht, dass die Tatsache
der immerwährenden Veränderung der Sprachen ihren
Grund darin habe, dass die Sprachen auf immer neue Generationen von Kindern übertragen werden. Also die „Sprache
der Kinder" wäre schuld an dem ewigen Wechsel. Ich habe
nie daran geglaubt und glaube auch heute nicht daran, nach-

---

¹) Mein Johannes machte aus „trinken" *krinken*, aus „drehn" *grehn*.
Denselben Fehler merkte Ament Entwicklung usw. S. 49 an. Dieselbe Er-
scheinung finden wir im späten afrikanischen Latein *maeri = matri* (Sommer,
Handbuch der lateinischen Laut- und Formenlehre S. 232), aber auch im
Paelignischen *pristafalacirix* = lat. **praestabulatrix*, und wieder finden wir
den Wechsel in franz. *craindre* gegen lat. *tremere*. Was folgt daraus?

dem ich drei Kinder neben mir zu beobachten reichlichste Gelegenheit hatte.

Nur in bezug auf wenige Punkte könnte ich einen Einfluss der „Kindersprache“ auf die Entwicklung der Sprachen für diskutabel halten.

1. Schwache Laute werden in der neuen Generation überhaupt nicht mehr perzipiert und daher unterdrückt.

2. Gewisse Assimilationen könnten aus der Kindersprache herstammen. Meine Martha sagt heute noch *ich mött* „ich möchte“.

3. Schwache Kategorien schwinden. Vergleiche den Kampf der Kinder gegen unsere starken, ablautenden Zeitwörter, die sie durch schwache zu ersetzen Lust haben.

4. Seltene, in ihrem Bau unklar gewordene Wörter fallen in neue psychische Assoziationen (Volksetymologie).

Aber auch hier homme ich über die Zweifel nicht hinaus, denn alle diese Regungen finde ich genau so beim Erwachsenen und habe sie reichlich beobachtet. Wie stark müssen diese Triebkräfte auch beim Erwachsenen sein, wenn sie sich so häufig trotz aller Übung und Gewöhnung auch bei ihm finden und oftmals im Versprechen sich offenbaren!

Zu 2 möchte ich bemerken, dass ich *guy gegangen* „gut gegangen“ und Ähnliches mehr sage. *Zum beippil, zum beippi* „zum Beispiel“ ist doch gewiss nicht bei Kindern, sondern bei Erwachsenen entstanden. Wegen 3 verweise ich auf das Versprechen. Paul, Prinzipien [3] S. 206 sagt: *„Jede Sprache ist unaufhörlich damit beschäftigt, alle unnützen Ungleichmässigkeiten zu beseitigen, für das funktionell Gleiche auch den gleichen lautlichen Ausdruck zu schaffen“.* Das ist vollkommen richtig. Wenn wir aber sehen, wie sich diese Arbeit auf die verschiedenen Alter verteilt, so finden wir daran nicht nur die Kindheit, sondern auch das Mannesalter, ja auch das Greisenalter beteiligt. Zu 4 möchte ich nur hinweisen, dass die deutschen Soldaten vom Jahre 1870/71 von den Zuckerhüten des Onkels *Baldrian* sprachen, wobei sie die Geschosse des Forts vom Mont Valérien meinten. Wegen ähnlicher Kinderetymologien verweise ich auf *Brandandimann* „Baron Andrian“ und Stern S. 373.

Aber mehrere Tatsachen sprechen laut gegen jede Erklärung der Sprachveränderungen aus der Kindersprache.

1. Idelberger[1]) sagt: Es zeigt sich *„eine so geringe Fähigkeit, das einmal Gesprochene festzuhalten und zu wiederholen, dass man hieraus mit aller Wahrscheinlichkeit schliessen kann, dass das Kind nicht imstande ist, eine etwa erfundene gegenständliche Bezeichnung auch nur einmal zu wiederholen, geschweige denn konstant derart zu gebrauchen, dass dieselbe zu einem zeitweisen oder dauernden Bestandteil seiner Sprache wird.“* Das gilt von den „Urschöpfungen“, aber noch mehr von den lautlichen Veränderungen. Und diese ändern sich ja selbst immer wieder. Ja, wenn die Kinder derselben Sprachgenossenschaft dieselben bleibenden Tendenzen in der Veränderung der Laute hätten! Aber davon ist nichts zu bemerken.

Scupin S. 47 sagt: *„Eigentümlich ist, dass oft Gutgelerntes wochenlang nicht mehr angewandt und getan wird. Es ist augenscheinlich vergessen und muss wieder von neuem gelernt werden“.*

Man denke auch daran, wie selten unsere Erinnerungen aus der ersten Kinderzeit sind. Sie beginnen zumeist erst mit dem 5. und 6. Jahre; in dieser Zeit ist aber die „Kindersprache“ meist schon geschwunden.

2. Vor der Geschlechtsreife ertaubte Kinder können die Sprache vollkommen verlieren! Sie werden taubstumm, wenn sie vor dem 6. oder 7. Jahre ertaubten. Aber es sind Fälle beobachtet worden, wo die Sprache noch nach dem 14. Jahre vollkommen verloren wurde. Wie schwach müssen also die Eindrücke der „Kindersprache“ auf die kleinen Sprecher selbst sein.

Ich habe eine merkwürdige Beobachtung an Johannes gemacht. Als er schon leidlich sprechen konnte, gefiel er sich in der Rolle eines Baby[2]) und talkte wieder — aber

---

[1]) Idelberger. Die Entwicklung usw. S. 50.

[2]) Kinder spielen überhaupt gern Baby sein. Der Besuch bei einem Wickelkind macht ihnen oft einen solchen Eindruck, dass sie sofort Baby spielen müssen, mit jenem tiefen Ernste, der jedem kindlichen Spiele eigen ist.

falsch! Er konnte es nicht mehr, er hatte seine Lautgebung selber schon vergessen. Hier einige Beispiele:

toltaten und perde „Soldaten und Pferde" Okt. Nov. 1902.

„*weil ich so dein bin*" „klein"

du bist ein jabenbich „Rabenvich"

weggetotten „weggestossen"

di midi soll dommen „die Mizi soll kommen".

gemüde „Gemüse".

ich will einen goten („grossen") *schimmel kaufen und nach Rutland* („Russland").

will tand („Sand") *taufeln* („schaufeln") *mit dem tiefer* („Schiefer").

Johannes hat in diesem kindlichen Hyperdorisch klar bewiesen, dass er keine rechte Ahnung mehr hatte, wie er früher. gesprochen.

Wenn die Verhältnisse darnach wären oder einstmals gewesen wären, dass es zu einer wirklichen „Kindersprache" käme oder hätte kommen können, könnte man trotzdem noch an manches glauben. Es wäre an sich denkbar, dass durch den Verkehr der Kinder eine gewisse gemeinsame Sprache sich irgendwo entwickelt hätte. Aber dazu waren weder in alter noch in neuerer Zeit die Verhältnisse günstig. Die Kinder haben in den ersten Jahren früher in den verstreuten Wohnsitzen der Siedelungen noch weniger Gelegenheit sich in grösserer Anzahl zusammenzufinden als heute, wo doch meist nur Kinder von Nachbarn verkehren. Und zu einer halbwegs einheitlichen Sprache könnte es auch so nicht kommen, denn das verschiedene Alter der Kinder und der verschiedene Stand ihrer sprachlichen Entwicklung liesse eine gemeinsame Sprache nicht aufkommen. Bei den kleineren Kindern fehlt aber zum Verkehr die notwendige Voraussetzung, eine gewisse Fertigkeit in der Sprache.

Die Kinder haben eine ganz besondere Fähigkeit, auffallende sprachliche Erscheinungen nachzuahmen, und behalten solche durch Nachahmung erworbene Eigentümlichkeiten lange, oft zeitlebens bei. Ich habe oben auf einige hierhergehörige Beobachtungen (Ansteckende Kraft des Stotterns,

einer falschen Aussprache von Zischlauten usw.) hingewiesen.
Wir finden hier eine Zähigkeit des Festhaltens, die sonst der
kindlichen Seele fremd ist. Es handelt sich offenbar um
starke Eindrücke. Daraus könnte man eher schliessen, dass
Kinder besonders geeignet erscheinen, Abweichungen der
Sprache, die sie bei einzelnen Erwachsenen bemerken, nachzuahmen und festzuhalten. Aber was erklärt die Tiefe des
Eindrucks solcher bei völlig normalen Menschen unter allen
Umständen doch nur geringer Verschiedenheiten? Ich kann
mich erinnern, dass ich als Gymnasiast in den ersten Jahren
die Sprachweise eines Lehrers nachahmte und dafür von meinem
Mitschülern verspottet wurde. Aber geblieben ist von dieser
nachgeahmten Sprechart bei mir nichts.

Dass die lautlichen Veränderungen der Sprache nicht von
den Kindern herrühren, ist meine feste Überzeugung[1]). Das
Gegenteil wurde oft auch von Männern ausgesprochen, die
weder den Beweis, dass sie die Kinder, noch den, dass sie
die Erwachsenen im Sprechen beobachtet haben, jemals er-
bracht hatten. Von niemand ist auch nur die Spur eines
Beweises der Urheberschaft der Kinder gefunden worden.

Aber auch die anderen sprachlichen Veränderungen schrieb
man den Kindern zu. Ich greife auf einen älteren Aufsatz
von A. Wallensköld[2]) zurück, weil hier die Ansichten, die
auch heute noch die meisten Anhänger haben, besonders
deutlich ausgesprochen sind.

„*Wie weit die Ungeschicktheit beim Erlernen des Neuen
gehen kann, zeigen die Metathesen, Dissimilationen und Assimilationen zwischen zwei nichtbenachbarten Lauten, die sämtlich
M. E. im Munde eines Anfängers entstanden sind. Ein
italienisches Kind (oder eine erwachsene Person), das zum erstenmal glorioso hörte und es nachsagen wollte, irrte sich und sagte
grolioso, ohne den Unterschied wahrzunehmen, wonach es immer
die umgebildete Form brauchte und sie auf andere Individuen,*

---

[1]) Auch der neue Versuch von E. Herzog. Streitfragen der romanischen
Philologie 1904 (vgl. namentlich S. 56 ff.) ist missglückt.

[2]) A. Wallensköld, „Zur Klärung der Lautgesetzfrage" Roman. Ab-
handlungen Herrn Prof. Dr. Ad. Tobler dargebracht. S. 289.

die das Wort auch noch nicht kannten, übertrug. Dass ein Mensch, der schon glorioso aussprechen kann, dazu kommen würde, diese Aussprache in grolioso auf lautgesetzlichem Wege zu ändern, ist natürlich undenkbar (!), da glorioso > grolioso einen Sprung in der Aussprache voraussetzt und die lautgesetzlichen Lautveränderungen, wie ich gezeigt zu haben glaube, in ausserordentlich kleinen Schritten vor sich gehen müssen". (Wallensköld S. 296).

Ich hoffe, meine obigen Darlegungen über die Beziehungen entfernter Laute in der inneren Sprache werden auch W. von diesen seinen Meinungen abbringen. Selbst das Argument der Sprunghaftigkeit der Entwicklung von *glorioso : grolioso*, welches übrigens schon H. Paul zu denken gab, beweist nichts. Auch die Metathesen, Assimilationen, Dissimilationen bereiten sich langsam vor, indem die „versprochenen" Formen immer häufiger werden. Warum sie dann in manchen Fällen durchdringen und zur Regel werden, bleibt dabei dunkel.

Auch die Schöpfung eines ital. *greve* (statt *grave*) nach *lieve* fällt nach W. einem römischen Kinde zu. Er achte aber im Leben darauf, wie zahlreich die Erwachsenen solche Bildungen hervorbringen, und er wird zugeben, dass die Möglichkeit der Entstehung solcher Kontaminationsformen immer gegeben ist.

Man kann aber an einzelnen Fällen zeigen, dass sie bestimmt nicht den Kindern ihr Dasein verdanken. Die Hunderter werden im Jonischen, Attischen und Lesbischen mit -κοσιοι gebildet (διακόσιοι usw), das aber sonst (im Dorischen und Böotischen) als -κατιοι erscheint. Woher stammt nun das ο von -κοσιοι? Man sagt allgemein, dass es von dem ο der Zehner auf -κοντα abstammt. Haben nun die Kinder das Wort für die Hunderter nach dem Wort für die Zehner umgebildet, die sprechenlernenden Kinder unter sechs Jahren? Diese pflegen zumeist noch andere Sorgen zu haben, als die Zahlwörter über hundert zu üben.

Ähnliches lehrt das Lateinische. Nach *quadrāginta* ist gebildet *sexāginta, nonāgintā*. Also wieder Analogiebildungen. Neben *octōgintā* erscheint spätlateinisch *octāgintā*. Das *uā*

von *septuāgintā* scheint von einem alten *octuāgintā* abzu-
stammen, das aber von einer Neubildung *octōgintā* verdrängt
wurde [1]). Es sind also auch bei den Zehnern reichliche
Analogiebildungen zu bemerken, die man, nach den Erfahrungen
an unseren Kindern zu schliessen, gewiss nicht den Kindern
vor Jahrtausenden zuschreiben darf.

Um nur noch einen Fall zu nennen, wo die Kinder keine
Rolle spielen können. In allen Sprachen ist das Pronomen
personale der Tummelplatz der lebhaftesten Analogiewirkungen.
Und gerade dieses tritt bei den Kindern zuletzt auf, wenn die
Sprache schon mehr oder weniger festsitzt. Am persönlichen
Fürwort kann sich also die „Kindersprache“ nicht mehr be-
sonders betätigen, denn ihre Zeit ist ziemlich bald abgelaufen,
wenn das *Ich* auftritt [1]).

Meiner Meinung ist der Anteil der Kinder an den sprachlichen Veränderungen sehr gering. Wenn wir dann sehen,
wie z. B. die Sprache kleinster Kreise gesellschaftlicher,
sozialer Art schöpferisch ist, dann muss man zum Schlusse
kommen, dass der die Kultur verändernde Faktor auch die
Sprache ändert, der Erwachsene.

---

[1]) Sommer Handbuch S. 498.
[1]) Stern S. 239; namentlich S. 243.

5. Hauptstück.

Zum Nachahmungstriebe[1]).

Oft hört man, der Mensch sei ein Herdentier. Wer
macht uns denn dazu? Das ist der Nachahmungstrieb, einer
der elementarsten Triebe des Menschen. Lustgefühle entspringen seiner Befriedigung, Unlust, bis zum Schmerz ge-
steigert, entspringt seiner Hemmung. Wenn Essen den Hunger
stillt und das Individuum erhält als Individuum, so ermöglicht
der Nachahmungstrieb erst das Leben des Individuums in
seinem sozialen Kreise. Wer diesen Nachahmungstrieb nicht
in genügendem Masse hat, erscheint den andern als von der
Natur verkürzt, ein Narr oder ein Bösewicht. Der Nachahmungstrieb ist der gesellschaftbildende und gesellschafter-
haltende Trieb, der Trieb, der höhere Vereinigungen, als die
Familie es ist, ermöglicht. Ohne ihn gibt es keine Organisation,
kein assoziatives Handeln, keinen gemeinsamen Angriff, keine
gemeinsame Abwehr.

Der Nachahmungstrieb ist jene Einrichtung, womit die
Natur das unbegabte Individuum vor den Folgen seiner Dumm-
heit schützt. Man tut das, was die andern tun; das genügt,
man ist ein Ehrenmann, ein tüchtiges Mitglied des Kreises,
dem man angehört.

---

[1]) Vgl. die wissenschaftliche Beilage der Neuen freien Presse vom 21
Januar 1904. Indogerm. Forschungen XVI S. 195 f. 1904. Ich halte mich
hier an meine damaligen Ausführungen.

Literatur: G. Tarde. Les lois de l'imitation 3 Paris 1900. Ein Buch,
das mich schon wegen der Art. die Dinge zu sehen, wenig anspricht.

P. Beck, Die Nachahmung und ihre Bedeutung für Psychologie und
Völkerkunde Leipzig 1904. Enthält viel Anfechtbares.

Nachahmung ist auch meist und für die allermeisten Individuen das einzig Richtige. Was nützt es, sich ausser die
Reihe der Nachahmenden zu stellen, wenn man nicht die Kraft
zum Kampfe hat? Gegen den, der etwas anders machen will,
stellt sich sofort die ganze Herde und senkt die Hörner. Nicht
mit Unrecht. Sie verteidigt einen erträglichen, mindestens gewohnten Zustand. Neues ist nicht immer Gutes. Hat aber
der Neuerer Gewalt in sich, dann wird er ein Führer, seine
Gedanken werden aller Gedanken, er denkt für die andern,
bis dann im notwendigen Wechselspiel der Kräfte der Gedanken wieder ein anderer kommt und im Kampfe für sich
die Palme des Sieges erwirbt. Wer den guten Gedanken,
aber nicht die Gewalt hat, wird ein Vorläufer. Er ist ein
Halber, aber er steht hoch über dem gewöhnlichen Nachahmer,
an dem nichts neu oder originell ist, obwohl ihn dieser —
ewige Erfahrung — geringschätzt.

Das Alter, in dem jedes Individuum so gut wie nichts als
Nachahmer ist, ist die Kindeszeit. Ich möchte nicht jede Vererbung verwerfen, denn man findet bei Kindern Erscheinungen,
die man nicht anders erklären kann. Die allermeisten Über-
einstimmungen von Kindern und Eltern entspringen aber dem
Nachahmungstriebe in dieser so aufnahmsfähigen Zeit. Wenn
die Ärzte heute sagen, das Kind kommt gesund zur Welt,
der kranke Vater oder die kranke Mutter übertragen erst im
Verkehr etwas, z. B. eine Lungenkrankheit, auf das Kind, so
scheint mir das auch auf geistigem Gebiete zu gelten. Das
Kind ahmt alles nach, oft ganz sinnlos, es folgt einem ge-
bieterischen Triebe, es muss. Ein Kind gut erziehen, heisst
ihm für seinen elementaren Nachahmungstrieb die richtigen
Muster geben, was man glücklicherweise nachgerade weiss.
Das ewige Wort des Kindes, das die Eltern so oft ungeduldig
macht, ist: „Ich auch, ich auch!“ Alles, was andere tun, will
es auch tun, was andere haben, auch haben.

Ich glaube, dass das, was man beim Kind Neid nennt,
oft nichts weniger als das ist. Aber auch beim Erwachsenen
ist Neid oft nur die Hemmung des Nachahmungstriebes. Der
normale Neid ist nur das Auchhabenwollen, das Auchtunwollen,

das nicht ermöglicht ist. Aber in dem Triebe liegt nichts Unedles. Wenn ein anderer mehr arbeiten kann als ich, bessere Gedanken hat als ich, so bin ich ihm nicht neidig in dem Sinne, dass ich wünschte, er hätte solche Eigenschaften nicht, ich wünsche nur, ich hätte sie auch. Dass ich es ihm nicht nachmachen kann, das ist mein Unlustgefühl. Was ist also Neid? Verhinderung des Nachahmungstriebes. Man hat sehr richtig gesagt, dass der Bettler nicht den Mann beneidet, der in die Equipage einsteigt, sondern den Mitbettler, der den Wagen rascher erreichen kann und so ein Almosen erlangt. Der Neid lebt also nur in der Verkehrsgenossenschaft, in der eben auch die Nachahmung herrscht. Natürliches Gefühl nennt den, der einen Herrscher beneidet, einen Narren. Das ist schon insofern richtig, als das Neidgefühl das Gefühl der Gleichheit mit dem andern voraussetzt, der wirklich bestehenden oder der beanspruchten.

Soviel mag vom normalen Neide gelten. Abnorm wird er, wenn man das dem andern nicht gönnt, was man selbst hat. Das ist Herrschsucht, denn man will nicht, dass der andere in derselben Verkehrsgenossenschaft, sagen wir gleich Nachahmungsgenossenschaft, dieselbe Achtung geniesst wie man selbst, oder überhaupt dieselben Vorteile irgendwelcher Art, die ihn ebenso mächtig machen. Das Auchhabenwollen leugnet niemand, den wirklichen Neid aber jedermann, und wär's auch der missgünstigste Geselle Es ist möglich, dass jemand den wirklichen Neid als das Prinzip erklärt und das Auchhabenwollen als seine Kulturerscheinung. Ich sehe die Sache anders. Neid erscheint mir abnorm, ein Krankheits- oder Altersdefekt. Sucht ein vollgefressenes Tier einem anderen die Nahrung wegzunehmen?

Was noch gar nicht genügend studiert ist, das ist die unglaubliche Nachahmungsfähigkeit des Kindes. Von Freude oder Leid werden sie fast augenblicklich entzündet. Man sieht bei ihnen — übrigens auch bei Erwachsenen — Erscheinungen, als ob die eine bewegte Psyche die andere ohne weiteres im selben Sinne erregen könnte, wie eine Saite die andere gleichgestimmte zum Mitklingen bringt. Mit was für

Dingen das zugeht, das weiss der liebe Gott allein. Überhaupt: Der liebe Gott! Wie oft wäre er seither entdeckt worden, wenn seine Entdeckung nicht schon so uralt wäre. Ein grosser Historiker sagte, das Beste bei der Erklärung der Weltgeschichte müsse noch immer der liebe Gott leisten. Das kann man wohl von aller Wissenschaft sagen; aber deshalb steht sie noch nicht unter der Kritik jedes Toren.

Im Leben des Erwachsenen heisst die Fuchtel, unter der er steht, Mode. Sie ist weit weniger harmlos, als man gewöhnlich meint. Mode ist nicht nur herrschender Geschmack in Kleidung, Mode ist aller herrschende Brauch, auch die herrschende Art, zu denken, zu fühlen, zu handeln. Es ist nicht der geringste Grund vorhanden, diese Arten und Äusserungen des Nachahmungstriebes zu zerreissen, es gehört alles nach seiner psychischen Quelle zusammen, ist dasselbe. Auch die Kleidermode ist herrischer, als die meisten empfinden. Man kann sich ihr nur in Kleinigkeiten entziehen. In manchen Gegenden trägt der Bauer seinen Pelz mit den Haaren nach aussen. Weh' dem, dem es einfiele, den Pelz mit den Haaren nach innen zu tragen. Er wäre ein Narr, mehr als das, ein Frevler. man würde ihn meiden. Aber nicht genug mit solchen Dingen. Heute stutzt man den Pferden den Schweif; eine törichte Geschmacklosigkeit und eine unnötige Tierquälerei noch obendrein. Man kann sagen, dass es geradezu ein Gesetz ist, dass Pferde, den besten Ständen gehörend, gestutzte Schweife haben. Warum? Weil man's tut. Alle Bekannten haben ebensolche verunzierte Tiere. Eine Dame würde sich schämen, mit anderen Pferden auszufahren, man würde sie verhöhnen. Nämlich die Standesgenossen. Man kann heute eben nicht mit anderen Pferden fahren, wenn man den obersten Gesellschaftsklassen angehört.

Bismarck sagte einmal, das Mitglied einer politischen Partei brauche einen Führer, damit es sehen könne, ob es bei einer Abstimmung aufstehen oder sitzen bleiben solle. Man kann die organisierte Nachahmung nicht besser charakterisieren. Doch spielt hier noch etwas anderes mit. Aber auch in Dingen, auf die wenig oder nichts ankommt, wird

nachgeahmt und muss nachgeahmt werden. So in allem, was
der Ethnograph Sitte und Brauch nennt. Es gibt genug
Menschen — hauptsächlich Männer, Frauen weniger — die
den Unsinn vieler unserer Bräuche ganz gut einsehen. Aber
sie folgen trotzdem, denn sie wissen, es anders machen,
heisst kämpfen müssen, und der Kampf ist bitter. Man muss
das tun, was „man tut“. Das heisst, man muss so denken,
fühlen, handeln wie der Kreis, dem man angehört. Für den
Mann, dem solcher Zwang unerträglich ist, gibt es nur ein
Rettungsmittel: die selbstgewählte Vereinsamung.

Die Nachahmung in der Wissenschaft. Sie besteht hier
so gut wie anderswo. Die wenigsten Gelehrten sind originell.
Das „man tut es“ gilt auch hier, nur wird es „wir glauben“,
„wir nehmen an“ ausgesprochen; das heisst, man glaubt, man
nimmt an, was die andern, ein Kreis, eine Schule glaubt und
annimmt. Das genügt. Wer in der Arbeitsrichtung einer
Schule den grössten Fleiss entwickelt, geniesst das höchste
Ansehen. Diejenigen, welche den Haufen umschwärmen
darauf achten, dass er mit den andern Truppen in Fühlung
bleibe und nicht etwa in einen Sumpf gerate, werden weniger
geschätzt.

Das, was man in der Wissenschaft Schulen nennt, hat
aber seine Berechtigung. Nichts hat so sehr das Recht, sich
auszuleben als der Gedanke. Und das besorgen die Schulen.
Erst wenn es sich zeigt, dass der Gedanke nicht mehr fähig
ist, des Stoffes Herr zu werden, dann ist er und mit ihm die
Schule verloren. Je mehr in einer Richtung gearbeitet wird,
desto besser, denn um so eher muss sich zeigen, ob der
Gedanke die Belastung des ungeheuren Tatsachenmaterials
verträgt oder unter ihm wie eine schlechte Brücke zusammen-
stürzt. Der wissenschaftliche Kärrner, der neue Lasten auf
die Brücke schleppt, so wie er es andere tun sieht, der träumt
oft, zu bauen, und er hat doch nur geholfen, die Brücke zu
zerstören. Doch an ihr liegt nichts. Es kommen neue Gedanken und schlagen neue, bessere Brücken. So ist es immer
gewesen, so wird es immer sein. Jeder Brückeneinsturz ist ein
Triumph der Wissenschaft. Die neue ist meist bald wieder

da. Wer sich's nicht verdriessen lässt, der kann über das Kapitel Nachahmung in der Wissenschaft leicht ein Buch schreiben. Am merkwürdigsten ist, wie manche Vertreter von Geisteswissenschaften die Methode der Naturwissenschaften nachahmen wollen. Früher hat man umgekehrt die Vorgänge in der Natur nach Art von menschlichen Ereignissen sich zurechtgelegt. Goethes „Wahlverwandschaften“. Aber die Naturwissenschaften haben andere Objekte als wir. Dort gibt es ewig bleibende Gleichmässigkeiten der Erscheinungen, Gesetze. Auf dem Boden der Geisteswissenschaften ist nur eines ewig, der Wechsel. Und dieser Wechsel ist unberechenbar, keine Erfahrung von früheren Vorgängen erlaubt einen Schluss auf kommende. Und wenn sich auch etwas zu wiederholen scheint, es ist doch nicht ganz dasselbe, es ist, wenn man näher zusieht, etwas ganz anderes. Nur in einem kann die Methode der Geisteswissenschaften der der Naturwissenschaften gleichen, in der Beobachtung. Die Beobachtung des unmittelbar Zugänglichen muss das nur indirekt Zugängliche vergangener Zeiten erklären helfen — ein Gemeinplatz! — Gewiss. Aber wenn man hingeht auf diesen Gemeinplatz, dann ist man in der besten Gesellschaft, nämlich so ziemlich allein.

In der Geschichte der Wissenschaften, wie auch sonst noch oft, bemerkt man allerdings auch einen Trieb, der dem der Nachahmung direkt zu widerstreiten scheint. Ich meine das Gesetz des Widerspruchs. Es ist der Widerspruch aber nur eine Nachahmung anderer Art, die Kontraimitation, wie man sie genannt hat[1]. Wenn ich auf eine Frage ja sage und ein anderer ebenso entschieden nein, so ist der Unterschied zwischen uns beiden nicht so gross, als man glauben möchte. In der Hauptsache aller Wissenschaft, in der Frage, sind wir ja einig. Eine wirkliche Änderung tritt erst ein, wenn wir erkannt haben, dass man überhaupt ganz anders fragen muss. Die Geschichte der Wissenschaft ist die Geschichte dieser Fragen.

---

[1] Tarde aao. S. XII.

Der Widerspruch der Kontraimitation lässt sich durch alle Adern des wissenschaftlichen Lebens verfolgen. Wenn einer etwas sagt, zum Beispiel a, so sagt vielleicht ein Zweiter oder ein Dritter noch a; sicher ist aber, dass mehrere das Gegenteil sagen werden. Das ist schon deshalb notwendig, weil sonst jeder a sagen könnte. Auch in der Wissenschaft gibt es Mine und Kontremine, Positivisten und Negativisten, Spieler und Gegenspieler, Ormuzd und Ahriman. Aus dem Kampfe von These und Antithese ergibt sich erst der wahre Wert der Idee. Sachlicher Widerspruch, Widerspruch mit Gründen, ist eine Wohltat, denn er zwingt, die These so stark zu machen, als sie nach ihrer inneren Entwicklungsfähigkeit gemacht werden kann. Was den Widerspruch nicht verträgt, ist nicht lebensfähig.

Es gibt Perioden widerspruchsarmer Ruhe, die gewöhnlich auf grosse Funde folgen, wo alle in einer Richtung arbeiten, dann wieder über diese Arbeiten geschrieben wird, die Zeiten der „abschliessenden" Werke. Gottlob, das sind auch immer die Zeiten vor dem Sturm.

Besonders kräftig ist der Nachahmungstrieb beim Weibe, wenigstens beim heute noch gewöhnlichen Typus. Deswegen ist sie in aller Kultur das erhaltende, bewahrende Prinzip. Das Weib hat das bitterste Gefühl der Schande, wenn es nicht das haben kann, was die andern haben. Die Trina in Turgenjews „Dunst" hat nur einen alten Mantel: „O, wie sie es hasste, dieses Mäntelchen!" Natürlich, sie weiss ja die Gedanken der anderen, wenn diese ihren Aufzug sehen, hört ja im Geiste ihre höhnenden, mitleidlosen Worte über sich und ihr Mäntelchen.

Nirgendwo ist der Nachahmungstrieb so gewaltig, wie in der Sprache. Hier ist der klassische Boden seiner Betätigung. Schon im ersten Stadium des Sprechenlernens. Man kann sagen, dass der Mensch überhaupt sprechen lernt, verdankt er nur dem Nachahmungstriebe und einer ganz enormen, oft geheimnisvollen Nachahmungsfähigkeit. Die Kinder zeigen eine Art leidenschaftlichen Dranges, sich der Sprache zu bemächtigen.

Die Kindersprache hat heute noch etwas Romantisches. sogar für manche Forscher; auch diese Romantik verduftet, wenn man sich die Augen reibt und scharf zusieht und zuhört. Freilich sieht man dann neue, wirkliche Wunder. Wir haben davon gesprochen. Die Kinder sollen daran schuld sein, dass die Sprachen sich fortwährend ändern! Dann fand man wieder, dass die Kindersprache bei Deutschen oft auf dem Standpunkte vor der ersten Lautverschiebung stehe, und konstatierte sofort das biogenetische Gesetz. Und so geht es fort. Man beobachtet zu wenig und phantasiert zu viel. Man muss nur recht viel behaupten, und zwar gerade über die allerschwierigsten, dunkelsten oder weitausgreifendsten Fragen, dann hat man den Erfolg bei der grossen Menge für sich. Ich habe bei so bedeutenden Männern meist nur einen Seufzer auf den Lippen: „Herr! Verzeih' ihm, er weiss nicht, was er spricht, denn der Mann ist geistreich."

Das Kind lernt die Sprache des Hauses, in dem es lebt, nach und nach vollständig und vergisst die Art, wie es im Anfang gelallt, getalkt hat, ebenso gründlich. Mit sechs bis sieben Jahren wird das Kind so ziemlich die Sprache seines Kreises innehaben.

Wie kommt es aber zu Änderungen in der Sprache? Nach allen Erfahrungen des Lebens, nach dem, was man jederzeit in jedem kleinen Verkehrskreise beobachten kann, sind es einzelne Individuen, die ihre Art, zu sprechen, doch zumeist viel mehr als das, den anderen aufdrängen, oder, besser gesagt, darin von den anderen nachgeahmt werden. Wer in einem Kreise die grösste Achtung besitzt, den anderen am meisten gilt, die grösste Gewalt besitzt — oder wie man das immer nennen mag — der wird nachgeahmt. Durch die Einwirkung des einen, den unbewusst, in manchen Dingen ganz bewusst, zuerst wenige, dann mehr nachahmen, entstehen Standessprachen. Ein einflussreicher, mächtiger Stand kann wieder in vielem vorbildlich werden, er wird bewusst oder unbewusst nachgeahmt; sehr viele streben darnach, auch vornehm zu erscheinen. Man betrachte die jetzt im Reiche übliche Art zu sprechen: sie geht von Preussen aus und speziell vom preussischen Offiziersstande. Daher der kurz angebundene Satzbau, die bestimmte Art, die hohe Tonlage. Natürlich hängt die Ausbreitung dieser Art, zu sprechen, damit zusammen, dass man die ganze Offiziersart mehr oder weniger nachahmt, das ganze Auftreten und Gehaben, man hat ein gewisses Ideal von Schneidigkeit, dem man nachstrebt.

Als Mitglied einer gewissen Verkehrsklasse denke, fühle und spreche ich wie diese, und mit dieser Klasse ändere auch ich mich in jeder Beziehung. Das hat man bis jetzt zu wenig betont, dass Sprechen mit allem andern zusammenhängt, mit Denken, Fühlen, Handeln; ein und derselbe Verkehr ist der Grund der ganzen Veränderungen in mir und an mir und um mich.

Ein Lautgesetz ist nun die Konstatierung der Tatsache, dass ein bestimmter Laut zu einer bestimmten Zeit innerhalb bestimmter geographischer Grenzen zu einem andern wurde. Die Isolierung eines derartigen Gesetzes erst macht es zu etwas romantisch Mystischen. Es wurde alles noch merkwürdiger, als man erkannte, wie gross die Konsequenz dieser Lautgesetze sei. Man sprach ihnen Ausnahmslosigkeit im bestimmtesten Wortverstande zu.

Der ganze Nimbus verschwindet, wenn man sieht, dass der Lautwandel die Folge oder Erscheinungsform einer anderen Tonart, Art zu sprechen ist, und dass diese Änderung Hand in Hand mit anderen Nachahmungen geht. Ein Lautgesetz ist um nichts merkwürdiger als das Gesetz des roten Schirmes und schwarzen Kopftuches beim Bauernweib, der Krinoline, der Puffärmel in anderen Kreisen zu anderen Zeiten. Ich weiss, dass man sich mit solchen Ansichten lächerlich machen kann. Das tut nichts. Überzeugung scheut auch dieses Opfer nicht. Man hat sich von dem Ernste eines Gesetzes, wie das des roten Regenschirmes eines ist, von seiner ungeheuren Kraft, sich durchzusetzen, eben keine rechte Vorstellung gemacht. Es ist gerade so viel oder so wenig ausnahmslos wie ein Lautgesetz, es entsteht nach und nach, verbreitet seine Herrschaft über eine gewisse Gegend und erlischt einmal. Deswegen muss man fordern, dass die

Sachwellen, die Ausbreitungsgebiete gewisser Kulturerschein-
ungen, im Zusammenhange mit den Sprachwellen, dem Gebiete
der Lautwandlungen, studiert werden. Wo man sie zusammen
studiert hat, sah man, dass die Linien zueinander stimmen,
dass Beziehungen vorhanden sind — natürlich! Denn der
Verkehr, der Austausch der Begabungen, ist der Grund
alles Kulturlebens. Verkehrsgenossenschaft bedingt Kultur-
genossenschaft.

Friedrich Müller hat 1884 die Lautgesetze Moden genannt. Das fand man indiskutabel. Weil man eben von der
Mode eine ganz ungenügende Vorstellung hatte. Zudem hielt
man die Mode für bewusste Nachahmung, die Lautveränderung
für unbewusst. Beides ist unrichtig. Die Mode ist sehr
häufig unbewusst, und die Lautveränderungen können bewusst
sein, wenigstens so weit, dass man eine ganz Art zu sprechen
bewusst nachahmt. Übrigens kommt es gar nicht auf bewusst
oder unbewusst an, sondern auf das Nachahmen müssen,
und das ist überall vorhanden. Schon 1885 erklärte sich
H. Schuchardt mit der Auffassung Fr. Müllers ziemlich einverstanden und konnte auch andere Gelehrte anführen, denen
solche Gedanken nahelagen.

Die anderen Forscher aber sagten, der Grund des ver-
änderten Lautes sei die Änderung des Bewegungsgefühles
bei der Hervorbringung. Dieses Bewegungsgefühl verändere
sich bei allen gemeinsam, niemand könne sich ihm entziehen,
und so seien die Lautgesetze eben ausnahmslos: Einer spreche
wie der andere, man könne bloss minimale Differenzen
zugeben.

Also das Bewegungsgefühl! Auch ein Haupt-Wortfetisch,
würde Fr. Mauthner sagen. Aber ist es denn erlaubt, von
einem solchen Gefühl wie von einer plötzlich entstandenen
Kraft zu reden, anzunehmen, dass etwas Fremdes wie mit
einem Schlage in die Menschen hineingefahren sei? Ein ver-
ändertes Bewegungsgefühl setzt schon veränderte Aussprache
voraus. Und woher kam denn die? Dabei gab man aber
den gesellschaftlichen Charakter aller Sprachänderungen gerne
zu, die Nachahmung, aber das Resultat soll doch überall das-

selbe gewesen sein. Wie ist denn das möglich? Jede Verkehrsgenossenschaft hat doch Individuen von sehr verschiedenem Alter und sehr verschiedener Aufnahmsfähigkeit!

Der Junge spricht anders als der Alte, der Mann anders als die Frau, der Gescheite anders als der Dumme. Diese Unterschiede sind auch bloss vom rein sprachlichen Standpunkt aus betrachtet — gar nicht so gering. Der junge Bauer weiss oft ganz bestimmt, dass er anders spricht als seine Mutter oder Grossmutter, wenn er das auch bloss am Wortschatze beobachtet hat. Richtig ist, dass in praxi diese Unterschiede wenig in Betracht kommen, weil die literarischen Denkmäler zumeist von Männern mittlerer Jahre, also der aufnahmsfähigen Zeit, herrühren und weil produzierende Männer auch sprachliche Führer sind. Den gesetzlichen Lautwandel hat man den lautmechanischen genannt. Dieses Wort muss eliminiert werden, denn es kann zu der falschen Auffassung verleiten, dass der Lautwandel in einer Veränderung unserer Sprachwerkzeuge seinen Grund hat. Das wäre ein grober Irrtum. Nichts in der Sprache ist mechanisch, nicht in den Sprachwerkzeugen wird die Sprache gemacht und verändert, sondern in der Seele, dort, wo alle Kultur sitzt. Kann man den Walzer der Deutschen und den Kolo der Slaven aus der verschiedenen Beinmuskulatur der Völker erklären?

Beim Lautwandel finden sich zwei Arten. Die einen Lautübergänge sind allmähliche, der eine Laut geht langsam und allmählich in einen anderen über. Wir alle machen solche Lautwandlungen mit und merken sie ebensowenig wie die Umdrehung der Erde. Es gibt aber andere Veränderungen, die geschrieben wie plötzliche aussehen, man hat sie „sprunghafte" genannt. Unser Wort „Vogel" kommt von „fliegen", muss also in alter Zeit „fluglaz" gelautet haben. Hier ist das erste l einmal geschwunden. Aber die Veränderung ist auch hier keine urplötzliche. Zuerst hat sich „fuglaz" nur als „versprochene" Form eingestellt, wurde immer häufiger, schliesslich die Regel. Alle die Erscheinungen des sprunghaften Lautwandels kann man im „Versprechen" beobachten. Hier liegt eine besondere Art von Lautwandel vor, der unserer unmittelbaren Beob-

achtung zugänglich ist. Aber auch dieser Wandel ist psycho-
logisch. Besonderes Merkmal dieses sprunghaften Lautwandels
ist, dass er sich zu den verschiedensten Zeiten, bei den verschiedensten Völkern bemerkbar macht, kurz etwas Bleibendes
ist, wie eben auch das Versprechen.

In letzter Linie geht also der Lautwandel auf ein Individuum zurück. Und da fragte man: Warum oder wie kommt
aber das Individuum dazu, zu ändern? Das ist das Muster
einer schlecht gestellten Frage, die auch der grösste Denker
nicht beantworten kann, und deshalb konnte auch niemand
eine befriedigende Antwort geben. Das Individuum, von dem
die Änderung ausging, braucht selber gar nichts geändert zu
haben; es sprach so wie die anderen. In seinem Munde klang
die Sprache anders als bei anderen, das gilt ja von jedem,
aber es wurde in seinem ganzen Gehaben, in seiner ganzen
Art nachgeahmt, die anderen nicht. Seine nächsten Nachahmer steigerten das Charakteristische, das Besondere zu einer
Art Ideal, es wurde nicht nur die Art, zu sprechen,
sondern ein gewisses Ideal des Handelns und Fühlens
aufgestellt und entwickelt, und an dem arbeitet dann
die ganze Sprachgenossenschaft und ahmt es nach.
Nicht um die Sprache allein handelt es sich, sondern um die
Art, auf äussere Eindrücke zu reagieren, um einen Mode-
charakter. „Die Änderungen fangen nicht mit dem Laute
an, sondern mit der Tonierung des Satzes, mit seiner seelischen
und musikalischen Färbung" lehre ich seit vielen Jahren.

Und mit dem Stimmungsinhalt der Seele verändert
sich der Wert des einzelnen Lautes. Das hat E. Sievers
zuerst gesehen. Aber nicht gesehen hat er den Weg.
Ch. Darwin hat zuerst wissenschaftlich den Zusammenhang von
Gemütsbewegung und Gesichtsausdruck dargestellt. Aber
die Gemütsbewegung verändert nicht nur die Musku-
latur des Gesichts, sondern, worauf Darwin zu wenig ge-
achtet hat, auch die der Zunge, wirkt auf die Tätigkeit
der Stimmbänder, auf Atmung und auf die Herz-
tätigkeit, kurz auf alle Faktoren, die bei der Sprache
in Funktion treten. Man rede sich einmal in eine schau-

spielerische Wut hinein und sage: „Sie sollen kommen!!" Es wird klingen wie: „Se sallen kammen!" Jetzt sage man die Worte zärtlich: i und o klingen geschlossen.

Und nun nehmen wir einen Menschen, der leicht mit Wut reagiert. Seine o werden nach a hinneigen, sowie in seinem Gesichte sich jene Runzeln eingraben werden, die der Art dieser Gemütsbewegung entsprechen, was ja mutatis mutandis das Charakteristische eines jeden Gesichtes ausmacht. Nehmen wir nun weiter an, dass viele ihm nachahmen, aus Liebe oder Furcht, so wird sein Verkehrskreis helle o sprechen, und man wird einmal finden, dass zu dieser Zeit sich das „Lautgesetz": „o wird zu a" zugetragen hat.

Das ist ein grobes Beispiel und übertrieben. Aber man folge weiter. Beobachten wir einen Aristokraten. Was drückt sein ganzes Gehaben aus: Es ist langweilig, ich weiss schon, kenne das schon usw.; ich möchte das die äh!-Stimmung nennen. Es ist Mode, als Aristokrat so zu reden, kurz eine gewisse gleichgültige Gemütsstimmung nachzuahmen, wenn auch das Individuum ganz anderer Art ist; man spielt eine Rolle, man eifert einem bestimmten Ideal nach. Man kann doch auch nicht verkennen, dass der Offizier ein bestimmtes Ideal von Schneidigkeit hat und dass damit sein Sprechen mit gehobenem Kehlkopfe, die hohe Tonlage, seine Syntax zusammenhängen. Der Österreicher, namentlich der Wiener, spricht „gemütlich", ergeben. Aber damit hängt auch sein ganzes Auftreten, seine Mimik, seine Gebärden, seine Lebens- und Weltanschauung zusammen. Man spielt den Gutmütigen, und wenn man das auch durchaus nicht ist, wie der Berliner den Schneidigen, und wenn er auch ein gutmütiges, ganz unschneidiges Individuum ist.

Man hat früher dem Klima einen Einfluss auf die Sprache zugeschrieben. Das war die Zeit, wo man die Geschichte eines Volkes gewissermassen von der Landkarte ablesen zu können glaubte. Aber wir haben es alle selber erlebt, dass ein altes Volk von Seefahrern eines schönen Tages kein einziges brauchbares Schiff hatte. Das ist jedenfalls aus seiner geographischen Lage nicht zu erklären. Man hat überhaupt dem Klima eine zu grosse Rolle bei der Kulturentwicklung eingeräumt, was man nicht oft genug hervorheben kann.

Aber gewiss scheint mir der Einfluss des Volks-charakters auf die Sprache zu sein. Nur muss man sich diesen nicht als gleichbleibend denken. Das Deutschland des „Simplizissimus"-Zeitalters ist nicht mehr das der schönen Zeit der Alleinherrschaft der „Gartenlaube". Wie weit hinter uns scheint das schon zu liegen! Der Volkscharakter ist die historisch begründete, aus den Erlebnissen ge-flossene Nachahmung eines gewissen gemeinsamen Ideals. Die Männer, die das jetzige Mannesideal des Deutschen geschaffen, können wir an den Fingern herzählen, man strebt ihnen nach, wenn das auch nur den wenigsten bewusst wird. Aber ewig werden auch diese Muster nicht bleiben. Aus neuen Verhältnissen werden neue Lebensideale erstehen, auch solche, die den Namen Ideale nicht mehr verdienen. So hebt und senkt sich die Woge für jedes Volk und hat sich öfter gehoben und gesenkt, als wir wissen können. Und alle diese Erregungen hat die Sprache mitgemacht und trägt gewiss in ihrer Geschichte die Spuren, die wir aber nicht verstehen. Nur beobachten kann uns helfen. Eine einzige richtige Beob-achtung des Zusammenhanges von Sprache und Seele wiegt einen Band auf! „Geist" brauchen wir nicht, Verstand tut not, und vor allem — Augen und Ohren!